校企合作与人才培养策略的实施

周 婷◎著

吉林出版集团股份有限公司

图书在版编目（CIP）数据

校企合作与人才培养策略的实施 / 周婷著. — 长春：
吉林出版集团股份有限公司，2023.9

ISBN 978-7-5731-4305-1

Ⅰ．①校⋯　Ⅱ．①周⋯　Ⅲ．①高等学校－产学合作－
人才培养－研究－中国　Ⅳ．①G640

中国国家版本馆 CIP 数据核字（2023）第 182102 号

校企合作与人才培养策略的实施

XIAOQI HEZUO YU RENCAI PEIYANG CELÜE DE SHISHI

著　　者	周　婷
责任编辑	齐　琳
封面设计	林　吉
开　　本	787mm×1092mm　　1/16
字　　数	205 千
印　　张	13
版　　次	2023 年 9 月第 1 版
印　　次	2023 年 9 月第 1 次印刷
出版发行	吉林出版集团股份有限公司
电　　话	总编办：010-63109269
	发行部：010-63109269
印　　刷	廊坊市广阳区九洲印刷厂

ISBN 978-7-5731-4305-1　　　　　　　　　　定价：78.00 元

前　言

　　校企合作的含义就是其字面意思——企业与学校合作培养人才。具体而言，企业为学校提供部分资金与设备，并为学生提供实习场所，或学校所需的一些其他东西。校方则根据企业对人才的不同需求，为企业有针对性地培养企业所需的独立学院应用型人才。独立学院应用型人才培养的显著特点是企业和学校发挥各自的优势，共同培养社会所需要的人才。在整个共同培养人才的过程中，企业与学校之间双向干预、优势互补、资源共享、相互支持、相互渗透，是实现独立学院应用型人才培养，促进生产力发展，实现教育与生产可持续发展的重要途径。

　　要想推进职业教育制度的全面创新，深化生产与教育的结合，建立健全生产和教育相融合的相关制度，校企合作是独立学院应用型人才培养的必经之路。国家相关部门出台了相关的文件，明确规定了校企合作的地位及其相关合作模式。显而易见，当前推进人力资源供给侧结构性改革的迫切需求是深化产教融合，推动企业和学校协同育人。但是就目前校企合作的现状来说，我国大多数企业和学校对于校企合作这种人才培养模式并没有给予足够的重视，大多还采用传统的招聘模式。尝试采用校企合作模式对人才进行培养的企业，合作机制也不够成熟，导致无法真正实现共赢。

　　我国校企合作的独立学院应用型人才培养模式相较于其他国家来说起步较晚，存在不同程度的问题，主要是组织效率低下、合作制度不够完善、教学模式陈旧等。要想校企结合得到更好的发展，首先应该建立系统的组织机构，其次对相应的课程体系进行转型，从而使得学校与企业的合作得到深层次的发展，最终实现共赢。对于院校未来教育模式，可参照华为大学的相关培养模式，着重培养学生的创新能力，同时注重学生对自身能力的判断，拓宽学生的发展面，为提高我国生产力做好后备力量的储蓄。

目　　录

第一章　校企合作概述

第一节　校企合作几点看法

　　全文从建立校企合作长效机制、企业参与专业调整、企业参与课程改革、校企共建教师队伍、共同培养学生、共建实习实训基地和做好顶岗实习七个方面就校企合作提出自己的看法，有较强的现实指导意义。

　　当前，对于职业教育，国家提出要深化产教融合。校企合作，这是职业教育当前发展的一个重点和难点，也是提高职业教育质量的必由之路。校企合作，是一个复杂的工程，这里，笔者结合学校实际，提出自己的几点看法和实际做法，与同行商榷。

一、建立校企合作长效机制

　　所谓长效机制，就是充分调动企业、行业和学校的积极性，这里面包括利益机制、运行机制和约束机制，甚至包括情感。长效机制，必须考虑到企业的利益，企业最大的利益是用人，所以笔者觉得应成立"订单班""冠名班"，这样才能真正调动企业积极性，真正实现共同育人。当然，国家也会通过经济杠杆等政策来调节，这是一种根本政策。只有充分调动企业、行业积极性才能形成长效机制。至于是校企合作理事会还是职校联盟只是一种合作的平台或合作的形式。

二、专业调整必须企业参与

　　职业教育不能关上门来办，专业设置必须适应经济发展特别是区域经济发展、产业结构调整、新旧动能转换。要不断调整专业设置，就必须深入社会和企业调研，了解需求。当然，专业设置还要有前瞻性，不能一窝蜂乱上。以我们学校而言，计算机应用专业人数过多，造成专业特色不明显，学生就业不对口，计算机专业学生大多去了电子厂。于是学校果断调整，分流到物流、电子商务等专业，学校就业质量和对口就业率明显提高。当然这是学校充分调研当地产业得出的结果。因为齐河正在利用区位优势，大力发展物流专业；随着互联网＋的推进，电子商务方面的人才需求十分强烈。这样，物流电子商务专业应运而生，学生入学人数大幅度增加。企业参与专业调整，就要参与专业人才培养方案的修订和教学实施方案的修订，并加入专业建设指导委员会，在专业建设上有发言权。

三、课程改革必须企业参与

开门办职教，课堂也是关键，课程设置、教学内容、课程标准、教学方法改革都要有职业性和开放性。课程资源的开发、校本教材的编写、教学模式的改革、评价模式和方法的改革都要耐心听取企业意见，做到岗位标准对接教学标准。

四、校企共建教师队伍

作为学校，对操作性能的课程完全可以请企业的教师或能工巧匠讲授并实践，传授真正的实践技能，并带动学校教师尽快成长起来。要敢于把学校教师送到企业学习新技术、新工艺和新理论，要善于把企业人才引到学校从事教学和指导工作。这样走出去、请进来，才能真正打造"双师型"教师队伍，打造专兼结合的专业教学团队，我校过去10年把教师送到企业实践，学校倡导提高待遇并给予差旅补助，教师动手技能提升较快，先后涌现了多位山东省青年技能教师、德州市首席技师和多位专业名师，有了企业经历，老师上起实践课来得心应手。

五、共同培养学生，协同育人

学生是学校的，同时也是企业的，所以，校企应该协同育人。可以采取校内实习、跟岗实习和顶岗实习形式，共同培养学生，企业平时也可以走进学校，进行企业文化制度和技能教育，实现共同育人。我校与山东远大特材股份有限公司、山东坤河旅游公司合作，企业定期走进学校授课，同时把专业的文化制度和生产工艺技术应用到学校中。毕业生一毕业就可以上岗，免去了试用期。

六、校企共建实习实训基地

我们认为，学校设备一般是落后于企业的。如何共建校内实习实训基地，笔者认为最好的办法是场地和学生学校提供，设备和技术企业提供，从而资源互补、利益共赢，让学生在真实的工作场景中得到训练，提高实践动手能力。同时，还应该进一步增强自我发展与良性运行能力，提高实习实训基地的使用效率。如何共建校外实训基地，笔者认为企业要舍得投资，规范管理，真正注重实效。

七、做好顶岗实习

实习是教学的必要环节，校企合作不能回避实习环节。现在的学生，对实习不适应，适应能力差，往往不稳定，这一是需要学校加强实习前教育，二是企业要多投入人性化的管理手段，多和学生交流沟通，学会换位思考。实习单位不可以重使用轻培养，不能仅仅把顶岗实习学生当成廉价劳动力，甚至不能保证实习学生的合法权益。

顶岗实习要做好学生心理调适。要让他们明白，学校对学生的要求是很严很高的，而企业对实习学生是有标准要求的，所以必须有这个心理预期，才能达到企业的适应期。对于实习报酬，也不能要求太高。实习指导教师要得力，要教育好学生摆好自己的位置，确定好自己的角色，调整好自己的心态，从基层做起，从小事做起，从细节做起，学会用企业的员工标准思考问题、要求自己。

顶岗实习要完善管理体系，学校必须有顶岗实习计划和管理办法等制度和规定，进一步完善和规范顶岗实习工作程序，明确顶岗实习的要求和工作目标，并与企业签订实习协议，保证学校学生和企业各自的权利和义务，这样顶岗实习才能实现规范管理、过程管理和有序完成。

顶岗实习的老师要发挥自己的作用。要经常与实习学生进行谈心交流关注其实习、生活和思想指导，教育学生注意顶岗实习的要求，严格遵守企业规章制度，及时传达学校要求，并认真帮助学生解决在实习过程中遇到的各种困难，协助完成对学生的顶岗实习成绩考核，指导学生完成实习总结。

总之，加强校企合作的目的是完善人才培养模式，深化教学模式改革，创新人才评价体系，提高人才培养质量，最终为企业提供合格的技术技能型人才，实现校企合作共赢。只要找到双方的利益点，还是能够实现合作的。作为一所职业学校，应该从学校实际出发，从学生利益出发，大胆探索，努力做好校企合作，形成协同育人机制，努力为社会发展培养更多的优秀技术技能型人才，办人民满意的职业教育。

第二节　校企合作机制

校企合作是高等职业教育的题中之意，但校企合作也面临着现实困境。究其原因，校企合作机制制约了校企合作的良性发展，探索构建校企合作的内部机制和外部机制，推动校企合作深入持续发展具有现实意义。

一、问题的提出

校企合作以高职院校和企业双方相互服务为宗旨，以培养技术技能人才为目标，以双向参与、深度融合为形式，在提升高职教育质量、推动高职教育可持续发展中发挥着重要作用。党的十九大报告提出："深化产教融合、校企合作。"《国务院关于加快发展现代职业教育的决定》（国发〔2014〕19号）明确提出："鼓励企业参与举办职业教育，并逐步推进校企合作制度化建设。"《国务院办公厅关于深化产教融合的若干意见》（国办发〔2017〕95号）提出，要"校企协同，合作育人，调动企业积极参与，构建校企合作长效机制"。然而，目前校企合作在具体的实践过程中，难以达到预期目标，政府政策缺乏鼓励性，学校急功近利，企业参与的积极性不高，校企合作还停留在浅层合作层面，校企合作的机制不完善，没有建立校企合作长效机制，校企合作机制制约了校企合作的良好发展。

二、校企合作的现实困境

由于历史的原因和现实的情况，我国的校企合作模式基本上以学校为主，这种合作模式又成为矛盾和问题产生的逻辑起点，高职院校自身基础薄弱，难以吸引企业合作，而企业以追求利益为目标，校企双方缺少合作基础，更重要的原因在于缺乏推进校企合作深度发展的合作机制。

（一）校企合作互利机制缺失

校企合作原本旨在通过让学校和企业的技术、设备等优质资源得到整合，实现优势互补、互惠双赢、共同发展，切实增强育人的针对性和实效性，让学生所学知识与企业实践有机结合，提高技术技能人才的培养质量。高职院校利用校企合作培养人才，追求的目标是育人质量和办学效果，实现社会效益最大化。而企业作为独立的社会经济组织，其根本目的是谋取经济利益。然而，在以学校为主的校企合作模式下，学校要遵循教育规律办学，往往忽视企业的实际需求，将企业作为附属机构置于被动地位。这也是校企合作表层化、脆弱化和"校热企冷"的根本原因所在。其次，校企合作前期，企业需要投入大量的成本，而且这种投资回报周期长，校企合作双方很难一时找到利益平衡点。由于受经济因素、认知偏差和时空错位的影响，校企合作在利益目标上缺乏契合点，导致校企合作互利机制缺失。

（二）校企合作沟通机制缺失

校企合作能否建立起沟通机制，很大程度上决定了校企合作的深度和效益。校企合作沟通机制不畅：一方面，高职院校缺乏校企互动人才培养信息，仍然采用单向度内运行的传统方式，无法使专业人才培养目标与市场动态需求吻合；无法掌握顶岗实习实训的动态实时信息；无法反馈毕业生就业质量、企业满意度等信息给企业。另一方面，企业也无法将一线的岗位工作流程、岗位工作要求等基本信息及时传送到学校，使学校有针对性地更新课堂教学内容。

（三）校企协同育人机制缺失

校企合作缺乏协同育人机制，具体表现在：一方面，高职院校技术服务能力和成果转化能力普遍不强，在专业设置、实习实训、教学实施、平台建设等方面不能很好地适应区域经济转型升级发展；另一方面，校企合作很少涉及企业核心应用技术研发等方面的内容，更谈不上转换为学校培养技术技能人才。校企双方无法提高人才培养质量和社会服务能力。

（四）政府激励保障机制缺失

政府激励保障机制缺失，究其原因，第一，我国的高职教育法律体系不完善，没有明确法规制度保障，目前只有国家层面《中华人民共和国职业教育法》中笼统的法律约束，没有相应的地方性法规，对于校企合作过程中涉及的学校和企业的权利、义务、法律责任等微观层面的相关法律、制度，更没有明确的标准。第二，国家对校企合作投入的经费不足，校企合作没有成型的标准参考，很多校企双方基本上都是一事一议，签订校企合作协议多数为形式主义或短暂行为，校企合作过程中缺乏制度保障和稳定经费来源，致使校企合作无法有序开展，又难以持续有效深入合作。

三、推动校企合作的改革思路

辩证唯物主义认为，事物的发展是内因和外因共同作用的结果，但二者的地位和作用不同。校企合作双方积极参与是推动校企合作改革的内部源泉和动力，政府作为第三方是促进校企合作的外部发展的必要条件。

（一）提升校企双方实力，增强校企合作的动力

增强校企合作的动力，要满足两个重要的保障因素。一个重要的保障因素是高职院校自身竞争力要强，培养的学生不仅能够完全满足企业需求，很快成长为企业骨干，而且教师的科技创新能力要强，能帮助企业解决技术难题。另一个重要的保障因素是企业要有实力，才能开展合作办学，安排学生顶岗实习，提供就业岗位；提供企业生产标准，参与课程开发与课程标准制定；提供兼职教师，接收教师实践锻炼。

（二）提高校企双方参与度，增强校企合作的实效

企业在校企合作过程中的积极性不高，归根结底是校企合作的实效不明显。人力资本投资是众多投资收益中收益率最高的一项投资，把培养学生当作培养企业"准员工"，学生对企业文化已形成认同，最终学生进入该企业后，能够很快成长为合格员工，为其发展注入新活力。校企合作参与程度要提高，利用彼此的科研平台和科研团队，提供智力支撑，帮助解决部分技术难题，提高科研团队的科研水平，增强科研转化的积极性，真正实现校企互利双赢。

（三）增强政府引导激励，完善相关法律法规

借鉴发达国家职业教育法律法规的保障政策，加强政府政策引导：一方面，督促地方政府对校企合作立法进行积极探索，出台校企合作促进办法，强化统筹发展职业教育责任，推动与引导社会力量参与办学，在校企合作、人才引进、社会服务等方面提供政策支持；另一方面，政府提供财政激励和支持，整合职业教育资源，重点支持高职院校建设和发展，制定技术技能人才培养规划，定期发布人才供求信息，提供就业服务。

四、构建校企合作机制的途径

校企合作的本质要以育人为出发点，从全社会的角度，以系统论和目标管理理论为指导，构建以人才培养为目标、遵循教育规律的校企合作内部机制，它有利于实现校企互利互惠、合作共赢；同时构建以遵循市场经济发展规律的校企合作外部机制，校企合作机制的第三方应为政府，政府需要加强宏观调控，统筹部署，出台优惠政策引导企业积极参与校企合作，并推动企业参与高校人才培养。

（一）构建校企合作内部机制

构建互利合作机制，提高校企参与度。构建校企互利合作机制，满足双方利益诉求，促使校企合作从自发走向自觉、从被动走向主动。学校通过校企合作，充分利用企业的设备、场地等满足学生实习实训的需要，同时培养适销对路的高素质技能人才，解决学生的就业问题。企业通过校企合作，共同培养所需要的专业人才，节约了企业招聘和培训的成本，还可以利用学校的科研力量，通过资源交换共享，共同研究开发新技术和新成果，促进校企间的互融互通、互利互惠，逐步融合。

构建运行管理机制，提升校企合作水平。（1）开展校企合作共建平台机制。加强校企合作办学内涵建设，深化校企合作办学，建立校企合作课程开发平台，课程对接专业和岗位，构建"一体化"课程体系；搭建"工学融合"实训平台，开展暑期实践，工学交替、顶岗实习；共建师资培养平台，开展专业骨干与青年教师的培训。（2）建立校企合作的管理机制。校企合作双方应制定相应政策，加强运行管理，如制定《教师挂职工作手册》《实习生行为规范》《实习生管理手册》《企业对实习生管理规定》等操作性文件。研究制定校企合作协议文本和人才培养协议，并在主管部门备案；人才培养协议交由学校、企业和学生三方共同签署。探索建立校企合作"准就业"机制，促使学生顺利实现专业对口就业；校企合作双方平衡利益，协调处理问题和矛盾，保护学生合法权益。

构建协同育人机制，提升人才培养质量。（1）校企双方应以提高人才培养质量为目标导向，研究制定《校企合作协同育人实施办法》，校企双方要开展前期的市场调研，准确定位人才培养的目标与质量，把企业用人标准与高职院校培养目标相结合，共同制订专业人才培养方案，做到人才培养的质量与行业企业的岗位需求相对接，实现课程与岗位、专业与产业的紧密衔接。根据社会区域经济发展情况、产业结构转型升级的要求，以职业能力培养为目标，根据岗位任职要求制订专业的人才培养方案，动态调整校内专业结构以及课程设置，创新人才培养模式，健全教学质量管理和保障制度，形成校企协同育人新机制，全面提升育人质量。（2）校企合作要共同建设一支"双师型"师资队伍，有力保障校企合作顺利开展。一是鼓励企业接纳教师到企业进行顶岗或挂职，参与市场调研、工作分析、岗位分析，及时调整教学内容适应市场变化。二是学校要聘请企业的专家、技术人员作为兼职老师，通过专兼教师相互培训学习，加强对实践教学的指导，提高实践操作能力。三是建立师资培训考核机制，对应管理岗、专业技术岗、工勤技能岗三大类岗位职责，建立分类分层考核体系，加强入职岗前培训、在职培训的考核验收，实行岗位聘任动态管理。

（二）构建校企合作的外部机制

创建激励机制。政府应发挥主导作用，建立激励机制，调动校企合作双方的积极性。激励机制体现在政府能够提供足够的资金支持，设立奖励专项资金，专款专用，对积极参与校企合作师生员工，给予物质奖励和资金奖励；政府要及时制定税收减免制度，对积极参与校企合作的企业适当实行税收减免，激励企业参与合作。政府要加大对校企合作激励机制的宣传力度，营造良好的社会舆论环境，充满正能量，鼓励各方参与资源共享，提升自我优势，互相吸引和相互激励，充分展示校企合作的优秀成果，使各方看到校企合作的光明前景，重视校企合作，提高职业教育的关注度。

完善监督保障机制。针对校企合作的实际情况，政府应完善校企合作法律法规，出台校企合作相关政策和各项奖励扶持政策，进一步明确校企合作各方的责、权、利，建立政策和法律法规层面的保障机制。第一，将政府政策细则化。各地方政府要紧跟国家宏观政策，因地制宜，因时制宜，研究制定出具体配套政策和实施细则，明确地方政府、企业、学校各方的责任和义务。第二，将扶持政策经济化。政府积极参与校企合作，可以适当通过立法手段，给予企业一定的财政补贴、税收优惠和金融信贷方面的支持，例如，企业可将有关教育培训费用计入成本向政府申请补贴等。第三，建立政府、学校、企业共同参与的政校企合作三方监督保障机制。校企合作应进行专项督导，负责督促落实校企合作双方的职责，定期发布督导报告。通过建立监督保障机制，明确各方的责任和权利，使校企合作有法可循、有法可依，防止短期行为，推进校企的深度交流与合作。

校企合作面临着前所未有的挑战与机遇，校企双方应不断构建与完善校企合作的长效机制，找到统一的合作目标和利益结合点，构建校企双方责任与利益共同体，坚持市场导向，明确自身职责，充分发挥协同创新带来的政策和资源优势，强化合作理念，扩大合作范围，延长合作链条，努力解决校企合作的实际问题，促进高职教育持续健康发展，提高人才培养质量。

第三节　校企合作的"三定"要素

当代社会，教育改革正处在优先发展的位置上，全面深化教育改革是当前发展我国高校高职教育的重要课题。校企合作是当前教育改革的核心问题之一，为了更好地开展校企一体，产学链接，提高高校高职教育生存和竞争的能力，本节提出了高校高职教育应做到精准定位、精确定向，以及精施定力的"三定"要素，为不断创新人才培养模式而不懈努力。

校企合作，是一种改革和打造新时代具有中国特色的高校高职教育新模式。构建校企命运共同体，是探索、完善、深化和发展我国高校高职教育的重要课题，要做好这项具有现实和历史意义的工作，必须把握和运用好"三定"要素，使"三定"要素不断有新的突破，并且不断取得新的成果。

一、精准定位是校企合作的前提

"教育兴则国家兴，教育强则国家强"，习近平总书记指出，"两个一百年奋斗目标的实现，中华民族伟大复兴中国梦的实现，归根结底靠人才，靠教育"。因此，党中央先后提出并实施了科教兴国战略、人才强国战略和创新驱动人才发展战略，把教育改革放在优先发展位置上，全面深化教育改革。作为高校高职教育，如何改革和发展，如何提高高校高职教育生存和竞争的能力，如何提高高校高职教育大学生创业和创新技能，全面准确、深刻领会、贯彻落实、践行完善习近平总书记的讲话精神和党中央的战略决策部署，精准定位办学理念、方向、目标，不断适应和满足新时代经济社会发展需求，是办好高质量、高水平、高技能高校高职教育的重要前提。比如，开放式办学与吸入式办学并举，不断总结、完善和加大开放式办学与吸入式办学合作力度，建立并健全开放式办学与吸入式办学长效机制，全面提高开放式办学与吸入式办学合作水平，形成一个"目标一致，战略合作；校企一体，产学链接；建管并进，成果共享"的治学理念和合力办学、合力育人、合力建设、合力研发、合力拓展、合力探索、合力攻关、合力突破的工作体系。建设和打造一支具有中国特色的高等高职教育新格局，做到办学方针明确、专业技能突出，立足当前，着眼未来，不断为国家、行业、企业输送符合和适应经济社会发展的高素质、高技能、高水平人才。

二、精确定向是校企合作的根本

习近平总书记指出："教育是民族振兴、社会进步的重要基石，是功在当代、利在千秋的德政工程，对提高人民综合素质，实现中华民族伟大复兴具有决定性意义。"按照习近平总书记的讲话精神，党中央、国务院结合我国高等教育的实际情况，出台了一系列政策措施，比如，鼓励大学生创业、创新、创造能力，特别是要求和鼓励高校高职教育的校企合作、联合办学，即"订单模式教学法"，为大学生创业、创新、创造提供更多的实习、实训、实践的平台和机会，使高职教育更加具有独特性、针对性、实用性、专业性、操作性。通过校企合作、联合办学，使学校的日常教学活动规划以行业、企业需求和就业为导向，贴近行业、企业需要去培养人才，使每个大学生都能按照自己的职业规划、精确定向，做到学有目标、学有所长、学有所成、学有所用，并且在创业、创新、创造的学习实践中找准方向和靶点，实现人生的奋斗目标和个人价值。

为了适应新时代、新形势、新变化、新要求，在制定校企合作、联合办学规划，以及教程安排、目标管理上更要先行一步，深刻领会、把握、理解习近平总书记关于高校教育和建设的重要论述以及党中央、国务院的重要部署、决策、设计和要求。改进教学理念，改革教学方式，改变教学习惯，把符合经济社会发展要求，适合行业、企业发展需要，开发大学生学习热情和积极性，激发大学生创业、创新、创造潜能，贯穿校企合作、联合办学的始终，进而增强广大高校高职大学生对"教育兴则国家兴，人才强则国家强"，实现中华民族伟大复兴中国梦的使命感、责任感，自觉投入到建设新时代中国特色社会主义的伟大征程中，成为建设社会主义现代化强国，实现中华民族伟大复兴中国梦的主题曲。努力培养出更多，更好，更能满足党、国家、人民、时代需要的人才。

三、精施定力是校企合作的基础

习近平总书记指出："当前，我国高等教育办学规模和年毕业人数已居世界首位，但规模扩张不意味着质量和效益增长，走内涵式发展道路是我国高等教育发展的必由之路。"为此，我国高校高职教育要深刻体会、认识、遵循和落实习近平总书记的指示精神，在实施、完善校企合作、联合办学的模式中互相渗透、互补短板，它不仅打破了传统意义的高等高职教育架构，而且要探索、尝试建立一套科学、严谨、高效的教育新体系，充分发挥各自优势，合力打造高端技能型人才。把朝阳产业、龙头企业、名牌企业老板、工程技术人员请进高职教育学堂，特聘为客座讲师或教授，与高校高职教师合二为一，组建和形成一个互相渗透、优势互补、短板互补、理论和实践并行、各有侧重、因需施教的定力点。比如，邀请企业受聘人员参与学校人才培养全过程，共同承担培养工作，并与学校一道参与制定专业发展规划、人才培养战略、专业培养实施方案等。再比如，在学生完成学校正常教学活动、任务和计划的同时，由企业进行专业课实践培训、岗位技能培训、企业精神和企业文化教育等内容培训，把学生学习和实习、实训有效地持续交融在一起，使学生从大一起就能与三年后的就业相联系和挂钩，使专业教育学习更具有针对性和现实性，从而在学习的过程中实现理论与实践相结合。与此同时，高校高职教育、专业教师也要走出去，即下企业，看实际，重实践，善思考，充足"电"，升水平，使自己的理论学识、专业水准，在"下沉式"的锻炼中，不断提高到新的层次，通过精施定力，实现充分发挥学校的理论学术、科研成果、人才技术等教育资源优势，并利用企业项目、设备和实践等条件，做到"产、学、研"相结合，建立和完善以企业为主体的技术创新和以学校为主体的理论创新相融合的人才培养体系。

"空谈误国，实干兴邦。"总书记的教诲催人奋进，作为民族复兴基础工程重要力量的高校高职教育，一定要不辜负总书记的希望，真抓实干，在校企合作过程中，突出职业教育特色，使高校高职教育适应新时代和国家发展新阶段、新常态，不断推进产教融合、校企合作的高校高职教育健康有序向前发展，全方位拓展校企合作的内容和途径，构筑最为坚实、坚定的发展共同体，为不断创新人才培养模式而不懈努力。

第二章　校企合作模式

第一节　"互联网 + 校企合作"模式

在互联网技术和交互式多媒体的发展下，以智能手机、平板电脑为代表的移动终端飞速增长，生活已全方位地被移动互联网覆盖。随着信息化教育的推广，如何将"互联网 +"思维有效地运用到校企合作模式中是高职院校亟须探索的问题。

习近平强调，"没有信息化就没有现代化"，信息化的建设已经到关乎国家富强、民族素质提升的战略高度。"互联网 +"与传统行业相结合的颠覆性创新对各个行业都产生了巨大的影响，利用"互联网 +"平台，不同产业的上下游之间可以更有效地实现信息传递、知识共享、横向交流和纵向协同，形成新的产业价值网络，更好地深化社会分工和提高专业化水平。

一、互联网背景下校企合作模式的发展趋势

校企合作的实质是工学结合。在德国称之为"双元制培训"，英国称之为"三明治工读制度"，美国称之为"合作教育"。在我国，随着大学生就业压力的不断增大，高校、政府、企业等多方都在积极寻求扩大大学生就业的途径。校企合作作为职业院校重要的建设项目，在目前信息化的普及下，可以利用互联网的大数据资源，将企业用人数据与职业院校人才培养计划相对接，将线上企业资源与线下课堂教学相结合，以网络视频共享资源等方式，将企业的先进的生产技术、管理方法和生产过程面向学校开放，师生共享其精华片段，教师有针对性地设计课程，然后对学生进行教学和指导，学生可以真实地了解企业的实际生产，也可以改变传统的送学生去工厂参观的模式，节约双方的时间和经济成本。

二、校企合作模式的现存问题

我国大多高职院校的校企合作模式主要有以下几种：校内创办实体企业、引企入校生产、承接企业项目、订单班、去企业参观实践、建立校外实训基地、企业培训等。在互联网技术的冲击下，这些传统的教育模式的弊端慢慢显现，现归纳如下。

校企合作化程度低。从我国各示范性高职院校的校企合作模式上看，大多数合作模式为企业与学校达成合作意向后，学校根据企业的需求，有针对性地制订培养计划和专业课程。这种单纯改变课程的方式，仅仅只是拥有"校企合作"的名义，没有将校企合作深入并进行有实质性的合作开展，也无法达到双方共赢的目标。因为从企业方来说，企业的本质是追逐利润最大化，从而能推动企业的进一步发展，如果在校企合作中企业不但感到无利可图，反而还要耗费企业自身大量的资金、时间、精力来进行投入，对于企业来说是不经济的，也无法开展出有实质意义的合作。因此，在目前互联网技术的大力冲击下，这种名义的校企合作更显落后和效率低下。

培训师资的严重不足。校企合作模式若要保持良好的开展，首先需要优秀的教师团队。而在高职院校中，大多数教师是从高校毕业直接踏入职教从事教育工作的，没有企业工作的经验，教学上就难以跟上企业的最新技术发展变化，在校企合作过程中也容易出现纸上谈兵的现象。虽然现在很多高职院校采用定期让教师下企业锻炼的方式进行学习，但鉴于人数和时间的有限，不能从本质上得到改善。即便企业分享了最新的技术和管理方法，老师们也无法将其进行较好的理解和整理，再进行有效的学习和应用，这也导致了校企合作的模式不能得到有力的创新。

资源的利用效率低。互联网技术的发展和交互式多媒体的应用，使得很多教育培训机构利用各种实体、网络的二平台，用更现代化的方式授课，加入许多科技元素，进行开放式教育。大多高职院校虽然建立了各种类型的实训基地，但技术更替得太快，已然不能紧跟时代变化的步伐。甚至有一些校企合作项目里企业提供的硬件或软件早已被淘汰退市，但是学校却未能及时更新，仍然还在进行教学，这种现象阻碍了学生获得最先进的技能，也影响了学校的整体学习进度和质量。

三、校企合作模式的发展建议

在互联网技术下，很多教育机构开创了远程教育，创办了"移动课堂""慕课"等多种在线教育课程，得到了很多学生和家长的认可，在当下已经成为一种主流的学习方式。但传统的高校校企合作模式的方案很大程度上仍然沿用了传统的课堂模式，高职院校要想跟上时代步伐，就必须学会用互联网思维办学，进行整体的革新，让一些掌握了专业技能的老师，能紧密学习最新网络技术，和学校、企业一起，共同探索研究在新形势下校企合作模式的发展趋势。

深化校企合作模式。企业在谋求发展的同时，也在不断研发适合本企业的电子商务模式，以跟上时代的步伐。根据企业的这一需求，高校可以主动对接有相关需求的企业，进行学生实习、教师挂职、科学研究等方面的合作。校企合作由学校统一筹划，按照目前互联网行业发展的特点和趋势，校方可派教师下企业锻炼，深入调研，与相关行业企业的专家共同商讨、设计本专业的人才培养方案，精确设置专业课程，模拟企业的生产情景，设计实验与实训教室，共建专业实训基地，在实训过程中完善和优化教学体系，保障学生综合职业技能的提升。这也能从一定程度上带动企业自身的电子商务模式的发展。

深入对接企业的同时，应对学生实习岗位提出更高要求。在平台共建上，高职院校和企业可以利用互联网搭建平台，如研发自己的 APP 平台、利用微信等各种应用软件，共同完成教学任务。APP 平台可将教材内容、教学体系设计、课堂内容、实训实验、成绩等整个过程，一体化进行完成，一边教授理论知识，一边进行生产实践，同时完成作业。企业开放部分工作资源，及时根据公司的技术变化，让学生及时了解最新讯息，更好地提高学生的职业素养及专业技能。

合理规划和管理。传统的校企合作模式大多以高校为主导的方式，利用传统教学方式进行授课，这种理论偏强而实践不够的状况，学生很难掌握专业技能。要实现理实一体化，不能局限于课堂教学，要充分利用互联网资源，提高教学的质量和信息量。我国目前有很多如慕课、大学城等网络平台，很多高校在逐渐推广，与其自己创建一个新的平台，也可以利用现有的平台，进行多元化的教学方式教学。在专业建设过程中，应考虑到各专业之间的相互联系和相互渗透，一些理论课程、实践课程共享一个实训基地的，可以共同建设。有些跨学科课程，应充分利用互联网平台和学院的网站资源，开设相应的课程，提高学生的整体综合素质。同时规划一些工作室或学习区域，让学生进行自主设计。若能建立这种专业综合学习平台，学校教师也能够不下企业而接触到更多企业的实际需求，了解更多前沿知识，提高自己的教学水平，也能更好地培养学生。

注重持续发展。高职院校在建立校企合作模式时，始终要强调出本高校的专业优势、办学特色和文化特性，打造出具有本校特色的核心竞争力，建立本校的品牌，由单一的人才培养方式变为"教学—开发—生产"的综合全面学习。我们应搭建校企合作网络平台，在学习平台上能实现与一家或多家企业的线上互动，同时进行信息收集、资源整理及校企合作项目管理，开展项目进度监控、数据分析和资源汇集，供学校和企业共享。同时，也可为其他高职院校的校企合作提供经验，促进合作模式的发展。

校企合作在移动互联网下，为高校的人才培养方案提供了多种可能性。我国的"互联网＋教育"尚在起步阶段，很多模式还要在今后的实践中进行不断的论证，加以完善。高职院校也要跟紧时代，不断研发，主动寻求与互联网企业创建校企合作关系的机会，了解企业的需求，同时也能为企业培养出更切合市场需求的人才。

随着"互联网＋"教育改革的不断推进，职业教育的教学方式发生了根本性的变化，也催生了校企合作模式的变革。运用"互联网＋"思维，大力进行校企合作模式的创新，改善并提高校企合作质量，让教师与学生都能有所收获，这样，校企合作的效果才能真正地达成。

第二节　校企合作模式下实践教学质量监控体系构建

实践教学质量监控是对实践教学效果进行评价的重要依据，在校企合作的模式下构建实践教学质量监控体系，不仅能够有效提高高校的实践教学质量，还能满足企业对人才的需求。本节通过分析高校实践教学质量监控体系当前出现的问题，探讨了校企合作模式下开展实践教学质量监控体系的意义，并提出了对于高校实践教学质量现存问题的解决方案，以及提升高校实践教学质量监控效率的有效措施。

一、校企合作模式下构建实践教学质量监控体系的意义

站在学校的角度来看，学校的教学目标是培养具有专业理论知识和实践应用能力的综合型人才，增强学生的职业岗位所需的专业核心能力和关键能力，但是要完成一个如此宏大的目标，如果仅依靠学校自身及其主办单位，那就需要专门建立一个培养学生实践能力的工作试验基地，因为现阶段全国各大高校所设立的专业课程以理论课为主，根本无法培养学生的实际实践操作能力，建立实践实验基地的方法对高校而言固然可行，但却不是最佳办法，其存在着以下几点缺陷：第一，在高校专门建立一个培养学生实践能力的工作实验基地需要耗费大量资金，对学校财务部门来说是一个重大负担；第二，学校建立的工作实验基地与现实中的相比仍然有很大的差距，学生不可能真正体验到真实的工作经历；第三，学校创建的基地工作

种类较为单一，实践操作模式较为死板，不利于学生的个性化发展。由此可以看出，就算学校耗费巨资建立工作实践基地，其得到的教学效果并不明显，最后反而落得个"竹篮打水一场空"的结果。

站在企业的角度来看，为发展市场经济、扩大阵容、最终占据市场，企业需要不断地提升自己的实力，广收人才，减少用工成本，产生规模效应，获得优质的人力资源。因此，企业需要打开它的大门，以包容的心态积极与学校合作，建立一对一的人才培养模式。而且给高校学生提供实习机会并不会对企业造成重大损失，反而可以为日后人才的吸收做好铺垫。

无论从哪方面来看，学校和企业合作模式下构建实践教学质量监控体系都是最佳的选择，它让学校和企业实现双赢、获得长远利益的最终诉求。

二、高校实践教学质量监控体系所包含的内容

要构建校企模式下的实践教学质量监控体系，首先就要明确高校实践教学质量监控体系所包含的内容，其次才能将构建校企模式下的实践教学质量监控体系这个大目标拆分成几个容易完成的小目标，最终逐步实现该体系的成功构建。在目前高校实践教学质量监控体系的构建过程中出现了一些问题，如果不及时制止或者解决这些问题，会严重阻碍高校人才培养进程，日后造成大患。那么高校实践教学质量监控体系的内容主要包括哪些方面呢？通过各方面调查所得到的数据可知，高校实践教学质量监控体系主要包含人才的培养设计方案、实际职业岗位与专业分类的对应关系、理论课与实践课课程比例的调整、实践教学课程的教学效果测评以及建立完备的教学目标和教学评价机制。在校企合作模式下，高校在这几个方面进行改进和提升，并且构建出完整的人才培养方案，以期早日完成高校实践教学质量监控体系的构建。

三、构建校企合作模式下的实践教学质量监控体系的方法

完善校企合作政策、法规。在过去构建校企合作模式下的实践教学质量监控体系中，存在着校企合作政策、法规不健全的问题，主要表现在校企合作缺乏相应的法规，学校和企业之间缺乏约束力，校企合作缺乏一定的协调性，即对学校的规定远多于对企业的规定，这样就让学校处于一种极为不利的地位，而且在校企合作中没有建立有效的质量评价体系，这些都不能促进校企合作效率的提高。要保证校企合作的教学质量，就必须建立起完善的校企合作评价体系。

建立多样化的校企合作模式。校企合作模式下的实践教学质量监控体系的质量保证需要依靠企业、学校、政府、社会四方面的支持与配合，在这四者之中，学校和企业是校企合作的主体，政府起管理作用，社会起舆论作用，学生是培养对象，校企合作的媒介是人才市场。目前，基本都是学校主动寻找企业进行合作，形成以学校为主的校企合作模式，学校通过建立校企合作可以降低办学成本，同时企业通过建立校企合作可以获得相应的人力、物力、财力。在过去，校企合作模式比较单一，一般是学校学生毕业之后进入企业实习，企业给他们提供实习职位并规定实习期限，这种模式留给学生的实习期限十分短暂，而且面对比较复杂的实习工作，学生在短时间内根本无法完成实践课的所有内容，因此笔者提出建议，学校应该改变传统的单一校企合作模式，让学生不是到了毕业才能去实习，而是在开始学习实践课程时就边学习理论知识，边去企业从事实践工作，我相信这种合作模式将大大提高实践课的教学质量，而且对企业也不会造成什么不利影响。

通过本节对校企合作模式下的实践教学质量监控体系的分析，我们可以得出以下结论：第一，高校实践教学质量监控体系目前存在着工位不足、理论课与实践课严重脱节、实践教学体系脱离实际、缺少教学目标和教学评价机制等问题；第二，在学校与企业合作的模式下开展实践教学质量监控可以有效地提高实践课教学效果，同时可以让企业获得优质的人力资源；第三，学校可以通过与企业建立长期合作关系、构建实践教学平台、建立完备的实践教学质量监控机制来构建校企合作模式下的实践教学质量监控体系并解决构建过程中的现存问题。这三点是笔者通过调查分析所得出的，希望对高校校企合作模式下实践教学质量监控体系的构建能起到一定的启发作用。

第三节　校企合作模式下的校企文化对接

校企文化是校企合作不可忽视的关键性内容，也是高职院校、企业间的重要桥梁，关乎高职院校各类人才培养。在日常运行过程中，高职院校要以校企合作模式为基点，多层次做好校企文化对接工作，将专业课堂教学、企业实践巧妙融合，同时提高学生专业综合技能与岗位适应能力，成为新时期社会市场需要的"高素质、高水平"专业人才。因此，笔者将从不同角度入手，客观阐述校企合作模式下的校企文化对接。

高职院校必须根据新时期校企合作要求，借助校企合作模式，以企业文化为基点，科学培养大批满足企业岗位要求的专业人才。在校企合作模式作用下，高职院校要注重校园文化、企业文化二者有机融合，根据自身教学、学生以及合作企业具体情况，科学安排校企文化对接内容，优化对接形式，确保校企文化对接实现，促使各专业学生做好走上工作岗位准备工作，毕业后顺利就业。

一、校企合作模式下校企文化对接的必要性

在经济发展浪潮中，不同行业、领域之间的竞争日渐激烈，而这已演变为各类人才的竞争，需要大批高素质专业人才。随之，在长远发展道路上，校企合作已成为高职院校的必然选择，而在校企合作模式作用下，高职校园文化、企业文化两类文化必定会不断碰撞、融合，这就要求高职院校必须做好校企文化对接工作。在校企合作过程中，校企文化对接利于高职院校全方位了解企业文化下不同岗位要求以及对各类专业人才的客观需求，科学调整制订的专业人才培养方案，优化培养方法与形式，有效提高人才培养质量，利于高职院校优化校园文化建设氛围，在丰富校园文化建设内容的基础上，优化校园文化建设形式，不断加快"和谐、文明"校园文化建设步伐，利于专业学生认可并接受校园文化，在校园文化氛围中更好地学习专业课程知识以及技能，全方位正确认识企业文化，将其融入到职业生涯规划中，针对性提高自身综合素养，尤其是岗位适应能力，更好地走上多样化工作岗位，提高高职院校专业人才就业率，不断增强自身核心竞争力。同时，校企合作模式下校企文化对接利于合作企业客观了解校园文化，科学调整自身企业文化，将校园文化融入其中，在一定程度上满足高职院校各专业学生客观需求，使其更好地全面、深入了解自身发展以及岗位要求，积极、主动参与到岗位实训与实习中，不断提高综合素养，有效填补自身岗位人才空缺，持续提高自身软实力，走上长远发展道路。

二、校企合作模式下校企文化对接的有效途径

科学构建对接机制，优化对接考核机制。（1）科学构建对接机制。在日常运行过程中，高职院校必须与时俱进，树立全新教育理念，注重理论与实践教学巧妙融合，全面、客观认识校企合作模式以及校企文化对接，以校企合作模式为切入点，客观分析校企文化对接要求、特点、必要性等，科学开展校企文化对接工作。由于校企文化对接工作的顺利开展离不开合理化的对接机制，因此，高职院校必须对校企合作模式下的校企共建委员提出全新的要求，要以学生为中心，将学生专业技能

提高、职业素养培养二者放在同等重要位置，全面、深入了解高职院校、合作企业二者文化，围绕发展理念、发展目标，共同分析主客观因素，科学构建校企文化对接机制，符合各自文化建设具体要求，科学指导校企文化对接工作。在此基础上，校企共建委员会要根据各阶段校企文化对接工作开展情况，合理优化完善构建的对接机制，使其更加科学、合理，最大化提高校企文化对接工作效率与质量。（2）优化对接考核机制。在开展校企文化对接工作中，高职院校必须根据各专业教学以及学生情况，以企业文化为基点，优化完善校企文化对接考核机制，科学开展专业学生考核工作。工作人员要围绕校企文化对接考核机制，优化完善日常学生考核方法，科学安排考核内容，明确各方面考核指标，从不同角度入手对专业学生进行针对性评价，如专业技能、职业道德素养等。高职院校要根据各方面考核情况，优化专业人才培养方法、培养手段等，确保专业人才培养规范化、合理化，在无形中不断深化校企文化对接，促使各专业人才更好地了解企业文化、企业不同岗位要求，结合专业课程教学，不断提高自身多方面能力与素养。

科学安排对接内容，优化对接方法。在校企合作模式下，校企文化对接工作的顺利开展和校企文化对接内容以及对接方法密切相关。在开展校企文化对接工作中，高职院校要根据合作企业对专业人才的客观需求，结合自身制订的人才培养方案、培养目标，科学安排校企文化对接内容，将学生理论知识掌握、专业技能提高、学生职业道德素养培养等巧妙融入到开展的校企文化对接工作中，多层次丰富校企文化对接内容，符合彼此各方面实际情况，具有鲜明的针对性、合理性等特征。在此基础上，高职院校与合作企业要围绕校企合作模式，科学设置多样化具有特色的校企文化对接项目，高职院校要积极引导专业学生参与其中，在亲身实践中深入理解校园文化、企业文化，清楚相关岗位要求、岗位内容等，不断提高自身岗位综合技能与素养。此外，在校企合作模式作用下，高职院校、合作企业二者必须多层次优化校企文化对接方法，采用多样化对接方法，实现"高效率、高质量"校企文化对接，让专业学生在校企文化对接中正确认识技能与素养，避免出现"重技能、轻素养"这一现象，提高校企文化对接实效性。

科学构建校企文化交流平台。在高职院校、企业二者运行过程中，校企合作都处于关键性位置。在校企合作模式作用下，高职院校、合作企业二者要注重校企文化交流平台的科学化建设，为校企文化对接工作的顺利开展提供重要保障。在此过程中，高职院校、合作企业要借助自身各方面优势，优化利用已有的各类资源，以校企文化为基点，科学构建交流平台。高职院校教师要根据专业教学情况，科学整合校园文化、优秀的企业文化，将课堂作为校企文化交流平台，讲解专业课程知识的过程中，向学生传输企业优秀文化，如企业运营理念、企业宗旨，要将团队精神、法制观念等巧妙融合在专业"理论、实践"教学中，也包括"责任、沟通、创新、竞争"意识，让学生在教与学氛围中掌握专业知识以及技能的同时，深入了解企业文化，科学培养职业道德素养，为提高综合能力与素养埋下伏笔。此外，高职院校要围绕校企合作模式，结合校企文化对接具体情况，开展多样化的校内实践活动，如校园文化活动、专项技能、职业技能等竞赛活动，将合作企业文化、职业认知与道德等巧妙融入到一系列校内实践活动中，并借助校园网站、校园橱窗等大力宣传校企文化对接，构建多样化的校企文化对接交流平台，在沟通、交流中顺利对接校企文化，让专业学生在学习文化知识过程中日渐形成正确的价值观、职业观、道德观等，具备较高的职业素养，而不仅仅是掌握专业知识和技能，成为新时期所需的全能型人才。

开展多样化校企文化对接活动。在对接校企文化过程中，高职院校要根据各方面情况，科学开展校企文化对接活动，在实践活动中，正确认知校企合作模式下的企业一系列岗位，结合岗位需要，客观调整已制订的人才培养目标以及方案，科学培养专业人才。在此过程中，高职院校要根据各阶段教学情况，科学开展校企合作模式下专题讲座这一校企文化对接活动，邀请合作企业专家参与其中，向专业学生讲解当下行业就业形势、就业趋势、岗位工作流程等，在和学生沟通、交流中，对其进行针对性岗前教育与培训，对企业不同岗位有全新的认识。高职院校要根据校企对接专题讲座开展情况，优化人才培养方法、手段等，合理设置专业课程，与企业岗位人才需求紧密相连，顺利对接专业课堂教学、合作企业岗位实践培训，将开展的校企文化对接活动落到实处。此外，在开展校企文化对接活动中，高职院校要吸引合作企业参与到专业教学考评中，科学开展教学考评作用下的校企文化对接活动，深入了解合作企业岗位人才培养具体要求，明确专业课程教学重难点，便于专业教师科学教学。高职院校要围绕考评制度，开展多样化考评活动，在合作企业客观考评专业教学各方面过程中，优化完善专业课堂教学，科学调整校园文化建设内容，巧妙将合作企业文化融入到专业教学内容中，高效实现校企文化对接，为专业学生提供多样化顶岗实习机会，在具体工作岗位上优化利用所掌握的理论知识，将其学"活"，在亲身实践中全方位了解自己，有效弥补自身缺陷，进一步提高自身综合素质，做好职业生涯规划，毕业后顺利实现就业，充分展现多方面价值。

总而言之，在校企合作模式下，校企文化对接是高职院校、合作企业长远发展道路上的关键点，二者必须多角度提高校企合作程度、校企文化对接程度。高职院校要科学构建校企对接机制以及对接考核机制，科学安排对接内容的同时，优化对接形式，构建合理化的对接交流平台，开展不同形式的对接活动，优化完善专业人才培养目标，使其同合作企业专业人才客观需求吻合。以此，高效对接校企文化，构建良好的校企合作关系，促使二者校企文化对接中走上长远发展道路。

第四节　基于"双元制"教育的校企合作

我国目前工科院校的教育发展的主题是需要进入校企合作的模式当中，工科院校必须要不断地更新人才培养模式，寻找更多的发展机遇，才能发挥出最大的优势，为社会培养更多的优秀人才。本节将通过举例，来对基于"双元制"职教体系的校企合作模式进行探讨。

有一所工科院校学习了德国的先进教学模式，利用德国"双元制"的教育理念培育出了一批优秀的高级本能人才。后来这所院校一直坚持以就业为导向的办学方针，在院校中推行双元制的办学理念，经过长期的实践与摸索，有了自己独特的双元制教学特色，并为社会培养出了更多的优秀人才，真正地实现了人才与社会发展的成功对接。

一、"政企校"互融，完善"双元"培养体系

我国教育部对于人才的培养十分重视，所以在看到德国的教育成功之后，也开始逐渐有院校进行模仿，在校内实行双元制教学。这种教学模式就是将企业、政府以及学校三方连接起来，并对各自的权利与职责进行了规定。学校主要是教授学生学习更多的理论知识与实践技能，同时还会对学生进行职业道德的培养；企业的主要职责是给在校学生提供带薪的学习制度，就是说学生的各科成绩都非常优秀，不仅可以获得一部分奖金，还可以得到去企业实习的机会，进入企业之后就可以得到免费的培训机会。以上这些内容，都为我国双元制的校企合作提供了有力的政策支持以及经济支持。

二、校企联动互赢，确保"双元"培养质量

校企合作，实现自主招生。校企合作为了实现更好的教学效果，对于学生的录取也做出了规定，通过双方的共同决定，在政府的主导之下，进行选生。由学校以

及企业分别派出校内的优秀教师，以及企业的优秀专员来共同选拔报名的学生。选拔的方式主要是通过服务意识、实操水平、生活习惯、口语能力、团队合作以及奉献精神等进行较为全面的素质测试，表现最为优秀的学生则可以留下，进入学校进行学习，从而得到学校以及企业培养的机会。

校企双方一起合作，共同来决定培养人才的计划。校企双方可以借鉴德国的双元制教学模式来构建适合我国的双元制培养体制。主要创设的框架就是对学生在校学习的实际课程，按照一定的比例与结构做好设计，最后的结果可以再次进行协商。最后商定的结果是以1∶1的时间配比制订了教学计划，让学生先接受学校对其进行的有关教育，然后再接受企业对其进行培训的教学，然后校企双方再结合真实的上课情况，对学生的课程结构、课程设置以及比例权重等问题进行协商，最终的结果就是确定以3∶7的基础理论教学以及实践技能培训进行了配比，同时还可以为学生提供真正接受过德国培训的教师来教授学生，担任院校中的教学指导教师，教师一般会选用以技能为导向的方法来进行授课，也就是指学生会有两个月的时间在学校中进行学习，主要学习理论知识，以及较为基础的实验，两个月以后学生会在企业里面进行相应的实践学习，通过这种交替性的学习模式，学生更好地学会实践技能以及理论知识，提前适应在岗就业的状态。

校企双方合作，一起创造教育资源。校企双方可以共同合作来为学生进行授课，即做到车间以及教师相结合，也就是让学生能够在实际的工作中，学到技能知识，让基地的资源发挥出最大的作用，达到资源共享的目的。院校可以坚持企业建在学校、学校搬进企业的教学要求，与我国其他知名企业深度合作。通过这些实训基地，让学生能够了解到更多的知识内容，知道当前社会对人才的需要条件，也能满足对学生的专业技能培训。并且还可以达到教师资源共享的优势，企业可以让专业技能较高的员工或者是专家，在岗位上对学生进行指导，实现双元制的教学模式。这些人既是企业的员工，又是学校的教师，构建了双元制的职教体系，达到了校企合作的目标。

三、构建"双元"培养品牌

相关企业可以发展专有人才。我国目前通过双元制校企合作的教学模式，设计好培养人才的方案，已经成功为社会培养出了很多优秀人才，为改善当前我国社会市场中缺乏优秀人才的现状做出了很大的贡献。通过社会市场调查发现，采用双元制职教体系的校企合作培养出来的学生，要比其他院校培养出来的学生，能够更快地适应工作，达到企业的用人要求，得到了多数企业对于他们的肯定以及表扬。

学生就业有岗位。校企双方做好了培养方案之后，会对企业中的岗位做出对应的预留，学生通过校企合作之后设计的双元制教学模式，通过几年的学习，就会毕业。在校学生在学校进行学习，在企业进行培训，实现了双重身份的有效转换，换句话讲，就是学生在入职该企业之前，不用再进行入职培训，为企业用人节省了更多时间。

学校办学有生源。现如今，校企双方通过实践证明，双元制的职教体系不仅是正确的选择，而且还能提高学生的实践能力，为学生解决就业难的问题以及企业用人难的问题，让学生毕业之后能够与社会进行有效的对接。在双元制职教体系的正确引导下，学校需要进一步地进行探索，积累更多的实战经验，做出更多的创新，为我国的教育事业做出更多的贡献，起到更好的带头示范作用，为社会培养出更多、更优质的人才。

上述内容主要是对工科院校的双元制职教体系的校企合作进行了简单的阐述，让我们了解到在校内实施双元制职教体系进行教学，不仅能够实现校企双方制定的教学目标，还能够得到更多的优质生源，为社会培养出更多的优秀人才。所以相关部门应当继续支持校企双方的合作，学校与企业也要加大对双元制职教体系的研究力度，推进我国教育事业更好地发展。

第五节　有关校企合作的实践思考

产教融合、校企合作，是当前职业教育政策要点的重中之重，是国家对职业教育的重大方针。校企合作的开展，能够培养符合企业要求的高素质技能型人才，提升学生对岗位的认知水平，缩短学生适应社会的时间，实现学校培养目标与企业人才需求的统一、课程设置与岗位的统一、素质教育与社会适应能力的统一。校企合作有许多成功经验，也存在一些问题，本节就制冷与空调技术专业与相关企业的合作做思考和探索，以期校企双方携手走得更顺、更畅。

产教融合、校企合作，在促进学校人才培养、创新、创业方面发挥着积极的作用。校企合作一方面推动了职业院校的发展、贴近了市场，另一方面使企业获得了源源不断的有生力量，通过各种方式的合作，让学生所学与企业实践紧密结合，让学校和企业信息互通、资源共享，提高职业院校人才培养的针对性和实效性，切实提高技能型人才的培养质量。

一、校企合作在职业教育中的作用

完成学校以外的教学任务。职业院校完全依靠学校的设备和师资是不可能培养出真正的高技能型人才的，从设备来说，企业随着市场的变化要不断采用新的技术、新的装备、新的工艺、新的材料等，学校的实训条件是不可能赶上企业更新的步伐的。从师资来说，一些职业院校老师是从学校到学校，没有企业工作经历，以课题训练的多，与生产结合的少，培养的学生很难适应企业生产的需要。因此，通过校企合作，学校依靠企业提供良好的实习实训条件，企业依托学校良好的教育氛围，共同培养社会和市场需要的人才，不仅充分体现职业教育办学的显著特征，而且加强学校与企业的合作渠道，把教学与生产紧密结合起来。校企双方相互支持、双向互动、优势互补、资源共享，是提高职业教育办学水平、促进企业生产力发展、使职业教育与企业可持续发展的重要途径。

有效践行"以服务为宗旨，以就业为导向"的职业教育办学方针。通过校企合作、工学结合，根据企业实际的生产任务和岗位要求参加第一线的工作实践，使职业院校的学生获得实际的工作体验，帮助他们顺利就业。校企合作为提高学生的职业能力提供广阔的场所，让毕业生快速实现社会人的角色转变。在顶岗实习期间，学生与工友一起参与工作实践，同吃同住同劳动，培养爱岗敬业、吃苦耐劳的精神，增强对岗位、职业的认同感，在潜移默化中受到企业文化的熏陶。同时把书本知识运用到实践中，培养和锻炼学生的动手操作能力、综合分析能力、独立思考和应变能力等职业岗位能力，这是只有在岗位实践活动中才能完成的，课堂教学难以替代。校企合作通过企业用工信息发布，帮助学生掌握就业信息，实现学生就业和企业用工的顺利对接，疏通学生就业的管道。同时，通过校企合作，让职业院校充分把握行业发展趋势，掌握企业用人需求，改善毕业生的就业状况。

二、校企合作的几种模式

捐赠设备，帮助建设实训室。在校企合作中，学校开设的专业与企业所处的行业要有契合度，才有可能提供所需的设备。学校制订人才培养计划，承担主要培养任务；企业根据学校要求，提供相应的条件，采取投入设备帮助建立校内实训基地，企业专家兼任学校教师，为学生上岗前培训提供物质基础和师资保障。例如，TCL空调器（武汉）有限公司，于2014年开始先后向我校无偿提供15台空调器整机设备和相关配件，供学生上课演示和实训课使用，通过拆卸、了解结构和制造工艺，为维修服务岗位打下基础，通过安装、学会装机和移机步骤，为售后安装岗位掌握基本技能。

工学交替，提高学生的动手能力。工学交替在我校制冷与空调技术专业人才培养方案中，主要采用两种方式：其一，生产实习，利用工厂的用工旺季，每年春季派大二的学生到 TCL 空调器（武汉）有限公司跟岗实习一个月。熟悉工厂环境，了解企业文化，体会企业与学校不一样的、更加制度化的管理方式。不仅锻炼学生，而且提升学生的技能，更为后续课程的学习积累感性知识。其二，顶岗实习，这是大三学生最后一学期的安排。生产实习一般是学生集中在一起，顶岗实习更多的是自主选择，学生分散在不同的企业，这是踏入工作岗位的第一步，通过半年的实习，完成实习任务后顺利毕业走向社会。

企业为学校培养"双师型"教师。通过校企合作，着力打造一支新型的"双师型"师资队伍。一方面，由企业派出技术专家和技术能手，经常到校举办讲座，在生产实习时担任技术指导老师；另一方面，在暑假期间，学校派老师到生产一线跟班参观学习，在学生生产实习时，有指导老师驻厂，除了管理学生外，还要参加企业实践技能的培训，与企业的管理层和职工进行交流沟通，并深入生产车间第一线，与一线工人共同操作，共同生产合格的产品。通过在企业的实践，学校的专业教师了解企业的管理模式、熟悉产品的生产流程和操作工艺等，提高教师实际操作能力，把新的知识和理念贯穿课堂教学，使课堂教学内容与企业的实际联系更紧密、更有效。这些教师通过在不同企业、不同岗位的培训，有效提高专业技能和实践能力，为成为合格的"双师型"教师奠定坚实的基础。

参与课程建设，为人才培养方案把脉。校企双方按照人才需求，探讨课程设置的内容。特别是专业核心课程和选修课程的开设，企业有很强的话语权，学校根据企业对人才的需求规格标准，对课程进行大胆的改革。同时对专业职业工作岗位进行分析，按照企业的工作流程、岗位技能和综合素质的要求，合作开发专业教材。把最需要的知识、最关键的技能、最重要的素质融入课程之中，确保课程建设的质量。每一年的人才培养方案都会请企业专家进行评审，在评审意见的基础上完善方案，最后报学校审批通过执行。

三、校企合作的思考与探索

从校企合作的具体实践可以体会到，建立符合双方利益的校企合作模式不难，难的是如何促使其健康持久稳定的运行，在出现问题时有良好的、有效的沟通机制和解决方案。以长效的运行机制保障校企合作的稳定、健康发展。对于在过往的实践中出现的一些问题，我们做了以下的思考和探索，改变了以前固有的思维模式，从校方做了如下工作。

新生入学第一课，以企业为主导。我院在新生入校后的第一课都是由企业专家或高管来讲授的，主要是对学生进行行业全方位的展示和发展趋势的展望，让讲授者分享职业成长的经历，以便学生及早制定职业规划，同时还要对学生进行劳动和生产意识、质量和安全意识、个人修养与企业文化等方面的宣传和教育。这是企业先入为主的教育活动，是校企合作的根基所在。

准确把握学校在校企合作中的自身定位。提高职业院校办学质量和提供企业所需要的高技能人才是校企合作首先要考虑的问题，作为人才培养的主体，学校的定位必须准确，企业是追求效益的，学校要求学生全面发展，这就要求企业在满足学生学习技能的同时，为企业创造出合格的产品，让学生在企业的生产实践中提高技能。做好校企合作，学生在学校的基础教育是根本，对有合作意向的企业要有一个考评，选一些在行业中有影响力、专业对口、规模适度、管理和技术领先的企业作为合作对象。还要考虑到学生在企业的日常生活和安全状况，共同承担起应尽的责任。

认真做好企业和社会需求调查，追求校、企和学生三方的共赢局面。校企合作的关键，首先是要满足教学内容符合企业用人需要，做好企业和社会需求的调查，保证校企合作的实际效果，真正通过校企合作实现学校和企业的和谐发展，从而促进相关产业集群的发展。学生深入企业生产进行工学结合，不但使学生在生产实践中得到锻炼，而且缓解企业用工紧张的状况，实现学生、学校和企业"三赢"。

实践证明，实施校企合作是学校、企业及学生的"三赢"之举。任何一方的懈怠都有损校企合作的和谐。校企合作的最终目的是培养合格的人才，在合作培养过程中，实践性教学是校企合作非常重要的内容，而把学生的养成教育深入平时的所有课程中，是不可或缺的内容。企业和学校要进一步拓展校企合作层面，进一步提高校企合作的档次，稳定发展合作关系，加快推进合作进程，为培养高素质的技能型人才贡献力量。

第三章　校企合作的意义与困境

第一节　浅析校企合作的重要意义

随着国家对职业教育的日益重视，支持职业教育发展的各项政策陆续出台。在办学模式上，国家十分提倡走校企合作之路，许多学校正积极地寻求各种途径，想方设法与企业取得联系，希望双方达成共识，实现双赢。近几年来，校企合作以其独特的教育模式，在潜移默化中快速发展。这种学校与企业的携手联合，正逐步被越来越多的院校和企业看好，在就业市场中扮演着更为重要的角色，它将逐步为毕业生就业提供绿色通道。

校企合作教育指的是职业教育院校为谋求自身发展，抓好教育质量，采取与企业合作的方式，有针对性地为企业培养人才，注重人才的实用性与实效性的一种教育。因此，校企合作人才培养旨在加强教学的针对性和实用性，提高学生的综合素质，培养学生的动手能力和解决问题的实际能力，实现人才培养的多样化。校企合作人才培养可以有多种形式，积极推行与生产劳动和社会实践相结合的学习模式，开展订单培养，探索工学交替、任务驱动、项目导向、顶岗实习等有利于增强学生能力的教学模式。

一、关于校企合作教育模式的问题

目前，我国比较常见的校企合作教育模式有五种：

（1）"2+1"式。这是早前技校普遍采用的一种方式，即前两年在校学习理论与实操训练，后一年到企业顶岗实习，也就是预分配就业。

（2）"校企合一"模式。以工学结合的形式与企业实现无缝对接，并有效地破解了目前技能人才培养的两个难题。

（3）工学交替。通过校企合作、订单培养、工学交替、双元互动的培养模式，与多家企业建立了紧密的校企合作和紧缺人才订单培养关系。

（4）企业"冠名班"。学院先后组织了与山东如意集团合作的"如意班"和与山东鲁抗医药股份有限公司的"鲁航班"，还有与圣阳股份公司的"圣阳班"，在与企业的沟通合作中，取得了丰富的校企合作经验。先进的企业文化和管理理念融入到教学中来，有效提升了学生的岗位实践能力和技能水平，也极大地满足了公司的人力资源需求。

（5）校企共建实训基地。坚持市场导向办学和开放办学理念，建立了企业员工技能培训基地、学生校外实习就业基地、教师能力提升基地。

二、关于正确处理理论学习与生产实践的关系

纵观目前校企合作的现状，并非人们期待的那么美好，校企合作的发展前景不容乐观，有相当一部分职业学校的校企合作还停留在浅层合作的层面上，有些合作完全是学校对企业的"公益支持"或功利性的人力投资，有些合作一直陷于"有'合'无'作'"或"有'作'无'合'"的消极与被动状态。其结果是有的在"腹中夭折"，有的在"途中殒命"。

就目前已形成的校企合作而言，基本上都是学校为了对学生的就业负责而主动出击"找锅下米"或"送货上门"。主动来与学校合作办学的企业微乎其微，一些企业门槛很高，合作的形式无非是单一的人才投资，学校把人培养好了，企业乐意笑纳。这种合作，并不是真正意义上的校企合作。真正的校企合作应是双方乐意、优势互补、校企共赢的合作。要使校企合作真正达到优势互补，真正体现"校企共赢"，就要在"合"字上下功夫，从培养目标的结合、培养方式的吻合、教学资源的组合、教学形式的融合、专业选择的适合、校企主体的配合等方面向深层次发展，使学生毕业后与合作企业真正产生"零对接"，从而加速企业急需人才的培养进程，这才是真正意义上的"校企合作"。

三、有效落实校企合作的措施

培养目标的结合。首先要确立"以企业为中心"的人才培养观念，一切以社会需要和企业需要为准则，充分发挥学校的优势和潜力去解决企业用人需求的问题。其次要树立"以就业为根本"的服务学生理念，一切以学生需要和对口就业为宗旨，着力解决校企合作中主体缺失的问题，形成促进双方培养目标紧密结合的制度框架

和动力机制，培养学生严谨的职业道德、良好的职业习惯、精湛的专业技能、和谐的团队精神。最后学校与企业共同制订培养方案，企业的技术骨干与学校的专业教师共同完成教学任务，有的放矢地培养适合企业需求的员工。

培养方式的吻合。校企合作的双方都在为培养"准员工"这个准成型产品而相互考证，学校既要保证培养技能人才的需要，又要关注毕业生的就业去向问题，而企业更加关心建设一支相对稳定、爱岗敬业、技术熟练的高素质员工队伍，这种相互依存的关系，把学校和企业紧密地联系在了一起。为此，可以选择以下培养方式进行尝试：①让学生尝试入校后先到企业进行见习，然后返校学习的方式；②经过在校专业知识培训和技能训练，学生有了一定实战基础，再到合作企业进行岗位训练，让所学理论知识、专业技能在实践中得以检验，查找不足，有针对性地弥补；③学生在校完成教学计划规定的课程和掌握了基本的岗位技能后，到合作企业进行顶岗实习。

教学资源的组合。一是合作中企业专家可到学校兼职授课，学校教师可定期到企业顶岗进修，让教师成为"专家型职业人"，教师在企业中了解新技术、新工艺，改进教学，熟悉企业化管理，以培养更贴近企业的人才，学生毕业即可上岗工作，大大缩短企业用人成长周期。二是学校和企业共同制订教学计划，教学计划的课程目标应定位于培养学生在实际工作过程中完成任务的能力，这决定了课程制订的逻辑起点，目的是掌握具体的工作内容，分析的对象是任务，而不是完成任务的人本身。三是课程的转换来自工作任务分析。任务模块转化为课程模块，其目的是形成完整的课程门类和课程结构，便于学生完成所学专业的某个典型的综合性任务，使学生获得所学专业的从业能力和资格。

教学形式的融合。在教学形式上，一种是以学校为主体，采取"工厂式学校"的教学方式，采购与企业生产相配套的设备，参照企业的生产工艺和管理流程，通过企业提供的项目进行教学，实现实践知识与理论知识的整合；另一种是以企业为主体，实行交叉式在岗培训与脱产学习。以上两种形式，其共同特点就是力图让学生对工作任务有一个完整的体验。具体表现为：①通过多种途径让学生深刻体验完整的工作过程，尽可能促进学生独立完成包含"咨询、计划、决策、实施、评价"的行动过程。②对完成工作任务相关的知识、技术等进行跨学科的学习，帮助学生建立完成生产任务所应具备的、符合工作需要的综合性知识，促进学生实践过程与能力形成过程的结合。因为技能形成的过程是学生合理运用知识解决各种实际问题的过程，是一种知识转化为行动的过程。

专业选择的适合。在寻求合作企业的过程中，首先要了解企业的核心技术、企业规模及发展趋势，然后针对本校的专业设置，找到与企业的对接口、切入点。企业需要什么专业的人，我们就开设什么专业，采取"走出去，请进来"的方法，把企业的需求作为学校的追求；企业找到了专业对口、能顶岗工作的人才，学生找到了专业对口的就业岗位，无形中增加了学校的知名度。我们必须利用现有的优势，扩大就业范围，选择专业对口的企业，进行深度的校企合作，实现以"出口拉动进口"的局面，只有出口畅通，学校在企业站住脚，学校就会有生命力，效益好的企业愿意与我们合作，宣传渠道自然形成，进口问题自然解决。让学生能找到专业对口的企业，好学生就业时能够去好企业。这样就解决了学生学好学坏都一样的问题，学生学习的积极性就自然能充分调动起来，同时，也使教学更具有实效性。

第二节　职业教育校企合作机制的现实困境与破解

职业教育校企合作长效机制作为人才培养的全新模式及路径，其发展空间巨大。然而在该机制发展过程中，其定位不准、国家宏观指导不足、课堂教学与企业需求脱轨、激励约束机制缺位。为破解其运行障碍，应成立合作办学机构，加大国家宏观指导力量，规范合作内容及合作方式，创新人才的培养模式，规范合作行为，强化激励约束机制，构建实质意义上的校企合作长效机制，推动高职院校朝着稳健方向发展。

校企合作的人才培养长效机制，是指在校企合作、共同培养人才的过程中，兼具国家、企业、学校及学生各方作用构建而成的长期有效且比较规范，并满足多方权益、符合人才培养规律的方式、过程。在转变经济增长方式的情况下，急需大量应用型、技能型的高素质专业人才，党中央及国务院皆高度重视发展职业教育，加上社会经济的迅猛发展，职业教育的发展面临空前的发展机遇及转型挑战。高职院校只有坚定不移地深化校企合作长效机制，才能完成培养一批适合社会发展需求的技能型、实务应用型高素质人才的使命。近年来，职业教育取得较佳的阶段性成果，在办学质量、办学模式、办学数量及办学质量等方面都取得较大突破，但总体而言，其距离职业教育的发展要求仍具有相当大的差距，体现为定位存在偏差、国家宏观指导力量不足、培养方式不尽合理以及激励约束机制的缺位等问题，基于我国职业教育的发展现状，提出完善职业教育的可行出路，无疑在新时期发展语境下具有重要作用。

一、构建职业教育校企合作长效机制机理考察

符合市场经济下的人才培养规律。无论是企业、学校，还是学生、家长，都希望开展校企合作的办学路子。企业急需实践操作能力强、能快速适应岗位需求且职业水平高的实务型人才；而学生盼望尽快掌握符合社会所要求的技能，尽早就业，找准自身位置，实现自我价值；学校的宗旨在于培养社会所需人才，其主要目标在于不断提升学生就业率及就业质量。而建立校企合作这一机制正符合这三方利益所需，故而校企合作长效机制的构建模式既显得尤为必要，也为其有效、深入地发展提供了有利的外部条件。

缩短人才培养周期以节省社会成本。高校所培养的人才在于服务社会、反馈社会、促进社会的发展。故其应与企业保持密切联系，使其培养的学生尽快跟上企业、社会之需，才能切实转换为生产力，服务于企业及社会。学校、社会为人才的培养皆付出诸多人力、财力，但其效果往往未达预期。若能构建校企合作长效机制，使得学生在前期的学习阶段中，掌握必要的、扎实的理论基础，并在后期的学习阶段将课本所学知识，转为实际的动手操作能力，以适应企业的生产发展，也为其日后正式步入社会做好充分的准备。学校既节约了一定的培养资源，提高其培养的人才的质量，也有利于企业节约后期的培训费用以及其他相关的费用，还可以重点培养其日后急需之人才。而学生通过有针对性的学习及实践，也提高了自身的动手操作能力和实践水平，提升了自我竞争力。构建长期的校企合作机制对于整个社会的产出而言，极大缩短了人才培养周期，大大节约了人才培育的社会成本。

总而言之，构建长期的校企合作机制，是当下社会发展所需，也是高职院校深入改革发展的内在必然要求。

二、构建职业教育校企合作长效机制面临障碍

从目前看，校企合作长效机制的构建虽然取得一定的成效及经验，但从整体看，其仍存在诸多不足，学校及社会各界应高度重视并予以有效解决。总体而言，既有观念上的问题，也有政策扶持的问题，还有激励约束机制构建等问题，具体表现在以下四方面。

学校、学生及用人单位的定位偏差。职业院校学生、教学培养计划及用人单位等三者的定位皆不均衡，由此直接导致高职院校毕业生的就业率较低、经常跳槽及工作不稳定。对此可通过适当降低学生的就业预期，使其准确把握好自身定位，同

时强化对其职业生涯规划的指导，对学校的培养大纲做出有针对性的调整，加强学以致用、产学合作等措施，以实现高职院校生、学校及用人单位等三者的均衡。从教育的主体这一视角分析，高职教育的定位主要有学生本人的自我定位（也包含家长对学生的定位）、学校教学培养指标中对学生的定位、用人单位对学生的定位。总而言之，是学生及家长对就业的预期过高，而用人单位对于毕业生的定位则较低，二者出现一定的落差。

国家宏观指导不足。当下在开展校企合作培养人才模式上，主要是通过自发、自觉式行为，其收效甚微。国家层面上的宏观指导远远不够，政策支持、经费扶持力度在很大程度上处于缺位状态。国家未能从应有的高度认识校企合作的重要意义，也未及时出台相应政策以支持、规范、鼓励校企之间的合作，致使校企之间的合作还停留在浅层的合作层面，未能朝着纵深方向发展。而其他社会力量对校企合作长效机制的支持也比较薄弱。自发自觉式的合作机制使得校企之间的合作未能完全深入地发展。

课堂教学与企业需求脱轨。当下，高职学校学生在实训过程中出现的问题较为棘手。所谓的校内实训课程只是单纯枯燥的案例训练、局部训练，其往往受时间、条件等限制而剔除诸多因素，其形式简化而单调乏味，效果不尽如人意。而且退一步讲，当下我国的高职院校，除了少部分新建，其他大抵由中专院校、普通高校所改制而来，其培养的场所基本都是教学楼、实训楼。而所谓的实训楼，其设计诸多流于形式，实训的内容与社会实践未能实现良好接轨，社会实效性较低，并未真正起到实际的实训作用。虽然学生在实训室根据案例的要求，实操一些实际业务的训练内容，但其往往分环节完成，学生无法体会整个过程的连贯性、多变性及复杂性，未能真正进入角色。

激励约束机制缺位。如何构建一个对学校、企业及学生、家长有针对性的激励机制，并有效约束三者，是摆在当下校企之间的合作中的重要难题。奖惩机制的缺位，阻碍了校企之间长效合作机制的持续发展，也不能有效规范校企之间的合作行为，更无以对某些违纪者做出相应约束，激励性不强，极大制约校企之间的稳定性及其合作成效。对此，国家应当出台一些相关政策措施，有效引导校企之间的合作行为；学校及用人单位也可对先进部门及积极分子予以奖励，并对违纪、不积极的部门及个人做出约束办法。

三、职业教育校企合作长效机制的新出路

鉴于上述职业教育校企合作长效机制发展过程中面临的诸多障碍，构建合理的

校企合作长效机制需要整合多方力量，在肯定并总结现有经验的基础上，探索职业教育长远发展的内在规律，才能挖掘到完善职业教育校企合作长效机制的可行路径及办法。对此，可从以下六方面加以优化。

成立合作办学机构。不管是国家层面还是地方层面，均应成立相应的校企合作专门办学机构，着重负责校企合作机制的构建。企业、学校也需成立相关专门部门，落实好本单位所负责的校企之间合作的各项工作。国家层面上的专门机构应从宏观角度上研究、制定有关校企之间合作的相关政策、规划及措施，为地方专门机构提供专业的指导意见和政策上的支持，引导、落实各项有关校企合作的具体工作，监督、保证各项政策及措施的顺利开展，重视其规范性及长效性，确保合作各方之间的利益实现，重视合作成效，强化社会调研力度，为校企之间长期合作机制出谋献策，提供合理建议等。

加大国家宏观指导力量。校企之间合作是否收效及效果如何，直接影响到高职院校是否能胜任培养社会急需的实务型人才的使命，也直接关系到其毕业生的就业率。有鉴于此，国家应当高度重视校企之间的合作机制，将其作为重要工程加以指导。第一，应提高全社会对校企合作这一机制的关注及重视力度，增强社会的辅助力量，必要的时候应以立法形式明确社会各界对其所负职责。第二，对于在校企之间的合作机制上表现较好的企业及学校，应有所倾斜、有所奖励，可对其提供政策上的优惠，而对于未切实参与校企之间合作机制的学校、企业，应对其进行一定约束。可作为奖惩的方式有税收上的征免、招生计划、招生专业、课程建设等。第三，为更好调动学生主动性及积极性，也可对其进行一定的奖励，更有效地规范学生行为。第四，应做好实习生的安全防卫工作及补贴机制，保障学生合法利益。

规范合作内容及合作方式。高职院校培养目标在于培养一批高素质的应用型、技术操作型、技能型的人才，因此，高职院校的教育应立足于培养目标，根据实际企业经营中各个岗位对人才的相应需求，科学合理地设置课程及有针对性地安排教学内容，坚定不移走校企合作道路，提升学校毕业生的就业率。学校和企业应逐渐构建全程合作伙伴关系，不管是在学校的招生阶段、专业的安排设置上，还是具体培养方案的拟订上，抑或教学内容的编排、教学方法的安排，甚至是师资建设、实习基地的安排及毕业生的反馈档案，二者皆应建立紧密协调合作关系，将这种合作机制渗透教学始终。在其过程中，要秉承"一个主题+三个层次"之原则。"一个主题"即"不断提高合作的成效"、提升毕业生的就业率及就业质量。而"三个层次"是：第一，邀请企业的高管献策学校培养大纲的制定及教材的安排、课程的设置，也应安排学生到企业进行实地调研学习，了解把握市场现状；第二，构建实习基地、就业基地，有针对性地组织安排学生实习；第三，开展合同订单式的辅导班，定期培养学生实地操作。

创新人才的培养模式。推行产、学、研相结合的模式涉及制度、体制与人才培养的目标等相关因素，应采取系统式的解决方案。其中两点较为重要：其一，找到高职院校与企业之间的利益结合点，其二，寻求构建共同的利益结合体；寻找高职院校和企业合作的新组织方式，最大限度地实现二者优势互补，形成供应共享机制，为校企之间的合作及产、学、研等三者结合奠定扎实根基。积极施行一种与社会实践接轨的学习模式，以工学结合为改革其人才培养机制的关键切入点，引导专业设置改革、课程设置改革及教学内容、教学方法上的改革。人才培养机制改革之重点在于实现其教学过程的实践性，兼并开放性与职业性。在其具体过程中，把握好实训、实验及实习这几个关键环节。关注学生课堂所学与企业实际需求之间的接轨，密切联系校内考核和企业考核机制的衔接对应。另外，学习也可试行订单培养，认真摸索各种促进学生学习能力之教学方式，如项目导向、工学交替、定岗学习等方法。而企业也应不断规范实习管理、改善实习条件，创造更好的实习环境。

规范合作行为。为积极调动校企合作机制中各方主动性及积极性，切实维护各方合法权益，保证校企之间的合作能以有序、规范的方式长期、深入开展，需国家以立法或契约等方式规制校企各方的行为。国家应围绕校企合作机制出现的各种问题，深入分析，及时出台可行的政策和相应措施，为校企之间的合作创建良好的外部环境。比如，可在相关的法律法规中，增添相应条件，明确各自的权、责、利，并对违约一方做出相应惩处，以有效约束其行为，更好地保障守法守约方的权益。

强化激励长效机制。首先，可以构建奖励机制。对积极促进校企之间合作，开展产、学、研模式并做出一定绩效的学校给予一定的支持及奖励，对实质性地提供相应实习岗位、培训实习生成效显著之企业，给予一定的政策优惠。对表现优秀的实习生、毕业生，也给予一定的表彰。其次，构建完善高职院校毕业生创业就业服务机制，推动高职院校教学理念转变，推进职业院校从原有的升学导向走向以就业为导向、从政府的直接管理走向宏观指导、从计划培养走向以市场为驱动力，实现职业教育与社会实践发展接轨，提升职业指导及创业教育。再次，实行工学结合的培养机制，加强企业、学校之间的联系，锻炼学生的社会实践能力，变革传统的人才培养机制。最后，构建合理的人才选拔、评价机制，深化教育改革。立足于市场所需，逐步完善教学内容，改进教学模式，调整专业课程设置，发展时代所需的新专业，构建精品课程，逐渐实行学分制，完善人才考核机制。

校企合作机制作为一种培养人才的全新模式及路径，其内涵伴随着我国市场经济的不断发展而逐步延伸，因而其发展空间巨大。实质意义上的校企合作机制是构建在可持续发展基础上，不断探索高职教育的内在发展规律，寻找切实可行的改革路径。对此，可通过成立合作办学机构、加大国家宏观指导力量、规范合作内容及合作方式、创新人才的培养模式、规范合作行为、强化激励长效机制，从而实现各方资源的最佳组合，构建真正意义的校企合作长效机制，推动高职院校朝着稳健方向发展。

第三节　校企合作人才培养模式的实践与研究

教育对每个学生都是公平的，我国政府和教育部门也推出了一系列政策以推进职业教育的发展，但现实社会还是会存在对职业教育不看好的情况，像高职院校与企业合作教学的过程中，企业就会缺乏合作的热情，极其不利于专职学生的就业，需要从各个方面着手考虑校企合作培养一线人才的各种措施，从而加快学生职业能力的形成。

一、现阶段我国校企合作培养人才的方式

当前校企合作培养人才的具体模式。当前我国根据自身发展，结合外来先进教学经验，常用以下方式完成校企合作从而达到人才培养的目标。首先是"工学交替"的方式，即目前校企合作培养人才最常用的"2+1"模式，它主要是将学生三年的学习时间进行了具体分配，前两年学生在学校进行理论知识的学习，最后一学年则前往各专业对应的合作企业实践。这种"工学交替"的方式是先理论后实践的过程，有利于学生在掌握基础的前提下尽快融入企业环境，但不足之处也比较突出，毕竟学生在校学习理论的时间有限，每一门专业科目的任务量累积起来较为繁多，无形中增加了学生的压力。其次是企业预判各院校学生的专业素质，选定合作院校后则会像下订单一样从学校预订专业人才，当然企业与院校要做的工作如学生管理、教学评估等均不可少。另外一种是用人单位与院校信任度颇高时采用的合作模式，通常企业会向学校输出一线的技术人才和先进的设备仪器，而学校则会为企业提供各种实验场所以及优秀教师资源等。

我国企业参与校企合作教育的现状。关于我国各企业目前参与校企合作的方式，有研究人员专门做过相关调查。研究结果显示，在现代化建设的今天，各个企

业以及用人单位并不像以前一般由学校去直接联系，以确保学生毕业之后可以尽快投入工作，实现个人价值。很多企业为了谋求自身发展，会主动寻找有合作意向的院校，经过市场价值评估等环节后会安排负责人前往各大院校具体商议合作的情况，明确各自在合作中扮演的角色。当前企业主要是通过招聘毕业生的方式吸纳优秀人才，这也在一定程度上证明了当代社会对我国高校培育学生的欣赏与认同。再比如，职业院校最常利用的"2+1"教育模式，也是在学校教育的基础上，借由用人单位的高度参与，以完成学生三年的教学任务。企业参与教育教学活动充分体现了该职业对学生动手能力和实际技术的要求，因而校企合作应时刻关注学生的状态，从而确保教学质量。

我国高职院校在校企合作中的情况。学校是学生接受知识教育和心智开发的重要场所，很多学生从启蒙教育阶段开始，就走进了校园，校园的实际情况会从各方面影响学生的思想建设和学习动力。就业优先一向是高职院校办学的主要思想，在这种思想的引导下，各高职院校努力开发当前的教学资源，从而为学生设置更为科学合理的教学流程，校企合作作为提高职业能力的前提条件，院校也思考如何不断创新，促使企业与学校自身都能有所收获。有数据显示，当前高职院校中的校企合作教学的方式已经获得大部分学生以及教师的认可，但也存在部分学校考虑到工作辛苦，校内学生不愿前往企业实习，导致合作进展不顺的现象。还有一些学生认为自己能力够强，不需要学校专门设置这样前往企业实践这部分教学内容，这也让校企合作在实际推进中受到一定约束。

二、我国校企合作人才培养模式暴露的不足

企业缺乏参与热情。当前校企合作模式多用于职业教育当中，而进入职业院校学习的学生无论从学习习惯还是个人行为等方面来说，通常都与高等院校学生存在一定差距，他们往往缺乏良好的学习习惯，或是对某些科目表现出明显的抗拒情绪。而社会工作普遍对学历要求严格，像同样优秀的技术人才在社会公开招聘时，用人单位多少会对前来应聘的人员区别对待，相比专科生，他们更加倾向于选择学历更高的本科生或研究生，这也导致企业合作时更加看重学校自身的知名度和竞争力，对一般职业院校的校企合作工作缺乏参与热情。有的企业即使与学校达成了合作共识，但未将学生能力培养放在考虑对象的首位，能力不足的学生后续上岗投入工作后可能会影响到合作企业的名誉和对应学校的形象，进一步加深其他企业对职业教育的偏见。

未建立完整的合作体系。在校企合作工作中存在的另一个问题是合作没有完整

的法律体系，学校与企业的管理无法统一起来。校企合作让学校原本百分百对学生负责的传统教学结构被破坏，当学生前往企业内部实习时，学校就无法有效监督学生的状态，而企业的管理模式也难免会与学校冲突，容易导致学生盲目学习。同时学生本身就与企业内部正式员工不同，或多或少会对学生降低工作要求，学生即使身处职场，但实践经验并没有完全学习到位。另外这种合作在牵扯到经济活动时，如果没有明确成本分摊和利益分配的方式，合作也无法长时间保持。

校企合作教学无明确的教学评价。校企合作教学由各大院校与用人单位合作进行，因而双方要深入了解各自负责的具体工作，对于学生各项指标的评价方式也要全面而明确，然而在教学制度改革的今天，我国校企合作人才培养教学中没有一个完整的教学评价体系。最明显的现象是企业参与教学的环节较少，学生的评价主要来自学校的考核成绩，对于学生学习过程和企业实习这个动态过程没有确切的评价指标，直接阻碍学生的多方面发展。教学评价不到位，相应的教师就无法根据学生现有的能力帮助其高校提升，同时学生也会缺乏积极有效的鼓励，难以始终保持学习积极性。

三、校企合作培养人才的有效策略

对各大院校的要求。首先，各大院校应积极开发已有教学资源，创新人才培养模式。高职院校的学生毕竟与普通高校学生存在一定的区别，像个人学习习惯、已有的知识能力等会有部分欠缺，对理论知识的学习也会缺乏兴趣，因而院校应注重开发学生与代课教师使用的教材，让教材内容与各地文化特色以及各行业的职业要求结合起来，不断优化教学过程，提高学生的学习积极性，培养学生吃苦耐劳的匠人精神。同时，由于当前各大企业对员工都有具体的行为要求和业绩指标，教学中也应渗透这些方面的内容，为学生创建企业文化的学习环境。也可以定期邀请专业人士来校为学生做相关报告，为陷入工作困境的毕业班学生们答疑解惑，让学生结合自身的兴趣爱好、性格特征以及特长等，为学生合理规划职业生涯提供建设性意见，从而促进学生增强自身竞争力，从而在岗位竞争中脱颖而出，选择自己心悦的工作。另外，对学生来说，学校是家一般的存在，离开校园前往各企业工作难免会出现焦虑、害怕等消极心理，高校应合理选择合作企业，让学生的学习过程与工作环节形成有效衔接，哪怕是实习时，也要时刻关注校内学生的状态，对企业负责、对学生负责。

对合作企业的要求。作为与各大院校合作的企业，应明确院校与自身之间的关系，将当前的资金投入弱化，站在长远发展的角度看待与院校合作的问题，与院校积极沟通，主动提升企业的专业性，从而培养大批一线的优质人才，确保双方在合作中都能获得最大收益。比如，学生在前两年理论知识的学习过程中，合作的企业就可以为学生投入专门的学习奖金，以促使学生加强专业知识的学习。教学资源方面，企业也可以考虑适当为院校引进相关教学设备，同时学习校内可利用的科研成果，并向院校分享先进的技术。与此同时，企业应从校园环境、基础设施建设以及人才培养方式等作为基本考虑点，从而选择适合的合作院校，对有意向合作的院校要提前考察校内科研项目等开展情况，了解学生当前的学习内容，在充分保障教育质量的前提下，减少成本投入，加强与院校之间合作的黏性。另外，学生教育收获的多少应进行全面分析评价，而企业作为教育环节的参与者，也需要积极建设评价标准的设置，从而共同监督合作进行，避免对学生的教学效果产生阻碍作用。

对政府部门的要求。校企合作牵扯诸多方面的内容，像整个过程中的资金投入、各自的职能分配以及互相之间的沟通信任等，均与各大院校和对应企业的切身利益密切相关，因而校企合作中难免会出现意见不一致的情况，这就需要有专门机构介入其中进行调解。相关研究表明，以往的校企合作模式出现裂隙有很大一部分原因是政府的政策没有跟上合作的步伐，导致企业没有参与校企合作的热情，甚至无法得知具体哪些院校有与自己合作的意向。作为政府部门的相关人员，应看到校企合作对学生教育和社会发展方面的重要意义，在企业与院校之间建立连接，让它们有合作的可能性。同时政府需要明确职业院校与普通高等院校的不同之处，主动学习西方先进的教育体制，引导院校发掘各自的特色，开展特色教育教学。另外应制定必要规范让校企合作专业化，从而利于有效提升学生的个人能力。像必要的政策也必须及时提出并且落实到位，以大力支持校企合作工作。比如，财政拨款，为院校增加教育资金，或者是建立优秀学生的学习优惠政策，适当增设税收的减免项目等，以降低企业与院校自身的经济压力，促使企业与各大院校以及研究所增加合作的深度。

总而言之，校企合作模式应以培养学生的职业能力为主，政府应积极参与到教育过程中来，为院校与企业创造开放的合作平台，促进双方主动完善合作过程中不合理的环节，让学生在学校的理论知识与企业工作中的实践能力得以有效提升，为职业院校学生的就业保驾护航。

第四节 跨国校企合作新模式的探索与实践

自2013年"一带一路"倡议提出后,国内企业加快了"走出去"的步伐,而高素质的国际化技术技能型人才缺乏问题随之而来,阻碍了企业的快速发展。有色金属工业人才中心针对中国有色矿业集团"走出去"企业目前面临的国际通用型高素质技术技能人才短缺问题,积极探索与国内高水平高职院校合作的新模式,为"走出去"企业缓解了燃眉之急。

一、背景及意义

自2013年"一带一路"倡议提出后,国内企业加快了"走出去"的步伐,而高素质的国际化技术技能型人才缺乏问题随之而来,阻碍了企业的快速发展。为配合国家"一带一路"建设和国际产能合作,教育部积极推动职业教育与企业协同"走出去",即"企业走到哪里,学校就跟到哪里",助力重点行业到国(境)外办学,推动职业院校与"一带一路"沿线国家学校和企业合作。

有色金属行业作为"走出去"先行企业之一,在国际产能合作中取得了显著成绩,同时也出现了用工难、文化难融合的困境。为解决该困境,中国有色金属工业协会联合国内优质高职院校深化校企合作,开展了首个职业教育"走出去"赞比亚试点工作,为"走出去"企业培养了大批适用技术技能型人才,初步探索了跨国校企合作新模式,为国内其他行业解决同类问题提供了参考。

二、有色金属行业"走出去"企业人才需求存在问题

我国有色金属行业"走出去"企业遍及世界80多个国家和地区,境外企业达到79家,随着规模扩大,这些企业普遍都存在用工难的问题。主要来源于两个方面:一是国内员工派出选拔困难,缺乏长期驻守的会本地语言的技术技能人才。国内传统技术技能型人才培养过程基本都是重技术轻语言,派出人员不能和本地员工流畅交流,而且因为远在异国他乡,很少有员工能长期驻扎,造成高素质技术技能人才匮乏。二是本地员工综合素质低,无法胜任重要岗位。"走出去"企业主要集中在赞比亚、刚果(金)、缅甸、老挝等发展中国家,当地教育受经济发展限制基础比

较薄弱，职业教育整体水平偏低，基础设施普遍较差，教学仪器设备落后陈旧，办学能力和师资较弱，劳动力素质偏低，企业在当地招聘的员工在职业素质和技能水平等方面难以满足要求。

为解决"走出去"企业高素质技术技能人才需求短缺的问题，有色集团采取企业内部开设培训班，部分企业也尝试过投资建设技工学校等途径，但由于专业化师资少、教学标准不统一等因素影响，效果并不明显。随着我国行业相关的职业教育水平的快速发展，有色金属行业意识到走深化校企合作的途径才能解决企业的现实问题。

三、培养国际通用型技术技能人才采取的措施

搭建"校—企—校"合作平台，探索校企跨国合作新路径。"校—企—校"分别为国内院校、"走出去"企业和国外合作院校三个主体。搭建这个平台必须具备三个要素：一是国内院校具备领先水平，即有能力输出；二是国外院校某一方面能力欠缺或不发达，即有需求输入；三是二者有共同服务对象，即跨国企业。"校—企—校"合作是在满足跨国企业和国内外合作院校的共同利益下提出的一种共赢合作方式。首先，跨国企业参与人才需求和培养标准制定，使培养人才更满足企业用工需求；其次以跨国企业需求为依据，国内外合作院校之间专业优势互补，教学资源共享，提高院校专业建设水平，有利于提高生源素质和扩大招生规模；最后，国内院校将教学标准输出，有利于提高其国际竞争力和影响力。

创建试点海外学院，培育职业教育海外生长环境。校企、校际结对合作，寻求落地点。首先从有色集团下属企业和国内外相关院校进行了调研，结合产业需求和地域特点，初步确定了哈尔滨职业技术学院、南京工业职业技术学院等八所国内院校和赞比亚铜矿石大学、赞比亚卢安夏技工学校等院校作为首批合作对象，搭建了"校—企—校"合作平台。合作的企业都是"走出去"企业，都存在异国工厂用工难的问题，迫切需要高素质技术人才；合作的院校则都是和跨国企业存在供求关系而又无法提供适用人才的。这些问题恰好是我国职业教育可以解决的，因此，在这种需求下，职业教育便有了"走出去"的契机，也有了明确的落地点。

创建海外学院，对接教学体系，保证平稳运行。为集中精力开展跨国校企合作教育，有色集团成立试点工作组，抽调业务能力强、精通外语的骨干人员承担相应的外事业务，并承担本土化教育模式建设的实施工作；对落地国家的教育情况和影响因素全面调研，掌握其学前基础、文化习俗、语言表达、教育机制和课程体系等方面的差异，求同存异，建立起与当地教育对接的教学体系，同时创建海外学院，

从师资、教学设施等方面来保障这个教学体系稳定实施。

创新国际通用技术技能型人才培养模式，对接本地教育体系。创建分类人才培养模式。不同合作国家和地区，教育情况不尽相同，生源素质也有差异，因此在人才培养上，制定了不同的培养模式，包括学历教育和非学历教育、全日制和分段式、企业员工培训、订单培养等多种形式；培养方式采取联合招生、跨国培养、冬/夏令营等方式，满足不同地区不同学员的需求；课程体系中融入中国文化、汉语言学习、中国企业文化等课程，使得学员能够顺利融入中国企业员工集体。

建设"双聘双语双元"的多双师资队伍。海外学院聘用中国教师、当地教师、当地中资企业专家共同承担教学任务。因为培养的当地学员是为中国企业服务，所以要兼顾中国企业需求和当地文化影响。这样中国教师在教学初期需要使用当地的语言、了解当地的风俗习惯，而当地的教师需要学习汉语，了解中国的教学标准和企业标准。因此双方的教师都需要提高相应的能力。对于国内教师，通过国际交流、外语培训等方式提高其相应能力，对于国外教师，与国内知名高校开展联合师资培养，接收来自合作院校的教师，进行语言和专业方面的培训。

开发系列教材，国内外共建专业教学资源。在合作的国家和地区中，受其经济和科技水平发展的限制，其教学设施参差不齐，而国内教学资源的直接输出并不适用，针对不同地区开发了不同的教学资源。结合当地的教育体系和企业标准，制定了《企业人才培养标准》和"一带一路"工业汉语系列教材，为教学提供载体和参考标准；为赞比亚海外学院教学工作开发了"工业汉语词典APP""专用焊接设备""工业汉语词汇辅助记忆卡"等教学资源，并将国家焊接资源库改进后输出，为境外教学提供了合适的教学资源，促进共享，实现知识无国界。

共建实训室，营造良好教学环境。为保障教学顺利实施，企业和国内外合作院校共建校内实训室和校外实训基地，国外院校提供场地和管理员，企业提供校外实训基地，国内院校通过捐赠等方式提供校内实训室的基础设施，保证实践教学顺利开展。

建立保障制度，深入全面推进海外教学实施。跨国校企合作是一个长期的过程，这个进程能否持续发展，由三个要素决定：一是有政策保障，二是有经费支持，三是有人力支撑。第一，制定政策。合作三方在合作初期从政策、经费、人力等方面进行了体制机制建设，制定了一系列规章制度，为模式提供政策保障。第二，争取经费。目前海外办学还未大规模获得国家经费支持，合作三方积极争取国家、省、市经费支持。第三，培养国际化师资。为保障海外教学长期发展，大规模全方位开展教师国际化培养。采取国际交流、理念培训、语言提高培训班、访学、外语提高培训班等途径，培养教师的国际化教学能力。

四、取得成效

跨国校企合作工作开展 3 年多来，一是掌握了赞比亚、刚果金等有色集团境外企业较为集中的非洲地区的人才需求情况，实现企业需求和境外人才培养的精准对接。二是从国内优质高职院校派出了 50 余名优秀教师到有色集团驻赞比亚企业，开展了电工、钳工、仪表工、电焊工等十几个工种，培训近 400 人。通过培训，企业本地员工的技能水平大幅提高，大大降低了企业成本，提高了工作效率。三是编写了《工业汉语》系列教材，开发双语课程，配套开发了"工业汉语词典 APP"，为海外教学提供适用教学资源。四是完成了中赞职业技术学院前期的教学设施改造、设备投入相关筹建工作，并在赞比亚成功获批五个专业。

校企跨国合作工作得到了教育部、企业和国内职业院校的充分肯定。国内启动了试点院校接收留学生和外方员工来华培训工作，目前白银矿冶学院、哈尔滨职业技术学院先后共接纳 30 余名留学生学习，北京工业职业技术学院承担了四批次境外员工培训工作，培训人数近 300 人，为企业在外经营发展创造了良好的国际氛围。同时推动了国内职业教育的国际化发展，探索了与中国企业和产品"走出去"相配套的职业教育发展模式，创新了满足中国企业海外需求的本土化人才培养方式，锻炼了一批能双语教学的国际化师资队伍，进一步深化了校企合作。

"校—企—校"跨国校企合作新模式以跨国企业为桥梁，两国学校共同发展，实现了三方共赢。依据跨国企业人才需求特点，充分利用了其所跨国度优势资源，国内院校与当地院校进行合作，实现培养企业适用的高素质技能人才的目标。一方面为跨国企业解决了当地雇员技能素质低的问题，另一方面对于"一带一路"沿线职业教育不发达的国家进行职业教育援建，同时提升国内院校的国际化教学水平。针对合作国家的国情差异性，建立因地制宜、因国施教的分类人才培养模式，提高了落地国教育普及率，探索职业教育输出标准，开发多专业、多语种、多层次的满足企业实际需求的系列教材，搭建了文化、技能相统一的载体。改善落地国教学设施，开发专用软件和教学设施，拓展专业教学资源库海外应用，实现了国内外资源共享。

第五节 校企合作研究成果与展望

产教融合、校企合作、工学结合、知行合一，被确定为中国职业教育的特色和方向。校企合作在这个特色体系中具有承上启下的关键作用。当前，对校企合作的研究主要集中在五个方面：一是校企合作模式的理论构建与实践，二是对我国校企合作现状的研究，三是对校企合作的国际比较，四是校企合作办学模式下人才培养的实施，五是校企合作机制的研究。但校企合作并未形成系统的理论体系，今后应在四个方面加强研究，即校企合作的经济基础、校企合作的理论基础、校企合作的动力机制、校企合作的促进与监管。

一、研究历程

自 2007 年以来，校企合作一直是职业教育研究的热点。在中国知网以"校企合作"为主题进行搜索，可查得 51000 余篇文献。最早的文献是厦门大学邓存瑞、俞云平于 1990 年发表在《外国教育动态》上的"美国创建工程研究中心促进校企合作"。该文介绍了美国政府通过为"工程研究中心"提供基金来建立一种大学和产业部门之间的联合的经验做法，第一次在我国引入了"校企合作培养人才"的概念。但是，在 2003 年以前，校企合作理念一直不为人所重视。在此之前每年相关文献不足 100 条。

2002 年《国务院关于大力推进职业教育改革与发展的决定》发布，明确要求"企业要和职业学校加强合作，实行多种形式联合办学"。2003 年《教育部办公厅关于试办示范性软件职业技术学院的通知》文件中首次使用"校企合作"这一概念。在此背景下，2003 年以"校企合作"为主题的文献首次突破 100 篇。

2005 年《国务院关于大力发展职业教育的决定》发布，明确提出："进一步建立和完善适应社会主义市场经济体制，满足人民群众终身学习需要，与市场需求和劳动就业紧密结合，校企合作、工学结合，结构合理、形式多样、灵活开放、自主发展，有中国特色的现代职业教育体系。"校企合作作为职业教育体系的特色之一明确地被提出来。这也是国务院的文件中第一次使用"校企合作"这一概念。

2006 年，教育部发布关于全面提高高等职业教育教学质量的若干意见（俗称16 号文件）。明确要求高职教育要走产学结合发展道路，校企合作，加强实训、实习基地建设。以此文件为基本要求的高职院校办学水平评估，也将"校企合作"作为学校办学水平评估的重要指标。

自此，"校企合作"逐渐成为职业教育研究与实践的热点。2007 年，以"校企合作"为主题的文献首次超过了 1000 条，之后每年以 1000 多条的速度递增。当前，产教融合、校企合作、工学结合、知行合一，被确定为中国职业教育的特色和方向，校企合作在这个特色体系中具有承上启下的关键作用。

二、理论成果

当前，对校企合作的研究主要集中在五个方面。

（一）校企合作模式构建的理论基础

学者们从不同的角度为校企合作寻找理论基础。一般认为，教育与生产劳动相结合理论和威斯康星思想为职业院校校企合作的构建提供了方法论指导，终身教育思想和建构主义理论为校企合作模式的设计提供了科学依据，系统原理为校企合作的绩效评价提供了科学的标准，人本原理为校企合作模式构建提供了价值导向目标。还有学者从经济学的角度，用核心竞争力、交易成本、资源依赖等理论解释了职业院校开展校企合作的必要性，以比较优势理论指导校企合作的实施。这些理论从职业院校的角度出发，可以论证校企合作的必要性。但是企业为什么要参与校企合作，尚无充分的理论说明。如何设计校企合作机制和相关方案，更无科学的理论依据。没有理论指导，只能不断地在实践中摸索。这也是我国虽然把校企合作作为职业教育的改革方向和特色培育，但尚无成熟系统、可普遍推广借鉴的校企合作方案的原因。

（二）校企合作实践现状的研究

这是当前文献报道最多的研究方向。全国的职业院校都在探索校企合作，具体做法多种多样，形成的模式各不相同，经验数不胜数，问题大同小异。相关文献主要报道了以下研究：一是各职业院校开展校企合作的做法和经验，二是职业教育校企合作的普遍经验、模式的总结，三是职业教育校企合作中存在的问题及原因分析，四是对校企合作具体问题给予的解决意见。研究成果普遍反映校企合作现状是学校热、企业冷、政府无作为；给出的主动解决思路是政府积极作为，通过出台政策法规协调校企合作矛盾。

（三）校企合作的国际比较

有的学者侧重从国际经验角度介绍校企合作，关注的重点都是德国的双元制、美国的"合作教育"、英国的"三明治"、俄罗斯的"学校—基地企业制度"、日本的"产学合作"、新加坡的"教学工厂"、澳大利亚的 TEFE 等。主要介绍了这些校企合作模式的具体做法、优势和对我国校企合作的启示与借鉴意义。

（四）校企合作办学模式下人才培养的实施研究

学者在探讨校企合作本身的同时，基于校企合作视角对职业教育的各个要素进行了研究。主要内容包括校企合作模式下师资队伍建设、课程建设、实训条件建设等，主要观点是积极利用企业资源建成符合企业需求的教学条件。部分学者也探讨了校企合作对职业教育的影响及职业教育的应对措施，包括校企合作后教学质量保障体系的改革、教学方式的改革、实习实训管理的改革、学生思想政治和职业素质教育的改革等。主要观点是积极应对校企合作对学校封闭教育与管理的影响，适应开放办学的需要，利用信息化等各种手段，规避校企合作对教育教学的不利影响，发挥校企合作的积极作用。

（五）校企合作机制研究

校企合作机制的研究不仅是为了找到校企合作的必要性，更要找到校企合作的持续可行性。其研究的主要内容包括校企合作的动力机制、运行机制和促进机制。这也是校企合作的规律性所在。当前校企合作水平不高的原因，归根到底是还没有找到在中国政治经济和社会环境下的校企合作规律，抑或说西方的校企合作理论尚未与中国职业教育实践结合起来。

三、实践探索

在理论探讨的同时，各职业院校都认识到校企合作的重要性，积极地开展了实践探索，取得了可喜的成果，积累了丰富的经验教训。在关系上已经形成了单主体型、双主体型、新主体型和多主体型等校企合作模式。单主体型即以合作中企业或职业院校一方为主来决定双方合作事务；双主体型则是指企业和职业院校两个主体平等协商决定合作事务；新主体型则是指企业与高职院校联合成立具有独立法人资格的新的机构，通过资本混合实现合作；多主体型指多个职业院校和多个企业多边协同处理合作事务。

在具体做法上更是五彩纷呈。有共建实习实训基地、共建研发中心或者工程技术中心、订单培养、校中厂、厂中校，有职教集团、职教联盟、校企合作理事会等。各学校在开展校企合作中都同时采用多种形式在各个层面开展合作。如黄冈职业技术学院牵头成立了湖北园艺职教集团、黄冈职教集团，参加了全国商科职教集团、湖北财经职教集团、湖北机电职教集团等组织。学校成立了市政府主要领导理事长的校企合作理事会，成立了14个专业群校企合作理事会。各专业积极开展校企合作，在全国范围内推广了基地托管式、筑巢引凤式、借船出海式、文化引入式、智力互助式等五种校企合作模式。

四、研究展望

理论研究的繁荣和积极的实践探索，为职业教育校企合作理论发展提供了充分的养分，但校企合作理论尚未结出硕果。如此现实要求反思校企合作理论研究，寻找新的突破口。

（1）校企合作经济基础。经济基础决定职业教育发展，职业教育服务于经济发展。当前职业教育的校企合作不顺畅，反映了职业教育与经济基础不相适应。西方发达国家校企合作无论如何优秀，但不服中国水土，我们不能照搬照抄。探索符合中国经济社会发展需要的职业教育校企合作，必须对我国的经济社会进行深入研究。当前特别要研究新常态下经济运行的规律，以及这些规律对校企合作的影响。

（2）校企合作理论基础。只有科学理论指导，才能产生科学合理的校企合作方案。当前校企合作的理论基础，只是揭示了校企合作的必要性。我们必须寻找符合中国经济社会发展特点的理论来指导各个层面校企合作方案的制定。博弈论、产业链理论、竞合理论、系统论、新常态理论都对职业教育校企合作具有指导意义。我们必须深入研究分析这些理论对校企合作的指导，同时协调各理论观点的矛盾。

（3）校企合作机制研究。校企合作的内生动力是什么？外在影响力有哪些？运行的保障力如何得到？只有解决了这些问题，才能确保校企合作科学可持续发展，才能找到一条可普遍推广的校企合作关系构建路径。

（4）校企合作促进与监管的研究。校企合作不仅是职业院校和企业双方的事情，其利益相关者还涉及学生及其家庭、政府、行业协会等。各利益相关人在校企合作中如何表达诉求、维护权益、协调矛盾，如何共同发力确保校企合作持续运行，需要进一步深入研究。

第四章　校企合作平台的实践与创新

第一节　基于校企合作平台的实践与创新

高等工程教育是为国家和社会培养工程类大学生的，工程类大学生是一种综合型和应用型技术人才。对他们的培养，除了高校外，离不开社会提供的大环境，尤其离不开各行各业提供的、具有综合工程背景和工业背景的工业实践。因此必须通过校企合作，共同搭建实践教学创新平台，提升大学生的实践能力。

随着全球产业结构与中国产业发展战略的调整，高等工程类院校的实践教学需要发生一些新的变化，包括交往主体和交往方式的变化、实践主体的变化，以及产业和企业经济的深刻变化等。这便给人才培养提出了更高的要求，同时为加强实践教学改革提供了有利的条件和机遇。近年来湖南工程学院根据自身大多数专业与生产实践联系紧密的优势，积极研究和探索校企合作的体制机制，充分利用企业资源建构有特色的校企合作实践教学一体化体系，为提升实践教学质量搭建有效的载体和坚实的实践教育平台。

一、工程教育离不开工程实践

近年来，我国的理工科高校不断加强工程训练中心的建设，对大学生的工程实践教学日益重视。特别是自 2006 年以来，我国高校已有 11 个综合性工程训练中心进入国家级实验教学示范中心行列，还有 22 个综合性工程训练中心进入国家级实验教学示范中心建设行列。从规模到内涵，从硬件到软件，实现了工程实践教学一个又一个跨越，拓宽了学生的工程基础知识，增强了工程实践能力，提高了工程素质。这标志着我国的高等工程教育在工程实践领域已经发展到一个新的水平。然而，工科类高校的工程训练并不能完全取代社会行业企业的工业训练。这是因为了解现代行业企业的产品、工艺、管理和文化等，必须深入到现场环境才能完成；行业企业需要什么样的工程技术人才，必须深入行业企业调研才能发现。

也就是说，工程类人才是一种综合型和应用型技术人才。对他们的培养，除了高校外，离不开社会提供的大环境，尤其离不开各行各业提供的、具有综合工程背景和工业背景的工业实践。因此，必须让学生有机会走向社会，走向行业企业，走向将来需要他们尽职的工作环境，这条培养工程技术人才不可或缺的途径必须打通。

二、建构校企合作实践教学一体化体系

多年来，湖南工程学院一直重视实践教学环境建设，除千方百计筹措资金加大投入，不断加强校内的实践教学基地建设外，还积极与当地政府和几十家大中型企业紧密联系，达成共识，建立了校内外较为完善的学生工业实践基地，并且建构了校企合作的实践教学一体化体系。其主要内涵是以大工程为背景，以先进性、综合性、开放性为特点，以培养工程素质、创新精神与工程实践能力为核心，强调教学平台建设与人才培养相结合，理论教学与实践教学相结合、实施计划性实践与自主创新性实践相结合的教学模式，着力培养学生的综合素质和工程能力。同时以企业对人才的需求作为导向，以创新型人才培养为目标，构建多层次、多模块、柔性化的实践教学环节。在新的实践教学体系设计中，湖南工程学院尝试进行几个方面的改革。

将实验、课程设计、大型综合实践周、毕业实习、毕业设计（论文）、社会实践等实践环节有机地贯穿起来，面向机械、电气、化工、纺织等制造业，强化专业知识应用能力和综合素质的培养。

设置与理论教学体系相对应的工程实践教学环节，系统地锻炼和培养学生综合运用知识的能力。如机械、电气、纺织类各专业的综合性集中实践（实习）教学环节主要包括专业认知教育、金工实习、电工电子实习、纺织实习、CAD 工程制图、零部件测绘、机电（服装）产品设计、生产实习、产品创新设计与制造综合实践、企业培养环节、综合能力课外培养环节等。

将知识理论与行业企业实践相结合并加以运用。把行业企业教学实践分为轮岗学习、顶岗实习、项目实习、毕业设计等多个环节，让学生参与企业的研发、生产、管理等工作。企业教学实践采用轮岗、顶岗和项目参与等方式，强调学中做、做中学，教学上采用双导师制，在学校导师和企业导师的共同指导下，针对企业生产环节进行多岗轮训，或者参与企业项目，参加产品研发—工艺—生产—装配—检（试）

验的全过程。通过企业实践，培养学生具有现场工程师的职业道德、工程意识和社会责任感，进一步强化学生在相关行业及企业生产一线生产现场分析、解决本专业方向工程实际问题的能力。

将社会实践、学科竞赛、课外科技活动、专业技能培训与认证等纳入综合能力课外实践模块，通过分层次、多种形式的课外训练，培养学生了解社会、查阅资料、自我学习、团队合作的能力以及工程意识和创新意识等，使学生的专业能力得到锻炼、综合素质得到提高。

三、搭建提升大学生实践能力的新平台

在深入企业进行广泛调研、对国内外同类高校比较分析的基础上，紧密结合湖南工程学院的办学实践，对构成实践教学的各个要素进行整体设计，构建出与理论教学密切相关、相互渗透、相对独立，结构和功能最优，具有应用型人才培养特色的实践教学平台。

（一）搭建适应企业环境的工业实践能力培养平台

对工程训练中心传统的实践教学平台进行改造和完善，使之符合现代行业企业环境的要求。以生产岗位、项目的实习和研究为结合点，把理论学习和实践能力锻炼较好地统一起来，把以课堂传授间接知识为主的教育环境同直接获取实际能力为主的生产一线等环境有机结合起来。同时，对工程训练中心的实践教学平台进行创新改建，增设模拟企业现场常见问题的环节，让教师在更接近真实的工程环境中指导学生，让学生在更接近真实的工程环境中得到锻炼，实现学生的应用能力与企业实际需求之间的无缝对接。

（二）创建"三层次分段递进式"实践能力培养平台

根据工程应用型人才素质和能力要求，人才培养以知识与能力结构为标准，分为学术型（科学型、理论型）、工程型（设计型、规划型、决策型）、技术型（工艺型、执行型、中间型）和技能型（技艺型、操作型）四类。除学术型外，工程型、技术型和技能型人才都有一个共同的特征——应用。按照教育和认知规律，将工程实践能力培养划分为基本技能层、专业能力层、综合应用创新能力层三个层次，创建三层次分段递进式实践能力培养平台。针对三个不同的培养层次，安排不同的实践教学内容和相应的实践教学环节，循序渐进，组织教学。

同时，在实现方式上，采用分段递进式的人才培养方式，旨在按照教育规律在

工程实践教学环节中循序渐进地分阶段分层次培养学生的工程意识、工程素质和工程实践能力。实施过程中，充分利用学校和企业两种不同的教育环境和教育资源，将在校的理论学习、基本训练与在企业的实习工作经历有机结合起来，构建以能力培养为中心的分段递进式培养方式，即按校内的认识实习—校内的综合实习—校外企业的生产认识实习—校外企业的顶岗实习和项目实习等逻辑顺序，创造应用型人才培养的良好环境和条件。

在实现三层次分段递进式实践教学环节的进程中，还应充分注意处理好课堂与课外的关系，将课外实践作为课堂教学的有益补充，进一步充实课程内涵，扩展课程外延，发挥学生的主观能动性和创造性。按照课堂、校园、社会三位一体培养模式，将课内与课外培养相结合、学校与行业企业培养相结合、工程教育与人文精神培养相结合，大大提升学生的工程应用能力。

（三）科技创新孵化成果的实践能力培养平台

就实践教学而言，学校通过与行业企业合作，使学生从行业企业获得许多科技产品研发和技术改造的机会，能够从实践中获得创新的源泉和灵感，工程应用能力和科技创新能力不断提高。就产学研结合而言，高新技术的发展及其产业化，更是给企业和高校提供了创新的舞台，扩大了学校科研开发领域，为学校结合自身人才、学科、技术优势选好高层次、高起点的研究课题进行攻关创造了条件。大学生通过参与科技创新，既培养了创新思维能力、实践能力和团队协作精神，又取得了良好的实际成效。近年来，湖南工程学院大学生在全国和省级以上大学生挑战杯、电子科技、机械创新设计、工程训练综合能力等各类大赛中获得各类奖项达150余项，撰写并公开发表了许多有水平的学术论文和调研报告，并获得多项国家发明专利和应用新型专利。

第二节　校企合作的融合提升之路

校企合作是高职院校培养高技术技能型人才的捷径。苏州高等职业技术学校始终坚持走产教融合校企合作的道路。在新时期，学校根据市场和人才培养的新需求，在以引企入校企业为主的基础上探索了以创建企业学院为主的新模式，开启了校企合作融合提升之路，有效地促进了学校和企业的供应，推进了高职院校的产教融合。

新时代充满了机遇与挑战，人才的培养对国家的发展至关重要。党的十九大报告指出，职业学校要走产教融合校企合作的道路，校企合作是提升教师教学能力、加快专业建设、提高人才培养质量的重要方式。苏州高等职业技术学校经过几轮校企合作调整后，最终确立了以创建"企业学院"为主的新模式，加快了校企间的融合。

一、认识与理念

校企合作是学校建设发展的大事，学校把"办企业心中的职业教育"作为校企合作的理念。长期以来，学校始终坚持国家的人才培养标准，充分认识校企合作的重要意义，着眼于职业教育的发展高度，理清校企合作的理念思路。学校将课程体系、人才培养方案融入企业的生产经营，努力做到学校面向产业结构，专业建设紧跟行业企业发展，师生对接岗位一线，有效地实现了校企之间人才互动、技术交流、文化共融。

校企合作的最终目的是为社会培养高素质的技术技能型人才。学校与企业同是校企合作的主体，政府是纽带，要使两个主体进行有效的交流与合作，一方面要把握连接双方的根本因素，即构成二者之间的结合点——人才培养；另一方面要充分依托政府的导向性作用，用政策来保障校企双方的利益。同时，校企合作要坚持市场经济规律，以市场导向为原则，坚持服务企业、目标一致、校企双赢原则。只有真正做到校企产教融合，才能促进职业教育校企合作的持续、深入、和谐发展。

学校坚持大力发展职业教育，在"中国制造2025"的背景下，不断优化校企合作模式，在原引企入校模式的基础上探索了企业学院模式，特别是在今年年初苏州市职业院校企业学院建设现场推进会后，更是明确了未来校企合作办学的方向。

二、实践与探索

校企合作的方式很多，有校企共建联合实训室，有专业设置与课程开发，有招生与就业、师资交流与培训、职工培训与继续教育，有技术开发与服务、科研成果转化等方面的合作。学校通过十多年实践探索，建立了一套完善的校企合作机制，学校15个骨干专业分别与57家企业建立了紧密的校企合作，实现专业能力培养与岗位紧密对接，为加快技能型人才培养搭建了平台。

（一）引企入校"整体进入"，实现校企零距离接轨

学校引入苏州索尔达电子有限公司与苏州志润机械科技有限公司，企业将设

备、技术、工人、经营管理模式、企业文化等整体搬进学校，建立现代电子生产实践基地，企业的生产车间即是教学一线，有效地促进了学校的标准化管理。学校制订教学计划，阶段性地将学生送到企业顶岗实习。实习期间，学校派教师管理，企业派师傅指导，实行双主体育人的模式。通过企业技术人员直接参与实践教学，学生直接参与产品生产与检验等全过程，能够深切地体验企业全真氛围，真正实现学校与企业的无缝对接。

（二）引企入校"车间进入"，实现教学、实习、培训全真化

学校与苏州米安电子有限公司共同建立 SMT 教学工厂，学校提供场地，企业投资 300 万元的 SMT 生产线，双方共同管理。学生在 SMT 课程教学中将课堂转移至 SMT 教学工厂，边生产边教学，将消耗性实训变为生产性实训，教学情景真实化的课改模式实现了教学内容实用化、教学手段现场化、实训工厂企业化，实现了专业培养与岗位能力培养的零距离接触。该项目被评为 2017 年苏州市首批校企合作示范组合。

（三）引企入校"共建联合实训室"，实现实训基地企业化管理

学校与苏州探索者机器人有限公司合作建成 3D 打印联合实训室，与日本沓泽株式会社合作建成 VR 机器人联合实训室，与西门子（中国）有限公司合作建成西门子 TIA 联合实训室，学校提供场地，企业投入设备与技术，双方共同管理实训室，在师资培训、人才培养、专业建设和社会服务等方面均取得了非常好的成绩。3D 打印联合实训室获得全国职业院校 3D 打印装配与应用大赛二等奖、金砖国家 3D 打印获三等奖、苏州市首届大学生 3D 打印设计比赛二等奖；VR 机器人也完成了第一期的建设，编制了校本教材；TIA 联合实训室为在苏的德资企业培训了 200 多名技术员工。

（四）引企入校"国外企业进入"，努力实现校企合作国际化

为了进行广泛深度的交流合作，学习借鉴国际先进的企业精神、人才培养模式，不断拓展可持续发展的空间，学校先后与日本 TBC 集团、日本 NSK 公司等国外企业进行广泛和深入的合作，对校企合作走出国门进行了有益的探索，提高了学校国内外的知名度。2014 年，为提高职业教育的教学水平，培养德国标准的高技能技术工人，促进苏州高新区的产业转型升级，在苏州高新区管委会的支持下，学校与德国 BBW 教育集团携手共建中德职业技术培训中心，同时成为德国莱比锡工商联

合会国内首个 IHK 职业资格及考试中心。

三、思考与征程

随着地区经济转型升级，传统制造业向智能制造转变，学校在人才培养与专业设置上也做出了新的布局调整，迫使原有的校企合作项目提档升级以应对新的变化。

（一）设立校企合作委员会，推进整改落实

由学校一把手校长任主任，校级领导任副主任，相关职能处室领导、系部主要负责人、部分企业法人代表等任委员。委员会负责统筹学校校企合作模式与管理制度，决定校企合作重大事项。下设管理办公室，具体负责管理校内外校企合作单位。经过整改，现淘汰 13 个落后项目、规范 2 个项目，同时对所有的校企合作项目明确了以协同育人为宗旨的合作发展方向。

（二）建立健全校企合作制度，实现标准管理

依据江苏省现代化示范性职业学校建设标准实现校企合作管理，重新修订校企合作系列文件，理顺管理机制、引入机制和考核机制，明确管理归口部门及相关部门职责，建立多方参与的校企合作监督机制，定期公开校企合作基本情况。重新修订的制度有《校企合作管理办法（修订）》《校企合作委员会章程》《校企合作（项目）审批意见表》《校企合作协议编号》《校企合作协议样本》《校企合作奖励办法》等。

（三）创建"企业学院"，探索校企合作新模式

成立企业学院是贯彻深化产教融合、校企合作精神和落实我校办企业心中的职业教育理念的重要举措。学校与宏成基业联合成立企业学院——宏成基业·美即装饰学院。企业学院建成设计师教学区、会客接单实训区、材料展示区、施工工艺展示区和样板房等，为室内设计专业提供了实训保障；与亚振国际家居有限公司在校企协同育人、提升学生职业素养、实现校企共同发展、校企文化互融等方面达成合作协议，创建亚振家居商务学院。美即装饰学院办学以来，不仅为学生提供实践岗位，还向苏州 30 多家装饰公司推荐毕业生。

学校校企合作的实践证明，校企合作是企业和学校的"双赢"之路。据统计，每年企业为学校输送 50 余名兼职教师，为学校提供 500 多个顶岗实习岗位，接受

100多名毕业生就业，同时校企共同开发教材20余部；学校为企业提供技术服务，每年为企业培训员工约400人次。校企合作是学生成才的捷径，我们将积极探索推进校企深度合作新机制，努力推进合作育人，全力开创校企深度融合发展的新局面。

第三节　校企合作与中职学生就业

我国的中职教育存在着重理论轻实践的弊端，学生的专业实操、实训条件有限，导致其专业技能水平达不到企业的岗位需求，所以，中职毕业生就业经常会遇到很多困难，进而影响到学校的招生，造成一些中职院校办学质量下滑，甚至到了举步维艰的地步。目前，校企合作是中职院校走出困境的重要途径，是学生顺利就业的重要保障，也是企业解决用工难问题的重要举措。十九大以来，国家出台了许多促进校企合作、深化产教融合的政策，各中职学校应积极抓住机遇，加快与企业深度合作的步伐，培养出合格的技能型人才，实现与企业的无缝对接，保障学生顺利就业。

我国中等职业院校的教育宗旨是：为国家培养生产、管理、服务行业一线的技能型人才。而我国的中职教育长期以来都是重理论轻实践，这种教育的最大弊端就是学生在课堂上学习的理论知识与企业的生产实践严重脱节，这样就会形成一种非常尴尬的局面：中等职业院校的毕业生进入企业以后由于学校所学技能不能满足企业岗位需求而不能马上上岗，需要再培训，加大了企业用人成本，所以，企业不愿意招聘中职毕业生，更愿意招聘技能成熟的员工。这样，中等职业学校的教育和企业的用工需求成了两张皮，互相需求却又远隔千山万水，造成这一现象的原因虽然是多方面的，但中职学校和企业之间没有进行校企合作或者合作不到位，缺乏有效沟通是其中重要的原因。所以，校企合作是中等职业教育走出困境的重要途径，也是中等职业学校毕业生顺利就业的前提和保障，尤其是一些边远和经济不发达的地区更应该把校企合作提到中等职业教育的议事日程上来，为中职毕业生的就业提供强有力的保障。

一、中职学校毕业生就业难的主要原因

校园文化和企业文化的差异。中职学生在学校接受教育，学习专业课程知识，耳濡目染的是校园文化，如果不能在在校期间和企业有所接触，了解企业的生产实

践和企业文化，进入企业后，很难在短时间内进行角色的转换，去适应新的环境与生活，会遇到很多问题和困难，如果解决不好的话，会产生很多的困惑，造成很大的心理压力，导致他们不能安心工作，甚至不能胜任本职工作，这种情形不利于已经就业的学生其职业生涯的长远发展和规划，也会使得企业方面对中职毕业生能力的认可度下降，以后都不愿意招聘中职毕业生，这对中职学校毕业生整体的就业环境产生不良的影响。

2017 年我和两位同事经过近十个月的奔波，共走访调研了呼和浩特市周边地区的大、中、小型企业 220 家，这些企业涉及的领域很广，有餐饮、酒店、销售、食品加工、饲料加工、药品加工、包装加工、机械制造、汽修、汽车销售、物流、广告、传媒等等。一个普遍存在的现象是：大型和中型企业招聘门槛普遍比较高，招聘报名的首要条件是研究生、本科生，专科生有的企业也不愿意聘用，只有部分小型企业和一些企业的个别部门愿意录用一些中职学校的毕业生，而且录用的行业范围也不太广，多为酒店、餐饮等一些服务性行业。

根据整理调研问卷的情况看，企业不愿意录用中职毕业生的原因主要是：中职毕业生年龄小、文化程度普遍偏低、适应工作环境的能力不够，也不容易沟通，以至于不能很好地胜任一些工作，导致其工作稳定性差、流动性大。这是呼市及周边地区大多数企业对中职毕业生的普遍认知，虽有偏颇，但也足以说明一定的问题，那就是中职毕业生就业前景并不乐观，需要学校引起高度重视，注重文化课、德育课等基础课程的开设，开创素质教育的新局面，全面提升学生的综合素养。

专业设置、课程设置与企业生产需求的不对等。现在，科技的进步日新月异，技术更新和新技术投入生产实际的周期越来越短，所以，企业的用工需求在不断变化，人才市场对技术、技能的需求也在不断变化，而职业学校的专业设置一旦成型，一般是很少变动的，这样学校的职业教育和人才培养与社会、企业的人才需求脱节，除了造成教育资源的浪费，更严重的是导致学生不好就业，误人子弟。

再者，职业学校专业课程设置一般也是很少变动的，基础课教材一般变动不大很正常，但对于职业学校而言，专业课教材多年来一成不变对职业教育是致命的。老师辛苦教授的，学生认真学习、掌握的专业技术和技能有时是已经被新工艺淘汰了的技术、技能，不能满足企业生产实际的需求，导致学生不能顺利就业。

教育理念的更新落后于经济的快速发展。我国的经济发展迅猛，让全世界都刮目相看，而教育理念的更新远远落后于经济的发展，尤其是在一些边远和经济不发达的省区，这一现象尤为明显。这会导致当地的教育不能很好地为当地的经济提供服务和支撑，反而会制约当地的经济发展。所以，落后的教育理念不能把学生培养成企业需求的综合素质高、专业技术强的技能型人才，导致中职毕业生就业难度增加，甚至会影响学生长远的职业发展和人生规划。

现代企业，对员工的要求在不断地与时俱进。企业越来越看重员工的综合能力和素质，技能单一而综合能力不够的毕业生越来越不受用人单位的欢迎。这就需要各中职学校积极更新教育理念，积极进行教育教学的改革和创新，给予学生全方位的、真正的素质教育，切实培养学生的综合能力和素养，以适应企业的需求和经济社会的发展和变化。

呼和浩特市区以及周边旗县有公办中职学校 11 所、民办中职学校 23 所，共 34 所。公办的中职学校能基本履行教育部的规定，将专业课、实训课、基础文化课按要求开齐、开足，而民办中职学校办学能力和教育教学能力良莠不齐，尤其在课程开设方面大多存在着不科学、不合理的现象。为了提升全市中职学校的教育教学水平，促进当地的经济发展，呼和浩特市教育局于 2017 年 10 月下发文件，成立教学督导小组，深入各民办中职学校进行教育教学的常规检查。调查结果显示，只有 3 所民办中职学校能把基础文化课开齐、开足，20 所学校存在着没有开齐或没有开足的问题，有 1 所学校甚至没有开设任何基础文化课，这个学校有的学生在填写调研问卷时居然连常见的字都不会写，这一现象让人震惊，也让人担忧。试想，这些只有简单技能的学生就业前景能好吗？就业以后的职业发展前景能好吗？所以，当地教育行政部门一定要对中职学校的教育、教学行为进行积极的监管和引导，把素质教育落到实处，力争培养出综合素养高的合格的技能型人才，拓展中职毕业生的就业前途。

二、企业用工难的原因和解决办法

企业用人主要包括两方面的人才，管理岗位和一线操作岗位。不管什么岗位首先强调专业对口，有相应工作经验的人才最受欢迎。这样企业就能缩短岗前培训时间，节约成本，让新人尽快熟悉岗位工作，发挥自己的作用。

拥有研究生、本科生这些学历的毕业生进入企业以后主要从事办公、管理层面的工作，以后努力发展的方向也是企业的白领，很少有人愿意在生产、服务一线长期工作和发展。而一些生产、加工、制造、服务型的企业需要大量一线的专业技术人员，人才市场中有理论和实践经验的专业技术人员毕竟有限，招聘没有实践经验的人员还需要企业花费大量的人力、物力和时间去进行培训，除了加大生产成本，有时难免会影响到企业的正常生产，尤其在一些经济发达地区，一些工厂和企业经常会出现用工荒。有的企业通过政府相关部门的帮助，解决了用工的燃眉之急，但解决不了用工难的根本问题。企业用工难的根本原因是没有自己长远的人才培养计划和培养体系。

企业如果想持续、稳定的发展，必须在用工方面有一个长远的规划，制订合理可行的人才培养计划。最具培养潜力的一线操作人员便是职业学校的学生，因为学校有完善的教育教学设备和经验丰富的师资队伍以及其他匹配的教育资源，教育教学比较规范，能有计划有步骤地按课程设置、教学大纲、教学目标来培养各种技能型人才，这是任何培训机构都无法比拟的。

企业无论从自身的人才培养目标甚至于从自身长远的发展出发，还是从促进我国职业教育的角度甚至于从国家经济可持续发展的宏伟目标出发，都应该积极寻求和中职学校的合作，和职业学校进行全方位的沟通和交流，和学校一起共同培养企业所需的合格的技能型人才。

三、校企合作的必要性

目前，校企合作是中职学校教育改革和创新的主要举措，是提高人才培养质量、保证学生顺利就业的重要途径，也是企业获得稳定用工源的重要途径。

校企合作可以实现信息共享。职业学校为社会培养生产、服务一线的专业技能型人才，在经济发展迅速、市场需求不断变化的大环境下，学校只是教育教学机构，和市场接触有限，各种信息的获得受限，影响学校对学生培养方向和培养计划的适时调整，从而影响到学生的顺利就业。而企业是直接面向市场的，各种信息包括市场需求信息、技术生产、技术更新等信息都是最前沿的，如果学校和企业进行合作的话，学校会快捷地获得这些信息，及时有效地调整学生的培养方向，使培养目标紧跟市场的需求，保证学生的就业前景更为美好。同时，企业也会省时省力获得自己所需求的专业技能型人才。

校企合作可以实现资源共享。职业学校有稳定的师资队伍，有比较完善的教学管理机制，有比较系统的教育理念，有比较先进的教学辅助设备，所以，学校有足够的能力完成专业课理论知识的教学目标和教学任务。但由于经费不足和场地有限等原因，一般职业学校实训室的设备和条件很有限，不能满足学生对专业课实操和实训的需求，而动手能力和实操能力只能在实际操作中来练习、提高，这是书本说明、多媒体演示、形象模拟都无法弥补和替代的，故而，实训设备和实训场地的不完善始终是职业教育的短板，使得学生的技能水平始终无法达到企业的实际要求。而企业拥有丰富的设备和场地资源，能满足学校和学生的这些需求，所以，学校就要积极寻求与企业的深度合作，通过"走出去、请进来"的方式，实现与企业的无缝隙对接。让学生毕业后就能直接就业，无须岗前培训就可以顺利上岗。

学校与企业深度合作，共用企业资源，可以从这两方面入手：

合作方式一，企业有先进配套的生产设备资源，有现代化的车间，有经验丰富的一线技工师傅，将企业作为实习、实训基地，通过传帮带让师傅教授学生实操方法和经验，这样的学习环境和资源能最大限度地使学生的理论知识进一步深化、拓展、落到实处，尽快被培养成为合格的技能型人才。

合作方式二，企业有专业的工程师，他们接受过良好的高等专业教育，又有着丰富的实践工作经验，聘请这些专业工程师为学校专业课的双师型教师，能让学生更早更多地了解企业一线的工作情况，使学生增加对企业的感性认识和学习技能的兴趣，收到事半功倍的教学效果。

所以，校企合作是实现职业学校学生专业理论知识和实践结合的最佳途径，是学生顺利就业的前提和保障。

同时，企业也可以利用学校完善的教育资源、师资队伍、教学环境、教学设备对员工进行培训，以满足企业新技术、新工艺对员工技能提升的需求；企业也可以深入参与到学校的教学计划、课程设置等环节，和学校共同培养企业所需的专业技能型人才，直接聘任到企业工作，无须再进行岗前培训，能最大限度地减少用人成本，成为企业解决用工难的主要途径，也是企业增大人才储备的有效手段，使企业在市场竞争中始终处于优势地位。这样，学校和企业可以实现资源互补和资源共享，达到双赢的效果。

四、校企合作前景广阔

当前，正是校企深度合作的最好契机。习近平总书记在十九大报告中指出，建设教育强国是中华民族复兴的基础工程，必须把教育事业放在优先的位置，加快教育现代化，办好人民满意的教育。在报告中还讲到，要完善职业教育和培训体系，深化产教融合、校企合作。2018年2月5日由教育部、国家发改委、工业和信息化部、财政部、人力资源和社会保障部、国家税务总局六部委联合印发了《职业学校校企合作促进办法的通知》，明确提出了促进校企合作的方针、政策和具体实施办法。

我国的职业教育现在遇到了前所未有的好时机，有国家政策的扶持，有政府相关部门的协助，中职学校应该抓住机遇，深入贯彻落实十九大精神，积极进行教育模式的改革和创新，积极主动地和企业进行全方位的接触，开启灵活多样的合作模式，培养出新时代合格的技能型人才，确保学生顺利就业的同时，促进我国经济的快速发展。

第四节 浅谈高职服装设计专业校企合作

随着高职教育改革的深入，越来越多的职业院校都在思考今后的办学该如何适应社会发展需求。本节分析了高职服装设计专业校企合作的必要性，给出了校企合作的具体措施。

教育部召开的第一次全国高职高专教学工作会议给出如下定义：高职教育要培养适应生产、建设、管理、服务第一线岗位需要的德智体美等方面全面发展的高等技术适应性人才。越来越多的职业院校都在思考今后办学应该如何顺应社会发展需求。笔者也对所在服装设计专业进行了深入思考，总结培养创新型人才的教学规律。

一、高职院校服装设计教育与产业结合的必要性

大学不仅仅是传承文化、培养人才而已，还应该具有科技创新、服务社会甚至引导社会的功能。可以说，高校是知识创新的主要发源地，不仅是知识经济的动力源，更是企业改革的驱动器。高校不能只管教学而脱离社会的需求。西方高校的服装设计教育办学方向很贴近市场，原因之一就是这些学校的资金很大部分来自当地政府的补贴、私人的赞助、企业的投资等，投资需要回报，所以学校很多科研项目都是来自社会的具体项目。与地方经济和产业发展相结合，这是许多国外著名服装设计院校的一个共同特色。因此服装设计人才的培养只有与社会紧密联系，学校才能根据社会需求及时调整专业结构，发展社会急需和具有前瞻性的专业。市场需求会随着社会的发展而变化，原来高职院校服装设计专业以工艺为主，而现在的市场需要大批能够创造价值的设计复合型人才。我们应主动适应区域经济发展需求，了解当地主要的用人单位或大型企业人才需求的方向和标准，并建立长期的合作关系，使学科发展具有地方特色和属地优势，为本地区的经济发展服务做出贡献，最后实现双方共赢。

二、服装设计教育调整课程设置的必要性

高职教育应以市场需求为目的设置培养计划和教学课程，虽然目前社会与产业对高校服装设计专业的要求越来越高，但是由于多种原因造成高校服装设计教育与

产业发展脱节，高职院校服装设计教育远远滞后于产业发展。虽然每年培养出来的人才众多，但是毕业生普遍能力低下而无法胜任工作。这就出现企业、公司人才难觅，毕业生就业难的尴尬局面。造成这个局面的原因有很多：其一，高职院校人才培养方向的过度集中。有些专业已经很饱和，学生就业自然难。其二，教学计划过时。很多高校教学计划大同小异，课程设置相互"拷贝"，没有根据自身人才培养目标来合理规划专业教学，没有适当增减课程和教学内容等。其三，专业骨干教师与社会脱节。很多教师直接从学校到学校，或从别的专业转过来，缺乏业界工作和实务经验，而业内一流的领军人才更少。教师的教授内容多是纸上谈兵，从理论到理论，专业教育在与市场的结合过程中出现了断点，教学理念存在着局限性，评价的方法过于单一等问题，培养出的学生缺乏实际操作能力。因此必须坚持从行业发展规律和专业发展的实际情况出发，参照市场对人才的需求和学生具体情况，明确办学定位，建立良好的教学模式。

三、服装设计教育与产业结合的模式

　　校企合作。校企合作是直接提升服装设计教学质量的最有效方法之一。在互利互惠的原则上，企业出设备，学校出技术和场地开发研究企业项目，将企业变成专业的实践教学基地，构建产学研结合的长效机制。设计院系可以聘请合作企业的设计师担任实践课教师，也可以安排学生到合作企业实习，这样既帮学校解决了实践教学场地不足的问题，也为企业实现了提高经济效益和培养人才的目的。通过外聘企业设计师补充原有传统教学结构下的实践课程教师队伍，学校教师也可以逐渐走向企业，与市场紧密结合，最后真正组成一支既有渊博知识又有较强设计能力的"双师型"教师队伍。

　　订单培养。学校可以根据合作企业对人才的需求，实行订单式人才培养模式，这样既可以解决学校经费短缺的问题，也可以解决学生就业难的问题。校企合作一开始就需要建立规范化的政策制度，让校企双方在制度的约束下履行各自的责任和义务，如劳动用工制度、工资薪酬制度、学习考核制度等。

　　实行项目化教学。项目教学能够使学生在学习专业基础课的基础上，综合发挥自己的专业能力，整合自己各方面的知识，系统考虑设计问题。教师在实际的教学中把企业委托项目作为"项目课题设计"带入课堂，根据项目需求进行市场调研和制定训练实施方案，这样就可以促使学生走出校门接触市场增长见识，直接接触企业设计流程，让学习更科学更高效。大学生思想活跃有创意，其设计作品虽幼稚却不墨守成规，能为企业带来新鲜血液，而且还为企业带来人才储备资源。另外学生的低酬劳也给企业带来实惠，实现"让企业走进来、学生走出去"的良性循环。

　　总之，高职院校服装设计专业的培养目标应该更贴近本地经济社会的发展需要，建立动态调整机制，更灵活机动地调整和优化专业和学科结构，走出一条符合市场发展规律的特色之路。

第五章 高校校企合作人才培养概述

第一节 校企合作办学模式概述

一、校企合作

2001 年，世界合作教育协会将校企合作定义为："将课堂上的学习与工作中的学习结合起来，学生将理论知识应用于与之相关的获取报酬的实际工作中，然后将工作中遇到的挑战和见识带回学校，促进学校的教和学。"这解释了校企合作的方式及合作目标，虽然，学校和企业是相对独立的部分，但学生往返于这二元中，进行知识和实践的整合。

我国职教学者黄亚妮认为："校企合作教育即在为社会教育和培训合格的劳动者这一目标下，开展职业院校与企业、行业、服务部门等校外机构之间的合作，将学生的理论学习和实际操作紧密结合起来，以提高职业教育的质量和未来劳动者的素质，增强企业部门与毕业生之间双向选择的可能性，最终促进社会经济的发展。"这进一步丰富了校企合作的内涵，阐明了校企合作的目标、主体、内容及合作带来的效果，并指出了学校、企业、行业等各方都应参与合作，扩大了合作的范围。

目前，较为认同的概念是："校企合作是一种以市场和社会需求为导向的运行机制，是学校和企业双方共同参与人才培养的过程，以培养学生的全面素质、综合能力和就业竞争力为重点，利用学校和企业两种不同的教育资源，将课堂教学与学生参与工作有机结合，培养适合不同用人单位需要的应用型人才的教学模式。"从中可以看出，校企合作的最终目的是提高学生综合素质，学校和企业扮演着引导帮助、提供资源、创造机会的角色，并且强调校企双方的共同参与、共同培养，实现学校和企业各自的目标。

二、校企合作模式

在国内关于校企合作的提法有很多："校企联合办学""产学研合作教育""产学合作教育"等等。学者对于其概念虽然界定不一，但究其根本都包括：参与的对象主要是学校和企业或其他产业部门；参与的对象以各自资源和环境优势参与合作，同时获得各自所需资源或利益；培养的方式包括课堂教学与现场实训；培养的人才是符合生产、建设、服务、管理一线的技能型人才。校企合作源于国外合作教育（Cooperative Education），引入我国后最初称为"产学合作教育"，后为了突出科技发展的时代特征以及与我国教育、科研、生产劳动相结合的提法相结合，改为"产学研合作教育"，"产学合作教育"与"产学研合作教育"是不同时期的叫法，无本质区别。

目前，"产学研合作教育"的提法在高校和高等职业教育当中应用得较多，而在中等职业教育中，"校企联合办学""校企合作"的提法用得较多，由此，"产学研合作教育""校企合作""校企联合办学"的区别在于合作领域、范围、层次的深度与广度，亦无本质区别。因为本研究的研究对象是高等教育，所以本研究采用"校企合作"的提法。

《辞海》中对模式的定义为："模式，亦译'范型'。一般指可以作为范本、模本的式样。"模式是体系化的模型，提出了一种模型，也就是提出了一种范式，通俗而言即指事物当中可以作为标准样式并推而广之的部分。

综合对校企合作的理解以及模式的定义，本研究将校企合作模式定义为：高等教育当中所总结出来的满足企业人才需求并可以推而广之的实践教学的样式。通过这种标准样式，高校可以利用学校与企业两种不同的教育环境和资源，采取课堂教学与学生参加实践教学有机结合的人才培养方式，培养适合生产、服务、建设、管理一线的实用性人才。

三、校企合作的理论基础

（一）福斯特的职业教育理论

福斯特是第二次世界大战后20世纪60代中期世界影响力最大的职业教育家之一，他以1965年发表的《发展规划中的职业学校谬误》享誉世界，该书包含了作者关于职业教育的思想观念，至今仍然影响着世界各国职业教育的发展。

首先，他倡导"产学合作"的职业教育发展模式。福斯特认为应该改变现有的人才培养模式，发展多种形式的职业培训教育，而实现这一目标最重要的方法就是走"产学合作"的道路，把职业教育和社会生产相结合。例如，实行工学交替课程，尽可能地在企业进行实践操作的训练，减少课堂教学和现实工作环境的差距，最终使学校本位的职业教育走向产学合作。由于福斯特提倡产学结合的人才培养模式，把人才的培养和社会生产相结合，而社会生产与市场需求又是密不可分的，在此基础上他又提出了职业教育必须以劳动力就业市场的需求为出发点。

其次，他还提出职业教育还存在"技术浪费"的现象。福斯特认为造成技术浪费的因素有以下三个：一是国家为拉动经济提前培训某类人才，但是不符合现有的人才市场需求；二是所学非用，即就业岗位与所学专业不对口；三是职业前景与收入不理想，导致选择了与所学专业无关的岗位。对于这种浪费，发展中国家以及职业教育发展落后的国家应高度重视，应把技术浪费这一指标纳入职教评估当中。

（二）杜威的职业教育思想

杜威（John Dewey）是美国著名的实用主义教育家，他的思想诞生于20世纪。《民主主义与教育》是其标志性的著作与代表，其中阐述了其教育学的思想。在该书中他提出了"教育即生活""学校即社会""做中学""主动作业""儿童中心论"等著名理论，至今仍有重要的影响。杜威提出职业教育不仅要重视手足肢体能力的培养，更要注重知识的培养，使受教育者知道实用工业中所应用的科学方法，不仅要知其然还要知其所以然，把手与脑的训练相结合。因此，杜威反对把科学知识教育和动手实践能力相分离，不能只是单纯地培养某种机械型的技术工人或者只是进行修身养性的文化教育。他认为，既要培养他们的技能，也要开阔他们的视野，提升他们的理论知识。在职业教育的课程设置方面，根据杜威的职业教育课程理论思想，职业教育的课程安排一定要保证学生有足够时间的实践训练，不能使职业技能的培训受教科书的限制，要把教材的学习和实践技能的训练结合起来，通过实践把理论应用于实际，在实践的过程中不断地发现问题、解决问题，并从这一过程中获得职业经验。他提出的最精辟的"做中学"的观点是现代进行职业教育的有效方法，为了实行"做中学"这种教学方法，他还提出通过"主动作业"方式来实现"做中学"，把整个教学和学生个人以及社会生活联系起来，个人所获得的技能都是从职业活动中习得的。这也是他所主张的"教育即生活"观念的体现。杜威很重视他提倡的"从实践中学习的观点"，在这个观念的指导下，他才开始不断地进行职业教育实践，从实践中学习不但使学生掌握了职业技能，还在很大程度上提高了学生的智力水平。

（三）黄炎培的职业教育思想

黄炎培是我国近代民主主义者和教育家，是中国职业教育理论的鼻祖，为我国职业教育的发展做出了卓越的贡献。他经过不断摸索和研究，对职业教育的办学方式、办学理念、办学目的提出了自己独到的见解。在他的职业教育思想理念中我们不难看到重视实践教育以及合作教育的观点。首先，他提出了"知识与技能并重""理论与实践并行""做学合一""手脑并用"的教学原则，这也是他经过毕生的教育实践证明的有效原则。这一原则所包含的理论学习与实践技能锻炼相统一的思想，正是校企合作实质内容的体现。他把中国的传统社会划分为两部分，这两部分都是把读书与劳动分开的人：一是号称为士大夫，死读书却不进行劳动的；一是劳动者，死用手劳作却不读书的。人类的文明是手和脑并用共同创造、推进的，因此只有把动手劳作与读书学习两者结合起来，才能解决理论学习与实践锻炼相脱离的问题。他还提出职业教育的最终目的是让学习者获得实用的生产能力，欲实现这一目的，必须在学习和劳作过程中手脑并用。黄炎培还为中华职业学校设计了"双手万能"的校徽。这些观念都体现了其理论教学与实践学习相结合的教学原则。其次，他还强调学校的办学基础是应该完全建立在社会的需要上，即什么样的学校培养什么样的人才、怎样办学、怎样培养人才都要以社会的需要为依据。他的这一观念告诉我们高校的发展不是孤立的，应该与社会发展这一背景相联系，把高校的发展建立在社会的经济基础之上。

（四）当代职业教育理念

当今时代，一个国家和民族想要持续发展，必然要求国民具备现代人应该具备的素质。说到底，推动经济社会发展，人才是关键。现代经济、政治和社会文化生活的实践，是造就现代人的土壤，是培养现代思维方式的最佳摇篮，因此必须全面正确地理解这种在现代化过程中人与物之间的辩证关系。美国人类文化和社会心理学家阿列克斯·英格尔斯在其著作《人的现代化》中提出，"如果一个国家及其人民缺乏一种能赋予这些制度以真实生命力的广泛的现代心理基础，如果执行和运用这些现代制度的人自身还没有从心理、思想、态度和行为上经历一个向现代化的转变，失败和畸形发展的悲剧结局不可避免。再完善的现代制度和合理方式、再先进的技术工艺，也会在一群传统人手中变为废纸"；同时，他还指出，"人的现代化首先是全体国民、整个民族的整体同一现代化，包括心理、思想、态度和行为的现代化"。英格尔斯强调，人的学习、工作经历对其成为现代人有着重要作用，并提出了"现代人的十二个标准"，如思路广阔、尊重知识、重视专门技术、熟悉生产过程、敢于挑战，等等。中国社会科学院的研究表明：在制造业，职工受教育年限每提高一年，劳动生产率就会上升17%；如果企业职工全部是大专学历的话，劳动生产率可以提高66%；此外，教育对劳动者个人的收益也是巨大的，如果受教育年限提高至14年，教育收益增加幅度对城镇劳动力为41.2%，对农村劳动力为43.3%。

随着我国改革开放的进一步深入、国民经济高速发展，结合我国当前的国情与人才需求，无疑对我国当前的职业教育提出新的要求。中科院中国现代化研究中心曾有报告显示：如果按照工业劳动生产率、工业增加值比例和工业劳动力比例三个指标的年代差的算术平均计算，2010年，中国工业经济水平比德国和英国等大约落后一百年。显然，达到世界初等发达水平的中国与发达国家的差距，是很多从业人员的素质差异；在人才、职业教育方面，我国亟待提高职业教育现状。《光明日报》驻柏林记者曾就职业教育问题发布专题报道《德国人为什么不挤破脑袋考大学》，其中提到"德国职业教育与实践'无缝对接'""德国社会对职业教育高度认同"，报道表明国家对职业教育事业的重视，教育体制、经济结构和全社会的大力支持是提高人口素质、就业率的重要因素。2014年2月，李克强主持召开国务院常务会议部署加快发展现代职业教育，将加快发展当代中国职业教育列为国务院工作的重要事项。李克强强调，"职业教育大有可为，也应当大有作为；要把提高职业技能和培养职业精神高度融合……培养大批怀有一技之长的劳动者……使'中国制造'更多走向'优质制造''精品制造'……让现代职业教育助推经济社会取得更大更好发展"。同年6月，在北京召开的全国职业教育工作会议上，习近平指出，"创新各层次各类型职业教育模式，努力建设中国特色职业教育体系。要加大对农村地区、民族地区、贫困地区职业教育支持力度，努力让每个人都有人生出彩的机会"。《经济日报》报道：与先进工业国家相比，我国的高级技术工人仅占工人总数的5%，德国的比例为35%~40%；从学历上看，德国等先进工业国家的一线工人很多都是本科毕业，而我国本科毕业的一线工人很少。《光明日报》评论员牛瑾在《时代呼唤"工匠精神"》一文中提出，"中国制造要完成与世界一流水平'最后一厘米差距'的追赶……所有的创新的工作最终需要人来完成……进一步推进教育改革，加大职业教育投入力度，为社会培养更多高水平的技术工人……在全社会形成尊重技术工人、推崇工匠精神的氛围"。一直关注职业教育的葛道凯提出了"职教改革发展的四个梦想"：其一，所有接受过职业教育的人，一言一行、一招一式都能体现良好的职业素养；其二，每一所职业院校在培养合格毕业生的基础上，每年都有出类拔萃的职业教育精英走向社会；其三，广大企业参与职业教育全过程成为社会的普遍现象；其四，学生在职业院校的学习过程成为享受生活的过程。有吸引力、有光明未来的职业教育，才能吸引人，才能培养人，才能有中国的未来。

第二节　高校校企合作人才培养的问题

当今社会，毕业生的就业问题已成为人们关注的热点话题。目前出现了用人单位找不到合适的人才，大学生也找不到合适工作的问题，当然这其中不乏专业不对口、大学生缺乏经验等各种原因。但笔者认为"学校与社会脱节"是最为根本的原因。随着科技时代的到来，校企合作人才培养的重要性日益突出，对提升本科生的就业具有一定的意义。

一、校企合作人才培养概述

（一）校企合作人才培养的内涵

校企合作人才培养作为一种实践教学与课堂教学相结合的方式，它使学生把二者很好地配合起来，利用高等院校和企业的资源与环境，培养出能适应各个企业和单位用人需求的新型教育模式。

英语"Cooperative Education"是对校企合作的诠释，也称之为合作教育。世界合作教育协会把它定义为课堂学习与工作技巧学习的结合，从而更有效地使学生把书本理论知识应用于实际的工作当中。因而我国也称之为"产学合作教育"或是"校企合作教育"。《国家中长期科学和技术发展规划纲要》提出了我国当前一项重大战略任务是提高自主创新能力、建设创新型国家。而建立"校企结合人才培养的教育体系"正是这一战略的关键突破口。

（二）校企合作人才培养的意义

（1）校企合作人才培养能使学校和企业实现资源共享。学校拥有丰富的教学资源、优秀的师资队伍与教学经验，企业求贤若渴，是人才的天然实习基地。学校可以利用企业作为自己学生的实习基地，进行大量的实践教学，使学生深入到企业一线，与企业面对面交流，把握行业动态，提升就业率。

（2）校企合作人才培养能够实现学校与企业的无缝对接。校企合作人才培养克服了传统办学人才培养与社会需要不一致的困难，打破了传统教育重理论轻实践，二者严重脱节的弊端，减轻了企业培养人才的成本。

二、校企合作下创新创业人才培养模式存在的主要问题

校企合作是突破人才需求瓶颈、改善人才供给的主要手段之一，是高校与企业形成"共生、共进、共创"的良性循环的主要平台。目前，各地方院校尤其是转型发展中的应用型本科院校无一例外地将"校企合作"作为转型发展的试金石。值得肯定的是，校企双方以合作形式共同进行人才培养的探索和改革一度取得了丰硕的成果，但在实施过程中仍存在一些问题。

（一）校企合作方案与监督机制不完善

人才培养的良性循环和可持续发展是校企双方合作的主要目标，是衡量高校办学水平、企业综合实力的风向标。合作方案与监督机制是校企合作向纵深推进的前提，是保障双方在实际运行中实现互利共赢的规则定律。

目前，部分校企合作的方案和监督机制尚不完善，主要表现为两个方面。一是高校、企业、专业三方面，在合作前期、中期、后期过程中，签署的合作方案并未有效标明双方应尽的义务、责任，条款中的合作方式不明确，合作内容空泛，合作机制单一，持续性较差，对于合作双方未标明具体的时间，漏洞较多，更多的签约是为了增加"数量化"的业绩考核而开展的合作。二是针对学生知识、能力、素质的培养，尚未构成全面的考核、考察体系，缺少评价机制和监督机制，致使某些专业的校企合作形式大于内容。学校将学生派往企业进行实习后没有进行跟踪和调查，学生的具体表现企业无回馈，学校无监督，校企双方无交流，这种校企合作既耗费了双方资源，又耽误了时间，最终使人才培养的达成度无法实现。

因此，制订合理化的方案和监督机制，对促进高校和企业人才链、培养链、创新链形成有着重要的意义和价值；对校企合作模式下的人才培养模式改革有着较强的导向作用。

（二）"双创"课程和项目"影子化"过重

"大众创业、万众创新"作为国家战略，深刻影响着应用型本科高校人才培养

的内涵式发展；以创新创业培养方案、课程体系、实践模块、项目设计等为代表的改革内容，不断深化人才培养模式，很好地形成了高等教育与创新创业教育的融合发展路径。从创新思维的引导到创业能力的提升，"创新创业"指明了高校本科专业人才培养的新方向，越来越多的高校开始重视创新创业教育。但是，大部分高校只是在课程体系的设计上增加了创新创业类的通识课程，如"创新创业基础""创业精神"等；对于专业教育与创新创业教育的深度融合模式和方法比较欠缺。在项目设计上开展大学生创新创业训练计划，以项目推动高校学生创新精神和创业意识的养成，将专业知识与社会需求密切结合，研发转化成工业、文化、科技、艺术等相应成果；只是在实施过程中，部分学生追逐"项目化"影子过重，使项目不能持续有效落实到位，对激发创新思维的持久性有一定影响。不管是课程还是项目，目的是激发学生的创新创业能力的提升，而目前的培养手段和模式，难以形成有效意识的融入和切入；应将创新创业教育贯穿人才培养的全过程，引入企业资源，从模式、师资、课程、体系、实践、创新、创业等方面，由高校和企业联合培养专业人才。

（三）校企双方师资互动不强

专业师资是专业教育的领导者，是成功打开创新创业教育的关键环节，是完成人才培养的模式改革的设计者。在校企合作的过程中，师资共享是合作基础，企业导师进入高校参与教学授课，将应用型知识带入课堂，实现职业知识与课堂知识的融合；高校专业教师进入企业，为企业员工进行继续教育，提升企业员工的知识和能力，在企业环境下，教师也会不断加深对创新创业的理解。然而实际情况是，校企协议签订后，专业教师与企业导师的互动不强，企业教师因生产和工作的需要有时难以承担课程授课；高校教师因过于繁重的教学和科研任务，也只是偶尔到企业进行授课或是学习，同时，企业导师与高校教师在教学方法、课程设计、创新意识、就业创业等方面交流过少，无法形成行之有效的教学意见和建议。此外，校企合作在师资建设上的规划形同虚设。这样下去，对人才培养效果以及创新创业意识引导影响巨大。

三、校企合作人才培养的政策基础和意义

（一）实施校企合作人才培养的政策基础

新建本科院校是指 1999 年我国高等教育扩招以来建立的本科院校。这些新建本科院校主要布局在非省会城市。截至 2015 年 5 月，我国在非省会城市设置新建

本科院校 208 所，占全部新建本科院校的 51.6%。全国现有 339 个地级及以上城市，新建本科院校分布在 196 个城市。2015 年以来，非省会城市设置的新建本科院校还在增加。我们把这些设置在非省会城市的高校称之为新建地方本科院校。这些新建地方本科院校建立时间不长，有的还处于初创期或由初创走向成熟的路上，其本科办学水平和人才培养质量不高。

本文所指"校企合作"即校企联合进行人才培养的一种教育合作模式。也就是利用学校和企业各自不同的教育环境和教育资源，以提高学生实践动手能力为主要目标，以校企双向参与、深度融合为基本形式，将高校课堂学习与行业（企业）学习结合起来，培养生产一线实际工作者的合作行为。在我国，校企合作实践探索早已开始。20 世纪 90 年代，《关于印发面向二十一世纪深化职业教育教学改革的原则意见的通知》提出，职业教育教学工作必须贯彻产教结合的原则。2010 年，《国家中长期教育改革和发展规划纲要（2010—2020 年）》提出，加强学校之间、校企之间、学校与科研机构之间合作以及中外合作等多种联合培养方式，制定促进校企合作办学法规，推进校企合作制度化。近年来，我国经济发展步入新常态，迫切需要大量高素质应用型、技术技能型人才。2015 年，教育部等三部委联合颁发了《关于引导部分地方普通本科高校向应用型转变的指导意见》，意见指出，引导部分地方普通本科高校向应用型转变，推动高校把办学思路真正转到四个方面：转到服务地方经济社会发展上来，转到产教融合校企合作上来，转到培养应用型技术技能型人才上来，转到增强学生就业创业能力上来。2015 年，《国务院办公厅关于深化高等学校创新创业教育改革的实施意见》提出，探索建立校校、校企、校地、校所以及国际合作的协同育人新机制。2017 年，国务院办公厅《关于深化产教融合的若干意见》指出，教育和产业"两张皮"问题仍然存在。要校企协同，合作育人。2019 年，党中央、国务院下发的《中国教育现代化 2035》文件指出，持续推动地方本科高等学校转型发展。探索构建产学研用深度融合的全链条、网络化、开放式协同创新联盟。

应用型人才，是指将专业知识和技能应用于实践的一种人才类型。应用型人才熟练掌握生产或社会活动一线的基础知识和基本技能，主要从事一线生产的技术或专业。

（二）为什么新建地方本科院校要开展校企合作人才培养工作

首先，新建地方本科院校以培养应用型人才为主。根据生产或工作活动的过程和目的，可将人才类型分为学术型人才、应用型人才两类：学术型人才是发现和研究客观规律的人才，应用型人才是应用客观规律为社会谋取直接利益的人才。人才类型决定教育类型，而教育类型又影响学校类型。伴随着我国产业结构的转型升级，应用型高等教育在经济发展中的作用日益凸显。新建地方本科院校的办学定位为发展应用型教育、培养应用型人才。近年来，我国出台系列政策和文件，持续推动地方本科高校转型成为应用型高校。2016 年，国家设立"'十三五'产教融合发展工程规划项目"，以中央财政和省级配套财政重点支持 100 所转型发展示范校建设。新建地方本科高校以培养应用型人才为主，是我国教育政策的导向，并日益成为新建地方本科高校的自觉行动。

其次，校企合作是新建地方本科院校培养应用型人才的有效途径。要将学生真正培养成为适应地方经济社会需要、对接岗位需求、实践动手能力强的应用型人才，离不开校企合作。新建地方本科高校要通过校企合作来实现应用型人才培养，这是由它的定位决定的。从培养目标来看，新建地方本科院校培养的是从事高技术工作的应用型本科专门人才。从培养规格来看，新建地方本科院校以地方和行业需求为本位，致力于培养学生解决实际问题的综合能力和实践动手能力，使之成为应用型人才。新建地方本科高校要通过校企合作来克服自身应用型人才培养的弊端。新建地方本科院校相对于企业而言在实践操作、技术应用方面比较欠缺，而企业的优势是具有丰富的应用知识、技术技能和实践经验，这恰恰弥补了这类高校人才培养功能的不足。从应用型人才培养方案的设计，到应用型人才培养的过程，再到应用型人才培养的达成，通过企业的共同参与，可以解决新建地方本科院校人才培养与社会需求不一致的困难，破解人才培养理论与实践脱节的难题。

四、校企合作人才培养的对策建议

（1）完善政策法规，明确地方政府统筹校企合作人才培养的职责。第一，出台相关政策，制定相应法规。新建本科院校转型发展由试点改为实施，建立应用型人才分类培养体系。制定应用型本科院校专业建设标准、课程建设标准、师资队伍建设标准、实践条件建设标准等系列标准，促进教育教学与生产实际、行业职业资格标准的联系。对应用型本科高校加大支持力度，持续开展转型发展示范校建设、产教融合型城市和企业建设。改进办学准入条件和审批环节，鼓励有条件的企业参与举办应用型高等教育。探索推进股份制、混合所有制改革，允许企业以资本、技术、管理等要素参与办学。制定本科院校校企合作法律、法规，明确地方政府、高校、行业、企业在校企合作育人中的责、权、利。同时，加强检查、考核及评估。相关法律、法规对校企合作人才培养应有硬性规定，明确地方政府在校企合作人才培养方面的职责，把支持应用型教育发展作为考核地方政府政绩的组成部分。制定有关行业协会法规，发挥行业协会的指导作用。第二，建立地方政府统筹校企合作育人的机制。地方政府必须肩负起发展应用型本科教育的职责，统筹协调构建本地区应用型本科院校校企合作育人机制。在国家宏观政策框架内，从推进本地区经济社会发展的角度，在政策倾斜、税收优惠、物质奖励、投融资等方面出台地方性法规，要求企业参与校企合作育人，对参与积极的企业，实行税收减免政策，在社会评选、评先、评优活动中优先考虑。负责对本地区校企合作教育教学规范制定、教学质量检查与评估。加强本地区校企合作人才培养的宣传，营造良好社会环境。牵头建立本地区校企合作育人发展基金，多方筹措资金，既要有政府财政投入，也要有行业、企业、院校等部门的投入，还应有社会力量参与以及个人捐助等。

（2）深化教育教学改革，提高新建地方本科院校人才培养水平。新建地方本科院校要转变办学观念和人才培养理念，积极推进转型发展。要形成校企合作、产教融合的共识和自觉行动，在教学、科研工作中强化应用导向。要增进合作共赢意识，加强学校、企业文化共建，并融入校园文化建设。建立本科院校办学理事会制度，政府职能部门、行业企业、科研院所、社会组织等多方参与。深化办学体制改革，在一些技术性、实践性较强的专业，可推行现代学徒制和企业新型学徒制。吸引企业与学校共建、共享办学资源。积极与地方、企业、行业合作，建设创新创业基地或校外大学生创业园。建设专业化、市场化校企合作信息平台，依托平台汇聚本地区和行业人才供需、校企合作、项目研发和技术服务等信息，提供信息发布、推荐和相关服务，经常性举办各类信息发布会、对接会。推动与企业建设"双师型"教师培养培训基地、企业员工继续教育培训基地。探索设置符合应用型高校特点的教师资格标准和专业技术职务（职称）评聘办法。建立教师实践假期和挂职锻炼制度，支持教师到企业实践和挂职；设立"双带头人制度"。调整专业布局，优化专业结构，专业链对接产业链，打造地方急需、特色发展的专业集群；适应、融入本地区新产业、新业态，瞄准当地经济社会发展的增长点改造传统专业，建立新专业。建立政府、行业、企业参与的教学指导委员会，规划专业设置，制订人才培养方案；与行业企业共同分析专业发展趋势和应用型人才的能力结构，构建符合应用型人才成长规律的人才培养模式和课程体系；引导企业参与日常实践教学，接纳学生进行教学实习和顶岗实习；参与毕业生就业指导及职业生涯规划，辅助跟踪毕业生职业成长和发展等。兼顾政府、行业、企业的诉求和利益，组织师生参与地方社会管理和服务、企业服务等，参与企业技术、工艺改进和科研攻关、技能培训、企业文化建设、子女教育等。

（3）发挥学校办学平台作用，构建校企合作人才培养的长效机制。第一，建立管理机制。制定大学（学院）章程，明确校企合作在高校办学中的地位和作用，明确校企合作育人职责。理顺管理体制，改革育人机制和模式。成立校企合作日常管理机构，吸纳地方政府、行业、企业的领导、专家、工程技术人员参与地方本科院校办学活动。校企合作双方应制定相应制度，加强运行管理，如制定《校企合作协同育人实施办法》《教师挂职工作手册》《企业员工校企合作指导工作手册》《实习生行为规范》《实习生管理手册》《企业对实习生管理规定》等文件。制定校企合作协议文本和人才培养协议，人才培养协议由学校、企业和学生三方共同签署。探索建立校企合作双方利益平衡制度、协调处理问题制度、校企合作"准就业"制度、保护学生合法权益制度。第二，建立合作机制。包括投入机制、风险分担机制、成果与利益分享机制。第三，建立运行机制。加强基于市场运行的校企合作人才培养管理，对校企合作人才培养做好制度设计，包括培养目标、培养方式、实施程序、效果评估等。建立学校与企业合作的基本管理流程制度，确保合作的规范性与有效性。第四，建立考评与激励机制。学校对校企合作协同育人效果进行自我评价，将校企合作活动开展作为提升学校教育教学质量的重要指标。企业将校企合作协同育人效果纳入年终综合考评。制定鼓励性政策，包括教师下企业制度、校企合作教学、科研激励制度以及工作量核定制度等相关教育教学管理制度。评选优秀实习基地、优秀指导教师和优秀实习（见习）学生。第五，建立沟通机制。建立多形式、多渠道的合作沟通方式，形成沟通反馈机制，保证问题沟通准确与时效。

（4）发挥企业重要主体作用，充分调动企业校企合作人才培养的积极性。鼓励企业依托或联合学校设立产业学院和企业工作室、实验室、实践基地等。支持、引导企业深度参与合作高校教育教学改革，多种方式参与专业规划、教材开发、教学设计、课程设置、实习实训，促进企业人才需求融入学校人才培养各环节。推行面向企业真实生产环境的人才培养模式。鼓励以引企驻校、引校进企、校企一体等多种方式，吸引企业与学校共建、共享生产性实训基地。通过探索购买服务、落实税收政策等方式鼓励企业接收学生实习实训。探索建立教学实习、就业和科研一体化基地，发展订单教育等人才培养形式。加快发展学生实习责任保险和人身意外伤害保险制度。推动学校招生与合作企业招工相衔接，校企育人"双重主体"，学生学徒"双重身份"。支持企业、学校、科研院所围绕产业关键技术、核心工艺和共性问题开展协同创新，引导高校将企业生产一线实际需求作为工程技术研究选题的重要来源，鼓励师生参与。加强校、企双方人才培养互动，鼓励企业向高校购买继续教育培训服务。

（5）构建"三级化"项目实践平台体系。实践平台体系是提升人才培养质量的关键因素，有利于增强学生的创新素养和创业能力，提升综合实力。以项目创新、项目研发、项目创作为主体，将学生的专业知识、素质、能力有效融入项目实践平台，不断实现生产力转化，真正激发学生群体的创新精神和创业意识。三级平台的构成由高校、学院、企业组成，平台合理设置实践项目群，如专业竞赛项目、大学生创业项目、创新创业项目、科研项目等。由企业导师、高校教师联合组成指导教师团队，辅助学生开展创新创业活动。高校从校内项目实践上，积极释放政策红利，出台保障机制措施，加强项目管理，避免追求"项目功利化"，逐步制定各类项目完成标准；学院在院内开启项目工作室模式，由指导教师带领学生完成各类项目；企业可采取招投标的方式，坚持需求导向，对市场转化率较高、创新实力较强的学生项目，进行融资孵化；通过校、院、企三级化的实践平台，使学生的创新创业思维、方法、能力有效与项目深度融合，以项目创新驱动为依托，将项目实践平台融入人才培养的全过程，为未来的就业创业打下坚实的基础。

（6）构建"两层化"师资融入机制。高校层面和企业层面是融入机制的两个层面，合理的融入机制有助于校企合作工作的开展。师资融入是高校和企业的切实需求，高校依靠企业导师开阔学生的眼界，培养学生的职业精神和创业意识；企业依靠高校教师的科研成果、教学成果进行战略设计、产品转化、员工培训，两者之间联系密切，相互支撑。因此，融入机制首先应该明确双方的权利、义务、责任，对高校教师和企业导师进行具体要求、设立评价体系和监督机制，规范奖惩文件，从合作根源上形成制度框架，彼此进行约束；其次，校企联合建立创新创业师资团队，发挥各自优势，完成双方教师在教学课堂、创新工场、创客基地中的角色定位，以教师引领为主导，学生大学四年全程参与的形式开展创新创业课程、教学、实践等活动；最后，坚持打造精品化的师资培训体系，校企双方打开大门，不定期开展企业实践交流活动和高校学术活动，双方人员共同学习、互动交流，形成较好的学术氛围，有效促进教师创新创业意识的提升。

（7）构建特色鲜明的创新创业课程体系。创新创业课程体系不是简单地开设几门课程，而是围绕人才培养目标科学合理地设计创新创业课程群，根据课程群制定教学目的和课程要求，体现知识、能力、素质与课程本身的达成度。针对不同专业的特点，可建立模块化课程群，包括创新创业专属课程群和专业融入型课程群、创新实践型课程群、创业训练型课程群。该课程群是在专业必修课和选修课的基础上，根据学生对知识、技能的掌握情况，按照课程间的逻辑关系、前后顺序、应用程度，将课程进行分拣、划分、组合及重新设计，形成科学系统的课程体系。同时，不断改革学时与学分要求，以创新创业为标准，加大专业课程中实践教学的学时和学分，增加创新创业学时，保障创新创业学分，将创新创业课程融入专业课程体系和实践教学体系。最终，在人才培养方案的设计上，以创新创业为内涵，建立跨学科、跨专业立体融合式的创新创业课程体系，能够将具有一定专业特色的通识教育、专业教育、创新创业教育、实践教育与企业需求完全对接，进而达到校企双方实际需求。

校企合作、产教融合是新建地方本科院校转型发展的必由之路。新建地方本科院校校企合作人才培养是一项系统工程。政府要从深化高等教育改革和推进我国产业转型升级的高度，完善政策，加大支持。新建地方本科院校和企业要促进价值融合，努力构建利益共同体，真正实现高校人才培养与企业的无缝对接。校企合作应贯穿人才培养全过程，包括专业设置与改造、专业人才培养方案制订、课程内容与课程资源开发、师资队伍建设、实践平台建设、教学改革、教学质量保障体系建设、职业规划与就业等，每一个环节都要有行业企业参与。要营造校企合作人才培养的良好环境，构建良性机制，积极推进新建地方本科院校应用型人才培养，更好地服务所在地区经济社会发展。

第三节　高校校企合作人才培养之责任主体

应用型本科高校的发展要求其与企业开展校企合作，产教融合实现协同育人。目前，应用型本科高校在校企合作模式上已进行了积极探索，如"3+1"人才培养模式改革、嵌入式人才培养模式改革等。可以说，企业的需求已经成为应用型本科高校人才培养的出发点与落脚点。但在我国，企业并不承担教育责任，即便接受高校学生毕业实习也是基于经济利益的相关合作，而非其义务。既然我国的企业不承担教育的责任，那么企业在与高校合作培养人才的过程中，到底扮演何种角色、肩负何种责任，是值得我们深入思考的问题。

一、校企属性的对立统一

（一）对立性

对立性主要指应用型本科高校的非营利属性与企业的营利属性的对立。《中华人民共和国教育法》中明确规定，"以财政性经费、捐赠资产举办或者参与举办的学校及其他教育机构不得设立为营利性组织"。应用型本科高校多为地方公办院校，少数的高校在章程中也明确了其非营利属性。即使少数地方政府出台了相关激励政策，允许高校获得一定的经济效益回报，但其非营利属性并没有因此改变。而企业则是以营利为目的的经济组织，营利是其标志。企业如果得不到利益与好处，会对接受大学生实习实训抱有抵触或逃避的态度。因此，应用型本科高校与企业在价值取向上的不一致性，造成了校企合作的结构性对立。

（二）统一性

唯物辩证法认为，矛盾是指事物内部或事物之间的对立统一关系。高校与企业之间虽然存在属性的对立，但却在高校如何才能培养出符合社会需求的人才上得以统一。众所周知，高校是社会需求人才的供给方，企业是接收方。如何培养出"适销对路"的社会需求人才，校企合作无疑是最有效的路径。当前，企业常称自身"用工难"，其原因主要是招聘的大学生只是"人才毛坯"，入职后往往需要企业进行再投入、再培训才能塑造成企业所需的人才。这也是高校毕业生"就业难"的一个重要原因。为此，加强高校人才培养过程中与生产实践的结合，增强应用型本科高校在人才培养过程中与企业的互动，主动适应经济社会发展要求，瞄准市场需求，才能有效平衡高校与企业之间的供需关系，培养出"适销对路"的应用技术型人才。

二、校企合作人才培养中的责任主体分析

在我国，企业的教育责任没有被明确，更无法律法规作为依据，规范我国的企业教育责任的法律是缺位的。这就导致校企合作人才培养过程中，企业教育责任的履行缺乏法律法规保障，校企合作只是高校与企业双方相关利益的"买卖"，唯一的法律依据就是高校与企业双方签订的校企合作人才培养协议。协议中因双方对权利与义务的履行实行相互监督，缺乏第三方机构的介入，从而导致协议在履行过程中存在一定的风险。例如，应用型本科高校在与企业嵌入式专业合作过程中，因为企业的转型重构致使合作协议提前终止，这种情况下，学校制订的教学计划和培养方案被打乱，学生的前途也会因此受到严重影响。此时高校仅能依据合作协议追究企业经济上的责任，而由此带来的实质性的教育损失却并非是经济赔偿所能弥补的。基于此，笔者认为，我国在校企合作人才培养方面缺乏应急预案和法律保障。另外，企业专家和工程师等师资力量的高流动性，也深刻影响着校企合作人才培养的质量。为此，在校企合作人才培养的过程中，必须厘清各方的主体地位与责任，寻求第三方的介入监督，以确保校企合作人才培养质量。目前校企合作中的责任主

体模式主要有以下几种。

（一）单责任主体

在应用型本科教育建设初期，由于企业教育责任上位法缺位，校企合作人才培养的主体呈单向性，即单责任主体，且这一主体不容置疑地是应用型本科高校。在这里，校企合作人才培养的招生计划由应用型本科高校编制上报，招生、管理也由其负责，培养则由应用型本科高校和企业联合实施，且以前者为主。学生毕业时也由应用型本科高校审核颁发学历学位证书。同时，在转型发展初期，为了实现应用技术型人才的培养目标，应用型本科高校必须积极主动向企业靠拢，寻求与企业的联合。这一单向的、一厢情愿的校企合作，通常很难与企业形成真正的合力。加之应用型本科高校建设初期人才培养特色和优势尚未形成，企业短期内无法获得人才红利，在校企合作中多扮演"配角"。因此这一时期校企合作人才培养过程的主体必然是单向的应用型本科高校。

（二）双责任主体

双责任主体是指校企合作人才培养过程中，企业和高校双方担负着同样的教育主体责任，双方都是应用型人才培养的主体。这是校企合作人才培养的最佳状态。企业和高校均履行教育的主体责任，这是应用型本科高校发展的必然结果。但这一结果的实现，必须有国家政策法规的保障和企业理念共识作为支撑。众所周知，企业需要好用、管用、实用的且符合自身特色的应用型人才，而这类人才只有企业与应用型本科高校进行深度合作才能培养出来。为此，企业必须支持应用型本科高校的发展和应用型人才的培养，且要上升为自己应尽的责任和义务，形成"你中有我，我中有你"的合作关系。

校企合作的双责任主体在校属企业中尤为突出。这样的企业除了校企合作人才培养协议将企业与高校捆绑在一起外，还有企业隶属学校的从属性。所以此类校企合作的双责任主体更为明确清晰。

（三）多元协同

邵进教授认为，应用型人才重在能力培养，其教育主体应具有多元化特征，除高校以外，政府、科研院所、行业企业均有各自独特的人才培养优势和条件。首先，必须认识到地方政府的大力支持是应用型本科高校人才培养的必要条件。在我国，政府是高等教育资源配置的主体，是高校经费的主要来源。其次，应用型本科高校的人才培养必须符合社会的实际需要，而社会实际需要的最终落脚点就是企业的需求。所以应用型本科高校必须与企业深入合作，准确判断企业的实际需求，才能准确预测未来社会发展对应用技术型人才的要求。最后，应用型本科高校的发展必须与区域经济社会发展相契合。潘懋元教授认为，应用型本科高校要根据所在地区的特点灵活设置专业，招录生源，配置师资，通过融合政府、行业与社会等各利益主体的资源要素，建立多种合作主体协调发展的管理机制，在履行大学文化传承和服务社会发展使命的实践中，实现与社会共赢发展和特色化发展的目标。

以上是应用型本科高校校企合作人才培养过程中的三种责任主体模式。当前我国企业教育责任履行的上位法的缺位和行业协会的法律依据的缺失，严重制约着校企合作的深入开展和人才培养过程中企业教育责任的充分履行。在应用型本科教育建设初期，"单责任主体"模式占主要地位。该模式受限于我国高等教育政策的客观因素，把人才培养责任大部分归于高校，而企业的参与更多是"经济利益"的追逐，而不是"社会责任"的履行。在这方面，我国可借鉴德国经验，从国家层面出台法律法规，明确行业企业的教育责任与主体地位，使"双主体责任"成为校企合作人才培养的最佳模式。但基于国情，我国校企合作的"双责任主体"模式的充分发挥，不能像德国那样完全由行业企业主导，而必须凸显政府的主导作用。因为我国有许多政府主办的科研院所、大型企业，应充分发挥他们在校企合作中的积极作用，建构政府主导、企业事业单位协同育人的模式，强调其培养的责任主体作用，肯定其培养的责任主体地位，这就是上文论述的"多元协同"模式。

三、德国"双元制"校企合作的启示

（一）德国"双元制"校企合作

德国"双元制"是一种国家立法予以保障的校企合作共建办学制度。它的成功主要归功于以企业为主体的办学机制和以职业能力为核心的人才培养目标，以及以市场需求为导向的运行机制。其合作共建流程即先由符合条件要求的学生向由德国政府性机构改组的具有一定竞争能力的服务性企业——德国联邦劳动局提出申请，接着由其介绍到一家企业，并与企业签订劳动培训合同，获得培训资格，同时到相关院校登记取得教育学习资格，然后由企业和院校合作共同培养。培养过程中，企业会广泛参与到院校的课程开发、专业设计、培养模式制订等工作中去，并承担院校 70% 以上的实践课程教学工作。

德国的"双元制"校企合作具有以下显著特点：一是政府出台政策使校企合作

制度化；二是校企合作双责任主体，即学校和企业都是人才培养的主体，且企业的重要性更为突出；三是企业的教学时间远远大于学校的教学时间；四是企业参与的积极性高。我国学者指出，德国的"双元制"校企合作模式是德国职业教育发展的核心，是促进德国经济发展的利器，它的成功主要得益于政府的重视、社会的认同、企业的参与和可持续发展的教育形式。

（二）德国"双元制"对我国地方应用型本科高校发展的启示

其实，德国的"双元制"校企合作模式与我国职业教育的校企合作定向人才培养模式非常相似，而与应用型本科高校的校企合作人才培养模式却又不同。其与我国职业院校相近之处主要体现在人才培养的定向性上。职业院校为企业定向培养人才，相当于学生与企业之间提前签订了就业合同，针对性地为企业培养实用型人才。职业院校应企业需求设置教学大纲，制订人才培养方案，企业参与人才培养的全过程，尤其是学生的实践教学环节基本由企业承担。我国职业院校的定向人才培养与德国校企合作"双元制"的最大区别就是没有明确企业在人才培养过程中的主体性定位和主体性教育责任。

而应用型本科高校培养出的学生，毕业后要面向市场，实行自主择业。他们与企业之间没有签订培训契约合同，这与德国"双元制"模式截然不同，更遑论企业的主体地位与责任了。当前，应用型本科高校是校企合作人才培养的唯一主体，即"单主体"，且对人才的培养负全面责任。企业只是处于从属地位的人才培养合作单位，是从经济利益出发，借给高校企业资源，用于人才培养的一个载体。应用型本科高校借助这一载体，培养具有"专业类域"的、适应社会需求的人才。所谓"专业类域"，是指应用型本科高校的人才培养规格与要求，即适应发展需求的具有"专业属性"所需的通用理论知识和实践研究与开发的能力，强调的是专业的"面向""类域"能力。应用型本科高校要培养出具有"专业类域"能力的适应社会需求的应用型人才，可借鉴德国"双元制"模式的经验。下面从三个方面展开思考。

1. 立法保障

首先必须肯定企业在教育责任履行中不可或缺的作用。我国应借鉴德国经验，从国家层面立法明确政府、企业、高校各方的责任与义务。其中地方政府代表国家对企业教育责任的履行进行监督，并依据国家法律法规主导校企合作建设，建立地方企业资源库，并从中遴选稳定性强，具有行业代表性的、综合实力过硬的企业与地方高校进行校企合作，充分发挥校企合作人才培养过程中政府的主导性责任和企业在校企合作人才培养过程中的教育责任。这可以有效防范前文中提到的假设情况，即在遇到企业转型重构而迫使校企合作中断时，校企合作的人才培养能够在政府的主导下迅速从资源库中找到新的合适的合作企业，从而保证校企合作的顺利进行，保障人才培养质量。同时，地方政府要出台相关支持鼓励性政策，如人力、财力方面的倾斜，企业税费减免等。当然，政府也可以借鉴德国经验，委托第三方履行监督保障责任，如成立专门机构从事职业教育中校企合作人才培养的中介协调工作。

2. 政府、企业、高校三方的协同联动

在德国"双元制"办学模式中，国家的立法保障和代表政府进行中介协调的德国联邦劳动局与企业、高校之间已经形成一种相互协同的合作伙伴关系，做到了"你中有我，我中有你"。国家的立法保障体现了国家的宏观控制，代表政府的德国联邦劳动局的具体管理体现了政府的中介协调与保障监督，企业与高校的协同育人体现了二者的双边主体责任。企业把履行教育责任当作国家与社会对其资质和实力的认可，这是企业的无形资产。另外，随着科学技术水平的提高与生产方式的转变，企业对人才的需求也越来越高，通过校企合作可以有效解决企业"用工难"问题，寻求到合适的人才。因此企业的积极性很高，在经费与设备投入以及师资配备等方面都发挥着主体性作用。而我国当前企业的教育责任尚无上位法依据，长期以来延续着高校只负责培养人、企业只管用人的单向性使命惯例，校企合作多是院校积极主动地向企业寻求合作，企业作为配角很难形成合力，是一个单向主体的单向合作过程。国家与地方政府也多是从单向发展的角度出台有关促进政策与保障措施，这就导致我国应用型本科高校的校企合作很难广泛与深入地开展，其阻碍因素来自政府、企业与高校三方：政府的政策链、企业的技术链与高校的专业链。要实现政府、企业与高校三方合作的一体化，一是要借鉴德国以法律形式保障校企合作的经验，填补我国校企合作上位法空白，立法明确政府、企业与高校三方的责任与义务；二是要充分发挥政府在应用型本科高校与企业之间的协同中介作用，转变政府职能，为应用型本科高校的校企合作营造宽松政策环境，搭建人才互动平台，积极思考建构校地、校企合作战略。

3. 校企合作中"双师型"师资的培养

德国"双元制"办学模式中的"双师型"教师的培养主要通过以下三种方式：第一，让院校教师走进企业，了解企业的经营管理模式和就业环境，有针对性地学习企业中生产和管理的实践技能，并应用于课堂。教师进企业，除了院校要制订计划，德国政府的综合调控与各项资源保障也是其取得成功的重要原因。第二，教师要经过两次国家组织的考试，这体现了国家对校企合作中教师培养的重视与组织依托。第三，为使教师积累更多实践经验，要求教师至少经历一年的指导教学和一年的独立教学。这里体现了校企合作中企业与高校的双主体协同培养。在我国，"双师型"师资建设培养，既是学校的责任，更是政府的职责。一是以高校为主体，改革和调整应用型本科高校教师队伍建设思路；二是以政府为主体，为应用型本科高校的教师发展创设良好的制度环境，如构建具有我国特色的"双师型"师资培养模式体系，探索建立校企人员双向流动机制，实现高校教师和企业工程师的双向流动与互动等。

在应用型本科高校校企合作过程中，政府应居于主导地位，协调企业需求与高校人才培养，寻求二者的契合点。在充分发挥高校的人才培养主体作用的同时，健全完善企业履行教育责任的相关法规。积极引导高校"单主体"责任向校企"双主体"责任发展，从而推动高等职业教育事业的快速发展。

第四节　校企合作下高校科技人才工匠精神

工匠精神是一种尽职尽责、精益求精的优秀品质，它的传承与培育具有广泛的社会意义。本文在理清工匠精神实质内涵的基础上，以校企合作视角下高校科技人才工匠精神培育为背景，结合理论研究和实践经验，从营造育人外部环境、加大相关政策引导、加强校企互动联合等方面提出可行性措施，推动工匠精神培育体系建设高质量发展。

一、弘扬工匠精神的意义

工匠精神是人们在生产生活中所体现出来的工作状态和精神风貌，是激励人们通过千锤百炼、精益求精的方式实现人生价值、获得事业成功的强大力量，作为一种积极的高尚品格，工匠精神的传承和发扬对弘扬社会正能量、促进和谐社会建设具有重要意义。从内涵上看，工匠精神包含了一丝不苟、尽职尽责的敬业精神，凝神聚力、追求极致的精益精神，心无旁骛、潜心研究的专注精神，继往开来、开拓进取的创新精神，符合新时代的发展要求，体现了新时期劳动者的应有风貌。

我国是全球制造业第一大国，是名副其实的世界工厂，制造业产品的产量和门类均位居世界第一。但总体而言，我国制造业大而不强、发展不够均衡，先进制造业占比较小，转型升级迫在眉睫。加快提高制造业的质量和水平，关键在于提升创新能力，工匠精神是科技创新的有效助推器。工匠精神不是拘泥于一点、只见树木不见森林的匠气，而是厚积薄发、在坚守中求创新的精神。把工匠精神融入生产过程中的每一个环节，培育劳动者敬业乐群、敢于担当的时代精神，为推动产业转型升级、实现科技创新驱动战略奠定坚实基础，推动我国从制造业大国向制造业强国转变。

党的十八大以来，习近平总书记多次强调工匠精神的重要性。李克强总理在2016年政府工作报告中指出，"鼓励企业开展个性化定制、柔性化生产，培养精益求精的工匠精神，增品种、提品质、创品牌"；党的十九大报告提出，要"建设知识型、技能型、创新型劳动者大军，弘扬劳模精神和工匠精神，营造劳动光荣的社会风尚和精益求精的敬业风气"；党的十九届四中全会《决定》提出，"弘扬科学精神和工匠精神，加快建设创新型国家，强化国家战略科技力量"。"大众创业、万众创新""中国制造2025""一带一路"等重大举措的相继实施，需要社会各行各业工匠的尽职尽责、通力合作，在新时代传承和弘扬工匠精神，对于促进经济社会高质量发展，实现两个一百年奋斗目标具有重要意义。

二、工匠精神引领下高校科技人才培育现状

高校科技人才作为新时代中国特色社会主义事业的重要建设者，一方面在实现中华民族伟大复兴中国梦的征程中发挥着重要作用，另一方面承担着培育青年学生的重要使命，更需要学习这种爱岗敬业、精益求精、严谨专注、开拓创新、立德立身的精神品质。高校办学能力的提升、师生职业素养的培养仅仅靠学校的环境是不够的，还要借助于企业的实践平台，引入校企合作模式已经成为发展趋势。校企合作是我国教育深化改革、优化教育教学模式、提高人才培养规格与质量的重要突破口，更是科技人才实现价值的重要舞台，其成效直接影响了教育现代化发展的进程。

当前，各地的相关院校普遍加强了与企业的教育合作，产生了一大批各具特色的校企合作项目，也培养出了一大批适应当前经济社会发展的高素质技术技能人才。但校企合作在加强对专业能力培养的同时，往往忽略了道德素质培养，淡化了工匠精神对于职业素质提升的重要作用，从而造成科技人才人文素养缺失的现象，不仅制约了校企合作的深化，更影响到教育的内涵式发展。在此背景下，加强高校科技人才工匠精神培育，将思想教育贯穿于校企合作全过程，通过有效引导，转化为科技人才的知识体系、价值体系。

三、培养途径

（一）重视校企合作

通过校企合作培养的人才，具备一定的特殊性。此类人才培养更为关注学生的实践水平以及职业能力。如果高校依旧以重视理论轻视能力的原有培养方式去指引学生，便将违背学生获取知识的规律，使得部分学生不但难以明确基本知识，同样缺少足够的信心在应用过程中去探求、去明确、去获取甚至试着创造专业能力的应用。

对于企业方面而言，其希望学生在毕业之后立即可以前往岗位，使学生的学业同企业任务直接衔接。该种情况给高校的人才培养带来了尤为困难的挑战。实际上，此类应用型人才培养的价值观念，同工匠精神的价值观念在本质上极为相似。企业同学校的深层次合作，事实上已然实现了此类培养方式的前提，不过怎样使企业在职业人才培养上体现出更为突出的价值，需要更深层次地去探究以及思索。同时，企业和学校彼此怎样更为顺畅地衔接，怎样把企业的优点同高校的优点体现到极点的答案或许就潜藏在对于工匠精神的探索之中。

在校企合作应用型人才的培养过程中，关注建立以及培养学生的工匠精神，属于提升人才创新水平以及构建追求更高设计质量的关键方向。切实把握工匠精神的建设，对于高校人才的培养注定会起到重要效用，为学生的就职以及今后在岗位上的发展提供更为出色的基本条件，利于提高学生在进入社会后的重要竞争能力。

（二）重技能与重实践培养

对应用型人才而言，其培养的目的需要更为偏向对于能力应用型的培养。对于学生而言，若希望具备职业化能力便务必具有工匠精神。不管是新兴专业还是现阶段高校多见的传统专业，均具备着一定的共同点：科目的应用能力非常显著，所应当掌握的能力更迭速率尤为高速。这便需要学生不但对科目应该具备严谨的学习态度，同样需要具备持之以恒的钻研以及工匠探求与摸索精神。

所以，高校应该经过应用对外方略，确切连接校外资源，为教育工作制造出更为出色的硬件与软件基础。可以尝试积极融入省、市级电子科技促进文化创新以及运用、服务类等行业创新发展的方略，连通电子创新发展重心区域以及着重开拓的区域，同各个企业共同创建本科教育实习平台，同各类企业签署全面的方略协同协议，把企业的需要引入课堂教学中、融合进实践教育工作中，把引入学校进到企业、引入企业进驻学校、学校企业一体化确切地在高校教育工作中的各部分中落于实地。高校应积极鼓励教师运用假日前往企业实践学习提高自身能力，适当了解各个行业最为新锐的科技以及发展态势，保证教育视野以及教育水平随着时代的发展而不断进步。高校学生需要应用假日前往至各个协同性平台出任各类岗位，实践水平可以取得明显的提高。

（三）校企合作新方式和途径

包豪斯，作为现代设计的发源地而得到了广泛认知。对于教育工作的框架而言，实现了将手工制作进行教学的师徒制度同现代艺术教学的融合。师徒制度属于过往工匠的教育工作开展模式，同样属于对工匠精神的集中反映。该种方式尽管在现阶段的高校教学工作过程中难以得到运用，不过师徒制度所流传下来的工匠精神和师徒制度此种教育模式在应用型人才的培养过程中，却非常值得探究、讨论以及模仿。高校能够继承工匠精神指导下的师徒制度，挑选协同企业的出色工作人员当作"师父"，使其能够在职业化能力的角度上，把该领域最为应当掌握的技能亲手向学生教授。

高校应全面应用校企合作的方式，建立校企彼此的数字交互平台。结合《国务院办公厅关于深化产教融合的若干意见》的指导意见，一方面，学院需要应用自身教学工作以及企业的资源与优点，促进人才培养方式的革新；另一方面，应该大力强化同各行各业中企业的交流，持续促进协同关系的建立，把企业引入到高校人才培养方式以及教育工作的革新中。高校可以同各个集团、公司以及企业协同探求与摸索，进行全面的职业化革新、课程革新、教师资源培训、高校生创新创业培育规划等工作，协同促进人才培养方式的革新，推动产业与教学共同培育人才，把社会上的优秀资源转变成为培育人才的资源。

现阶段，学院同样可以聘用在各行各业内具备大量实践经验的优秀工作人员，同时全面应用高校的自身优点，集中各个企业以及各领域的著名教师资源前往学校进行探讨性讲座、进行实践教学以及指点毕设论文等，高校与企业分别提供教师的制度，所提供的教师资源更具培养成具备工匠精神，同时可以同各领域职业需要直接连通的、整体素养比较突出的人才团队的可能。

（四）专业教学新平台搭建

工匠精神在学校与企业协同培养人才的方式中的体现，属于加深学校与企业协同培养人才的方式的可靠举措。在培养期间，高校务必密切地依据工匠精神的实际内在含义。在职业化科目的设定过程中，逐渐优化人才培养规划，对现阶段的教育机制、教育实践和教育考察方式展开革新工作，密切贴合企业的具体需求，培养满足企业需要的、确切具备工匠精神的职业化人才。

学院可以开展工作室制度，使学生参与到工作室中，经过参与项目，来提高实践水平。高校在此过程中，需要保障各个工作室均得以正常运转。学生们在教师的引导之下，能够参加到项目的各个部分中，职业化实践水平可以提升。

学院同样应当关注学生的实习环节以及就业问题，可以应用创业区以及运营中心协同建设校园中的实践教育平台，符合高校中大部分学生的实习环节以及创新创业需求。高校同样可以建设符合各个学科实习环节所需的高校外部实习基地，此外可以大力拓展新兴学科的相应实习基地，贴合学生学科实习任务的需要。

高校可以同教育部规建中心协同建立"高校数字媒体产教融合创新应用示范基地"工程，同时基于此大力促进高校产业教育融合创新实践基地以及各类工作室、实验室的建立，带来以各个平台强化学生创新实践水平的培养。

（五）建立健全实训课程体系

如今，高校的职业课程实践方式多包括两类，也就是集中的方式以及混合的方式，其中混合的方式是指令教师体现出两种效用，承担两种身份，教师不但要帮助到学生的知识学习，还应当引导学生展开实践并加以指点，对于知识的教育工作完成后，教师应该以最快速度规划学生的实践教学，以此可以更为显著地促进学生明确书本知识，并把其运用在应用过程中，同时引领着应用全流程。另外，高校教师应结合新时期的新要求，不断交流与探索，对实训课程进行进一步改进与完善，以此满足学生的实际需求。

综上所述，校企合作并不具备被严格规定的定式，而需要在应用过程中持续地探索以及优化。工匠精神，可以促进高校大力在人才培养的方式上展开大刀阔斧的革新以及创新，促进企业更为主动地同高校建立亲密的关联，探索与寻求产业、教学以及科研协同过程中更为可靠的手段以及协同体系。

第五节　校企合作产学研结合人才培养机制

培养创新型人才和提高创新型人才的质量和数量是高等教育最重要的任务。目前，高等教育的地位逐渐提高，已成为经济发展的中心力量，在经济发展中起着至关重要的作用。近几年的调查研究显示，传统的教学模式因存在一定的局限性，已跟不上当今社会发展的脚步，它不利于科技发展所需要的创新型人才的培养。因此，为了紧跟社会经济发展的步伐，进一步提高科技的创新及发展，突破传统教学模式中存在的不足，我们就要遵循当今社会的发展模式，做出适当的教育改革，探索新颖高效的教育新模式。

创新型人才的培养，需要在传统教学的基础上加入更多的实践环节。实践是检验真理的唯一标准，只有在实践中才能把课本上所学到的知识充分地运用起来，并且也只有在实践中才能激发学生的创造力和新思维。

一、传统教育模式的局限性

传统教育模式中所存在的最严重的问题就是：重知识、轻技能，重理论、轻实践。人类的知识在不断地膨胀和更新，仅靠理论教育而缺乏实践的反复操作与验证是无法赶上科学发展的脚步的。

对于本科生而言，大多数的课程都是以理论学习为主。现在课堂教学是脱离学生生活世界的简单乏味的理性活动，缺乏实际生活应有的生活意义和人文关怀。现在推崇的填鸭式教育模式，使学生缺少了应有的想象、创造、探索、批判、选择、质疑的学习过程。在这种传统教学模式中，我们只能学习到书本上的理论知识，但是却缺乏对所学知识的实际操作和实践动手能力。虽然学校会安排一定课时的实验课程以及一段时间的教育实习，但这些为学生所营造的实践环境是远远不能满足于将学生所学到的知识充分地应用于实践。因此，本科期间的实习也便只能使实习者们处于一个初级水平，大学生们很少能在这短短的实习期间得到更多的提高。

二、校企间产学研结合的优势

校企合作平台的成功建设，可以为学生建立起一个以产学研合作为基础、与合作校企单位同建共教共赢的新型教育模式与运作机制，为学生创造一个有利于其全面发展锻炼的开放式的实践教育环境，从而使教育教学、生产劳动和社会实践得以紧密地结合起来。通过在校企单位中的实际工作和实践活动，通过当前学习知识与科研项目的结合，不仅可以加强实际与理论之间的相关联系，同时巩固、加深并拓展了相关专业知识，锻炼并且提高了在校学生的实际工作能力；不仅调动了在校学生对学校知识的学习积极性和主动性，增强了在校学生的社会责任感并且极大程度上激发了在校学生的创新精神，使学生对知识的掌握程度得到了充分的保证；而且还培养了在校学生艰苦奋斗、团结合作、克己奉公的劳动思想、团队协作意识与敬业奉献精神。这一切产学研合作优势都是在校学生在课堂和学校里无法实现的。基于产学研集合培养出来的学生，以人才培养为目标，把产学研结合作为基础，将合作教育作为方式，在企业间的生产成果作为载体，改革一体化作为途径，才能成为一名真正把理论与实践紧密结合起来的人才。

二、重视专业教育课程体系的创新建设，提高课程建设质量

（一）合理构建专业课程教育体系，对专业学生开展更高层面的教育指导

产学研能进一步密切学校以及合作企业之间的联系，让高等学校的师资队伍和企业的岗位实践进行有效的结合，学生们在接受专业教师理论教学之后能在企业实习中检验所学的知识，也能在岗位实践中强化学生们的操作能力，体现出比较强的教育价值。

基于校企合作的发展需求，高校要想在产学研结合的教育背景下提高人才培养质量则应该构建专业课程教育体系，对专业学生开展更高层面的教育指导。这样可以更好发挥出高校专业教育所具备的优势力量，立足主专业和辅专业相结合的课程体系开展更优质的人才培养。例如，对电子专业学生进行培养的过程中，高校应该将智能控制作为主修方向，围绕单片机技术对学生们开展智能控制系统的开发以及维护等学科能力的培养，这样可以满足对传统产业实施信息化改造的高素质人才需求。同时将视频通信技术作为辅修方向，这样可以给从事视频整机生产的企业输送专业人才，从而强化专业人才的培养质量。

（二）工学结合提高课程建设的质量

基于当前高等学校所体现出的教育成长方向，要想在产学研结合下提高专业人才的培养质量，则应该通过工学结合的方式提高课程建设的质量。具体应该开展以下几方面的建设。

第一，将产品生产项目作为课程教育的载体，立足任务驱动式教学提高专业教育的整体质量。高校应该改变之前理论教学和实践指导相互独立的教学理念与状态，关注到实训作品对课程教育质量起到的影响，通过对教学内容进行划分并指导学生们进行独立解决的教学方式，这样可以提高学生们对专业知识的掌握程度。专业教师应该精讲，然后给专业学生提供实践探究的平台，在给学生提供相关技术资

料的同时，鼓励学生通过工作任务的方式开展知识学习以调动他们的探索动力。在这样的教学情况下，高校学生完成一门专业课程知识的学习就掌握相关的生产工艺或者是流程，强化专业人才的培养质量。

第二，高校重视开展一体化和生产过程式的专业教学。前者是指高校教师在进行专业知识教育的过程中有专门的教室，通过精心设计教学内容的方式指导学生们更好地探究专业知识，将理论教学、试验操作以及实训教学三者进行有效的融合，给学生们开展更高层面的教育指导。同时，专业教师也应该重视进行课堂考核与单元知识学习的测试，通过项目实践等方式进行技能考核，从而提高专业教育的实效性。后者能指导专业学生开展顶岗实习，在企业生产岗位上进行实践学习，这样可以让理论教学和实际生产过程进行有效的融合，从而让学生们在掌握专业技能的同时也能接触到相关的生产管理以及工艺生产的常识，这样利于学生全面掌握所学的专业知识。

第三，立足双证书改革提高课程构建的质量，重视运用现代化教学手段开展虚拟实验教学。在产学研结合这一背景下，高校应该探索职业资格证书考试课程化的道路，将职业证书考试和课程教育进行有效的整合。这样可以让专业教学和岗位技能进行有效的对接，通过以证代考的方式提高专业人才的培养效果。同时，高校应该在以往教学基础上运用现代教学手段开展虚拟教学，重点进行虚拟实验教学以提高专业教育的效率。例如，在对大学生们开展模拟电路等专业教学的过程中增加EWB软件的合理运用，提高学生对专业知识的认知程度。

三、高校需提高双师型教育队伍建设的质量，重视开展更高层面的专业教学

（一）开展专业教师的轮岗实习制度，提高专业知识教育的整体质量

通过校企合作，高等学校可以让专业理论教育和企业生产中的实践活动进行有效的结合，通过知识学习和具体科研项目的充分结合强化理论和实践操作之间的关联，从而提高专业教学的实效性。基于当前校企合作的发展趋势，高校要想在产学研结合的背景下开展更高层面的人才培养则应该开展专业教师的轮岗实习制度，提高专业知识教育的整体质量。

第一，高校应该要求专业教师每隔三年时间到合作企业进行为期半年的交流学习，提高教师的实践经验和实践技能，这样可以给专业学生开展更高层面的教育指

导。第二，高校需要定期开展校园教师队伍的实践技能培训，可以聘请合作企业工程师开展单项技能的培训。例如，组织教师进行单片机技术培训或者是开展电工实习培训等活动，强化教师对专业教育的认知程度。第三，高校也应该鼓励教师参与到职业技能鉴定中，将职业技能资格证书考取情况纳入到教学年度考核中，这样利于提高教师专业教育的能力。第四，定期组织准专业教师到合作企业进行岗位参观和生产调研，从而掌握行业生产与发展的动态。这样可以在不影响专业教学的情况下利于教师更新自身的专业知识，提高其教育引导能力。

（二）对双师队伍结构进行合理的优化，强化实训教学的最终质量

上文研究指出在校企合作的教育背景下，高校教师可以对专业学生开展高水准的知识讲解，基于产学研让大学生在具体岗位操作中锻炼自身的操作能力，激发他们的岗位责任意识和社会责任感，同时也能在岗位操作中强化他们的创新意识，从而提高学生们对专业知识的掌握程度。

在这样的教育背景下，高校要想提高专业人才的培养质量则应该对双师队伍结构进行合理的优化，强化实训教学的最终质量。

高校需要每年从合作企业聘请一些具备比较高理论水平和丰富实践操作经验的技术人员前来任教，以兼职教师身份对专业学生开展教育指导工作，围绕生产实践给专业学生开展更高层面的知识教育与操作能力培养。通过保障兼职教师比例的合理性，高校可以将这些兼职教师分配到实验教学、实训指导等教学岗位上，这样提高实验与实训教学的整体质量。在聘请企业技术人员的过程中，原则上高校不应该接收应届毕业生到学校开展兼职教育，主要是引用那些拥有 5 年以上工作经验且年龄在 45 周岁以下的中青年技术人员以充实双师队伍结构。

四、重视建设产学研一体化的校内实训基地建设，提高专业学生的实践技能

学术研究指出，高校教育力量、企业生产力量以及相关研究机构的科研力量实现紧密的结合，在产学研支持下对专业学生开展团队合作、创新探索以及艰苦奋斗等方面的精神品质培养。基于产学研培养出的人才更加具有竞争力，立足合作教育的方式提高专业人才的培养效果，这样更符合现代教育所提出的能力培养要求。

因为在对专业学生开展实践指导的过程中，仅依靠校外实训基地不能有效达到当前高素质人才培养的目标，所以高校应该重视建设产学研一体化的校内实训基地

建设，这样可以提高专业学生的实践技能。

高校需要掌握不同专业所提出的实践教学需求，根据实际情况建立不同类型的加工车间或者是训练基地，重视给专业学生开展更高层面的技能指导。同时，高校应该利用现有的教育资源和企业进行更加密切的合作，通过校企合作的方式接收企业相关的产品加工订单，给学生们进行实践操作提供更好的支持。专业学生可以在车间根据具体的生产流程与工艺标准开展操作，在具体操作中锻炼他们的合作意识和职业修养，从而提高专业人才的实际培养质量。

校企合作是目前实现产学研高度融合的关键途径，立足产学研一体化教学平台能提高大学生对专业知识的掌握程度，也能通过产学研锻炼学生们的专业操作能力，呈现出比较强的教学研究价值。基于校企合作的发展需求，高校要想在产学研结合的教育背景下提高人才培养质量则应该重视专业教育课程体系的创新建设。同时，高校需提高双师型教育队伍建设的质量，重视开展更高层面的专业教学与技能培养。此外，高校应该重视建设产学研一体化的校内实训基地建设，这样可以提高专业学生的实践技能。

第六节　高校校企合作的高校大数据人才培养

近年来，互联网尤其是移动互联网广泛普及和应用，通过网络产生的数据越来越多。对这些数据进行搜集、存储和分析，可以为社会生产和生活的改善提供有效依据，这既是网络化时代信息技术发展创新的一个前沿领域，同时也是经济社会发展的重要基础性资源，应得到广泛重视。在这一背景下，国家对大数据及其衍生出来的新一代信息处理技术的重视度也在不断提高，各级政府都在推动实施大数据建设的重大专项，各个高校也都发现了大数据的应用潜力和价值，在进行传统工科改造和新工科专业的申请设置上都在向大数据方向进行倾斜，而这些都会进一步推动大数据技术及其相关应用取得进一步发展和提升。

一、大数据人才市场现状

随着大数据技术的兴起及其在社会各行各业的应用发展，大数据市场也在迅速扩大，拥有庞大的人才需求市场。但与此同时，我们也要清醒地认识到，大数据时代的到来过于迅猛，大数据技术的进步发展也过于迅速，使得能够适应、支撑和引领大数据发展的人才相对缺乏。因此，高校在培养大数据人才时，既面临着广大的人才需求市场和众多岗位需求，但对于是否能培养出市场需求的人才来说又有着比较大的压力。通过调查分析，可将目前我国大数据人才的市场现状归纳为以下几个方面：第一，大数据技术从提出到被广泛应用其发展非常迅速，基本相关理念一兴起就成了众多行业领域的追逐热点，这造成很多从事大数据工作的人员缺乏相关经验，而且对技术理念的发展进化逻辑及其最新前沿动态缺乏足够掌握，基于大数据理念的分析思维还需要进一步提升。第二，大数据技术基本一提出就迅速兴起，技术应用市场发展迅猛，但人才供给量却相对滞后，使得大数据领域的人才短缺情况比较严重。第三，大数据技术的应用发展时间较短，技术的应用形态和方式又进步太快，致使高校在大数据人才培养方面往往缺乏相关经验，而且也缺少合理配套的教学内容体系和管理模式，使得大数据专业的学生尚无法进行非常系统全面的培养，进而导致毕业生要想真正胜任大数据领域的工作岗位还需要花费较多时间和精力进行自我完善。

现在许多大学开始与企业合作，培养学生的专业技能，学校招收技术熟练的学生，学生毕业后被送到企业工作，让学生在实践中掌握生产技能，促进企业的长期发展。本节将通过对校企合作模式发展现状和校企合作对学校发展的重要意义进行分析，以期为高校办学模式提供一定的参考价值。

二、高校大数据人才的培养现状

（一）大数据专业处于起步阶段

大数据作为一门新兴技术，虽然在各行各业的应用发展迅猛，但技术理念的提出时间尚短，导致其理论和应用模式还处于不断的发展成熟阶段。在这种情况下，人们需要花费大量的时间和精力去学习和适应大数据时代的特点，造成大数据专业的建设在一定程度上被延后。同时，因为技术本身还在不断地发展完善，使得近年来虽然很多高校都通过新工科建设申请设置了大数据专业，但在如何打造专业方面还存在着不少问题。一方面，前期根据调研设置的课程内容体系可能已经跟不上当前大数据技术的发展脚步；另一方面，大数据专业教师一般都是由其他相近专业抽调组成，虽然他们对大数据的基本原理有所了解，却对如何应用大数据技术解决工程实际问题缺乏经验，这也制约了培养质量的提升。总之，大数据专业整体还处于初始起步阶段，还需要进行更多的探索与研究。

（二）专业建设需要面对很多问题

如上文所述，目前各个高校的大数据专业起步较晚，大家对如何打造高品质专业还处在摸索当中，使得专业建设中面临着很多问题。第一，大数据专业的教师一般都是从临近的计算机等学科进行抽调，他们对基本的技术原理有所掌握，但对技术的最新发展态势及其在企业中的应用形态缺乏系统认识，这就导致教学内容和研究进展、应用实际间可能存在脱节。第二，受到高校传统培养模式的限制，专业培养主要以固结于高校课堂的理论教学为主，对学生实践动手能力的锻炼明显不足，再加上实践教学环节缺乏与相关大数据企业间的互动，使得学生所学和企业所需间存在一定差距。第三，因为与应用企业、行业间缺乏联系和互动，使得高校大数据专业在课程设置上可能与现实发展存在不配套。再加上大数据技术是一门新兴技术，大数据专业总体上也处于发展起步阶段，使得高校对大数据的核心理论和知识内涵存在一定程度上的把握不准，进而表现为课程内容体系设计上也难以做到全面考虑。

三、校企合作内部关系分析

目前很多学校和企业都开始了校企合作，学生们在学校里学习相关的专业技能，毕业后，企业与学生签订就业合同，学生毕业后可直接就业。这种培养模式非常适合当今社会发展的现状，但目前许多高校在人才培养方面还存在着一些不容忽视的问题，如在教学过程中，学校忽视了培养学生的实际操作能力。大学生在学校学习了相关的职业技能和知识后，没有及时到相关企业进行生产实习。学生仅学习了一些技巧和知识，当他们进入相关行业时，会遇到很多运营上的障碍。

因此，尽管学校采用校企合作模式来培养人才，促进学生就业，但教学内容没有及时更新，使学生的技能未能达到企业所要求的水平，校企合作大多流于形式。

（一）学校与企业的关系

学校和企业之间存在着天然的联系，初级职业教育源于企业，教育家们认为校企合作是职业教育的基本要求。学校与企业是实施职业教育的两大主体，缺一不可，真正的职业教育离不开企业。目前，已形成的校企合作模式中，多数学校积极寻求与企业合作，以求更好地生存与发展，适应市场经济的要求。但是，只有少数公司积极寻求与学校合作，大部分资金仅用于项目支持，提供实习基地以及培训员工等。从合作意义角度出发，真正的校企合作还没有实现，构建良性可持续发展循环机制还需努力。

就人才培养而言，职业教育具有自身的特色。高职教育核心素质评价体系主要是以学生所掌握的技能水平为评判标准。只有在学校里接受相关的教育，才能培养出高素质的技术人才。

就企业而言，由于突破技术创新的难度增大，投资增加，高新技术风险逐渐增大，国家缺乏强有力的资金、人才、政策支持。因此，企业在与高校合作时，不愿投入大量资金，以免制约企业的发展。校企合作是市场经济条件下高校与企业之间的一种新型合作形式，其不仅需要政府的支持，而且需要社会的参与。

（二）学校与企业的合作形式

目前，我国的教育体制是以公立学校为主，公立学校缺乏办学自主权，学生的工作一直受到高等教育管理部门的限制，必须严格遵守国家有关规定和政策。另外，我国办学模式和观念存在僵化的问题，因此，就短期而言，校企合作缺乏动力，高校要主动寻求与企业的合作，以适应经济社会发展的需要。

同时，由于中国市场经济体制还不够完善，对企业来说，许多影响其成功与失败的复杂因素还不确定。所以，许多企业不重视对现有技术的升级改造，更不愿投入资金改善和提高产品质量。

就社会发展而言，我国目前还处在社会主义初级阶段，经济体制还处在转型期。中国加入世界贸易组织以来，许多企业不仅面临着经营机制改革的深化和利益机制的强化，而且还需要适应国际化的发展趋势，部分企业经营业绩不佳。尽管学校、学生和家长都认为亲自到企业实习对于提高实践能力很重要，但是由于缺乏组织上的人力、物力支持，企业大多不愿主动提出参加职业教育，上述因素导致企业生产环境下学校学生实训存在诸多困难，且效果不佳。

四、高校校企合作的具体模式

（一）订单合作培养模式

订单合作培养模式是指学校和企业签订用人合同之后，企业根据自己的生产需要，制定一定的发展目标，学校根据企业的要求，来制订培养人才的方案。订单合作培养模式将学生和企业直接联系了起来，学生在学习期间可以有目标、有计划性地来学习，经过学习，学生掌握了相应的技能知识，这样在毕业后，学生就可以直接进入到企业内工作。这种人才培养模式能够直接根据企业的要求来进行人才培养，学生和企业实现了零距离接触，学生在学校学的知识就是企业要求的知识。但是这种人才培养模式只适合一些用人需求较大，且长期需要招收员工的企业。

（二）校企合作培养模式

目前，高校采用最多的合作模式就是校企合作模式。校企合作培养模式要求，学生在大学最后一年实习的时候，直接到企业中来实习，毕业论文设计也是和企业的生产相关。学生在实习的过程中，将自己在学校学习的知识潜移默化地运用到企业的生产实习中，提高了自己的专业水平。这样，学生在毕业后进入企业工作时，能够很好地适应企业的工作氛围，实现从学生向职场员工的身份转变。

（三）顶岗实习培养模式

顶岗实习培养模式在当前的校企合作中也是经常被采用的一种模式。企业在每年寒暑假的时候，专门开辟一些生产线，提供相应的生产设备，这样学生就能在假期进入到企业中进行岗位实习，也就是顶岗实习。学生在进行顶岗实习之前，由企业派出专门的技术员工对学生进行岗前培训，培训之后，学生就能直接上岗，进行生产实习。这种培养模式可以使学生在学校期间就能接触到企业的生产流程，学生通过上岗工作，练习了自己的专业技能，实现了知识与技能的完美结合。

五、校企合作模式的重要意义

目前大学生就业难的原因主要是：学校缺乏一定的基础设施建设，学生只是单纯地学习课本上的知识，缺乏社会实践；学生在校期间掌握到一定的专业技能，仅仅只是学习了课本上的知识，学生的社会实践能力、专业技能没有得到很好的培养，因此学生的能力不足以适应企业对于人才的能力的要求。如何解决这一问题？那就需要校企合作。高校在教学的过程中，要注重校企合作，根据企业的相关要求，培养学生的专业能力，加快高校的基础设施建设，推动高校教育的发展。

校企合作是我国进行教育改革的一种实践探索，当前的校企合作虽然存在着一定不足，但是也有着许多积极的进步意义。校企合作可以使企业、学校、学生这三者实现共赢，它们互相介入、互相扶持，最终实现了资源的优势互补。校企合作作为一种新型的教育模式，不仅仅是把企业和学校结合起来，它最重要的目标是让学生在合作中，培养自己的专业技能，使学生在毕业后可以顺利就业。目前高校进行校企合作的重要意义主要有以下几个方面。

（一）高校获得教育经费

我国有着非常多的高校，但是各个高校之间由于经费的不同，发展也是参差不齐的，一些高校由于缺乏经费，在基础设施建设上面和别的高校存在着较大的差距，学生缺乏相应的社会实践培训，因此，这些高校就需要开展校企合作，校企合作可以使高校获得相关企业的资源投资，学校根据这些投资可以加快进行基础设施建设，让更多的学生有机会在学校中锻炼自己的社会实践能力。

（二）缓解企业用工难的问题

一些大型密集型产业的工作，需要大量的适合岗位要求的技术员工。虽然我国有着众多的劳动力资源，但是由于人口分布不均匀、部分地区消息滞后、一些就业人员缺乏积极的工作意识等原因，导致企业在每年3、4月份都会遭遇用工荒的问题。高校与这些企业进行合作可以有效地缓解企业的用人问题，学生在学校学习了大量的专业知识，通过校企合作，高校学生可以进入到企业内，参与企业产品的研发，利用在学校所学的专业知识给以指导，学生将自己的专业知识转化为专业技能，这些专业技能可以有效地推动企业的长远发展，使得企业获得巨大的经济效益。

（三）解决大学生的就业问题

当前大学生就业难的问题一直得不到有效的解决，学生在找工作时处处碰壁，严重打击了学生工作的积极性。高校进行的校企合作，有利于培养学生的专业技能，使学生在校期间不但要学习本专业的知识，还需要学生进入到企业内进行社会实践、生产实习，这样就拉近了学生与企业之间的距离，学校按照企业的用人标准来培养学生的专业能力，这样培养出来的人才在毕业后更能满足社会的需要，满足企业的用人要求，大大提高了高校学生的就业率，也为企业的长足发展提供了人才支撑。

数据包含着很多的信息，我们根据这些数据分析得出了当前高校教育校企合作模式的发展现状、发展模式，以及它的重要意义。根据数据，我们要不断调整校企合作模式，使之更能适应本地区本校学生的实际情况。各个高校在进行校企合作时首先要寻找适合发展本地合作的企业，根据企业再来制定校企合作的具体模式，这样才能更好地促进校企合作的良性健康发展。

根据数据，我们可以得知高校在进行校企合作时主要采用三种模式，即订单合作模式、校企合作培养模式、顶岗实习培养模式。这几种模式有效地解决了学生的就业问题，以及企业用工荒的问题，推动了学校的基础设施建设，同时推进学生成才、学校建设和企业发展。数据为我们提供了一个直观印象，证明当前在高校进行的校企合作是十分成功的。

六、校企合作下的大数据人才培养策略

（一）对人才的培养进行定位

大数据技术属于互联网发展中的新型技术，因此，为了能够更好地使学生掌握大数据技术，首先需要对人才的培养进行定位，确立大数据技术的教学主要是为了让学生们能够熟练地掌握软件开发及数据库使用等方面的知识，那么以这个为前提，就需要对学生进行大数据基本理论的教学，使学生能够对大数据有一个全面的了解，熟悉大数据的技术框架和生态系统，能够对数据进行简单的获取、存储、分析、计算等操作，并不断地成为可以利用大数据来解决实际问题的综合型人才。

（二）探索教学模式

目前大数据时代的教学，缺乏实践的机会，那么通过校企联合后，老师们要结合企业中的实际工作，改变自己的教学模式，将企业当中实际会遇到的问题融合到自己的教学当中，使学生能够将理论知识、实践能力及职业素养这三方面进行同步学习，使学生们能够及时地了解大数据时代的变化，然后不断地成长为一个集知识、素养、能力为一体的综合型人才。

（三）进行市场调研

老师们在校企结合后，除了要教授学生们理论知识外，还需要通过对企业的发展动向的观察，分析大数据时代的变化，从而将这种变化中有用的知识和信息及时地整理出来，并融合到教学当中，不断地完善自己的教学内容，同时，老师们也通过对企业的调研，了解大数据方面的人才，在企业当中的岗位具体需要进行什么样的工作、需要具备哪方面的能力，从而在教学过程中，可以根据不同时期企业中岗位对人才的不同需求，制定出自己相应的课程，使学生们能够及时地"更新"自己的学习知识，与时俱进;同时，老师还可以将自己对不同岗位的分析总结给学生们，让学生们在校企结合的实习过程中找到适合自己的岗位，对自己实践能力的提升起到促进作用。

（四）提高教师队伍的整体素质

一个专业的建设成功与否，老师们的综合素质是非常关键的，因此，在专业的建设当中，要注重对老师们的筛选，选出适合教授大数据技术的老师是提高学生们学习效率的关键环节，因此，一定要选出理论和实践共同发展的老师，同时也要鼓励且督促老师们去进一步学习，如进行技能的学习等，要和学生们共同学习、共同进步。

（五）加强对实训室的建设

虽然进行了校企结合，但是，我们在校的一部分学生仍然需要通过学校的实验室进行实践能力的基础培养，因此，一定要加强实训室的建设，使那些对大数据技术掌握得还不够熟练的低年级学生也能够有一个好的实训基地，这也能够方便老师实训课程的进行，同时可以为老师的科研提供很好的场所。

综上所述，校企结合是一个很好的促进学生成为高素质、高能力大数据人才的方式，高校应该努力地筛选企业，并进行良好的合作，为国家培养出更多优秀的人才。

第六章　中美两国校企合作人才培养模式对比

第一节　中美两国校企合作人才培养模式

一、校企合作项目计划

企业通过与高校合作，以项目为纽带共同研发。对企业而言，既可规避高成本的风险，又可获得前沿科学技术支撑；对高校而言，有利于掌握市场发展最新动态，将科研成果直接转化为实际生产力。双方优势互补，具有现实意义。

（一）美国社区学院校企协作"项目群"人才培养

1. 案例描述

当代美国面临着复合型技能人才缺失的危机，危机波及社会各行各业。旧时重学科知识、轻技能应用的培养模式日渐呈现出弊端。随着 21 世纪科技革命的浪潮席卷全球，对复合型技能人才的需求越来越迫切，"学以致用""职业生涯技能"等成为人才培养模式破旧立新的核心。从联邦政府到各州政府，积极密切关注高校与企业的关联，统一教育与产业的目标，减少合作阻力。于是，"一贯制科技高中"（Pathways in Technology Early College High School，P－TECH）应运而生。

在"为美国未来奠定技能之基"促成项目中，芝加哥市的 C2C（College To Career）项目实现了从课程设置、实践方式等对社区学院的人才培养模式进行改革，参与项目的社区学院逐一建立起与行业技能诉求契合的技能型人才培养路径。

2. 案例内容分析

上述资料中列举了三个典型的美国社区学院校企协作"项目群"人才培养模式

的案例，从有限的案例资料中可以发现以下内容。

（1）培养目标。这三个美国社区学院校企协作"项目群"人才培养模式的培养目标基本上是：为培养高新技术开发人才和培养适应能力产业转型升级的技能型人才，除了专业知识与技能（专业能力）之外，还需培养学生的时间管理能力（个性）、解决问题能力、人际交往能力（社会能力）等。

（2）组织结构案例中的组织结构有三种。

A. 一贯制科技高中（Pathways in Technology Early College High School，P-TECH）

涉及的主要部门或机构有社区学院、企业（如 IBM 公司），当地政府起推动和扶持作用，一些基金会给予资金支持。

B. 制造业创新中心（Manufacturing Innovation Institute）、制造业共同体联盟（Manufacturing Communities）

涉及的主要部门或机构有社区学院、创新研究院或创新研究中心、企业（制造业）。

C. "为美国未来奠定技能之基"促成项目、能源产业劳动力发展项目及 C2C（College to Career）项目

涉及的主要部门有政府机构、社区学院、企业三大类。

协调与合作方面，这三类部门主要协调与合作方式有两种：第一个是中高教育相融、校企共治；第二个是联合产、学、研三方优势资源，形成覆盖全美的制造业创新与发展协作网络。政府机构在这个合作中起到促进作用，主要是让中等教育和高等教育相融，统一教育与产业的目标，减少合作阻力。由于教育与产业目标一致，所以能够实现做中学、学中做的职业教育理念。

美国新的经济增长依靠实体创新，奥巴马提出新经济战略，即"让美国回归实体经济，重新重视国内产业，尤其是制造业的发展"，这就是"再工业化"战略。韦氏大词典对"再工业化"的解释是"一种刺激经济增长的政策，特别是通过政府的帮助来实现旧工业部门的复兴的现代化并鼓励新兴工业部门的增长"，即通过产业升级化解高成本压力，寻找能够支撑未来经济增长的高端产业，而不是仅仅恢复传统的制造业。随着技术化、信息化覆盖整个产业链，传统的技术工人已无法适应更新换代的产业变化，取而代之的是复合型技能人才。

"创新"，美国社会文化的核心，成为美国实现可持续发展和渡过周期性经济危机的重要砝码。美国重视创新人才的培养，通过项目实现人才培养计划。2013 年，政府 R&D（research and development）投入达 1440 亿美元。在政府所有资助项目计

划中，影响最大、效果最好的是小企业创新研究计划（SBIR），有 11 个研发经费超过 1 亿美元的联邦政府部门参与，约每年投入资金 25 亿美元，支持初创公司的高风险创新项目，约有 25% 的公司在 SBIR 资金支持下成立。所以，具备创新思想的技能型人才符合现代美国社会发展的需求。

美国的教育理念，致力于培养孩子的生活技能。前哈佛大学校长德瑞克·伯克谈到高等教育时认为，教育将更加注重培养学生处理应用信息的能力以及人际交往能力。随着科技的发展，查阅资料变得相当容易，知识的掌握程度似乎显得不再重要。任务难度的升级带来的后果必然是合作机会的增多，员工之间、上级下属之间讲求合作无间，这样才能更高效地完成任务。人才培养的重点朝着"解决实际问题能力"与"人际交往能力"的方向深入转变。

（二）苏州大学"校企合作带薪实习项目"人才培养

1. 案例描述

苏州大学，江苏省属重点综合性大学，国家"211 工程"重点建设高校，与江苏昆山花桥经济开发区管委会、江苏捷美集团三方联合创办苏州大学人才培训合作教育中心，其核心项目是"校企合作带薪实习项目"（Soochow University Industrial Practice Program，S－UIPP）。S－UIPP 以企业需求为导向，以提高大学生职业素养、就业技能为主旨，借鉴国外校企合作的人才培养模式，采取针对性强的培训方式，致力培养高素质的综合性技能型人才。

S－UIPP 得到了江苏省教育厅的高度重视与全力支持，在政策与经费方面给予了相应的扶持和补偿；昆山、花桥政府为培训中心增强基础建设、出台与人才经费配套相关的政策；苏州市政府及地方相关机构同时对培训中心人才的录用给予各项优惠与扶持。实施 S－UIPP 收获了"三赢"，分别是学生、学校与企业。对学生而言，"学历经验两不误"。苏州大学教务处在大学各学院的大力支持与配合下，联合培训中心实施教学课程改革，科学安排参与 S－UIPP 学生的学习任务，使学生顺利修完所有学分。学生通过培训中心多层次、全方位的素质与技能培训，增加就业资本。得益于政府的人才就业扶持政策、投资方的经济支撑和众多参与 S－UIPP 项目的企业支持，学生在培训期可获得一定的薪资报酬，使其学习生活"零负担"，收获自我满足感与成就感；对学校而言，参与 S－UIPP 项目的学生将企业文化、竞争意识、产品效益等带回校园，加强产业界与学术界的联系，使教与学有机融合，实现学校与企业资源共享；对企业而言，培训中心根据企业的人才要求，结合科学的课程设置与岗前实训，培养学生实践技能，提升学生专业水平，保障了企业的人力资源质量，共创企业价值。

2. 案例内容分析

上述资料介绍了苏州大学人才培训合作教育中心的核心项目"校企合作带薪实习项目"（Soochow University Industrial Practice Program，S－UIPP）人才培养模式的案例，从有限的案例资料中可以发现以下内容。

（1）培养目标。苏州大学人才培训合作教育中心的核心项目"校企合作带薪实习项目"的培养目标为培养高素质的综合性技能型人才，除了传授专业知识与技能（专业能力）之外，还培养学生的竞争意识（个性）等。

（2）组织结构。案例中的组织结构为苏州大学人才培训合作教育中心，核心项目"校企合作带薪实习项目"（Soochow University Industrial Practice Program，S－UIPP）。涉及的主要部门或机构有苏州大学、花桥经济开发区管委会和江苏捷美集团，政府的介入起了引导与支持作用，使高校与企业合作成功并建立了长效机制，即有高校、政府部门和企业三类单位共同参与。这个案例中，高校、政府部门和企业三类单位的协调与合作方式主要是：政府引导，校企协同，学生参加。政府机构在合作中的主要作用是，在政策与经费方面给予了相应的扶持和补偿，例如，增强基础建设、出台与人才经费配套相关的政策。目的在于促进合作顺利开展。校企协同主要体现在将企业的岗前培训课程纳入学校的公共选修课，以方便学生日后就业。

随着中国经济的高速发展，《中国制造 2025》作为政府实施制造强国战略第一个十年的行动纲领，被提上日程。《中国制造 2025》提出，坚持"创新驱动、质量为先、绿色发展、结构优化、人才为本"的基本方针，其中"人才为本"是指"坚持把人才作为建设制造强国的根本，建立健全科学合理的选人、用人、育人机制，加快培养制造业发展急需的专业技术人才、经营管理人才和技能人才。营造大众创业、万众创新的氛围，建设一支素质优良、结构合理的制造业人才队伍，走人才引领的发展道路"。我国目前处于制造业强国进程的第一阶段，"2025 年中国制造业可进入世界第二方阵，迈入制造强国行列"。所以，通过校企合作的项目计划进行针对性的技术人才培养。毕业生在岗前培训阶段就明确日后就业意向，有目的、有计划地实践锻炼，根据岗位要求提高自身的专业能力，符合当前我国制造业发展的迫切需求。

中国社会文化强调意识形态的培养，文化与传统的结合仍然是当代中国社会主导意识形态发展的客观规律。只有将文化与传统融为一体，主导意识形态才能在文化的深层次上发挥指导作用。高校是思想教育的摇篮，确保学生意识形态教育的正确方向，有助于学生健康成长。"物竞天择，适者生存。"培养学生的竞争意识，对其日后个性化发展有重要作用。中国的教育理念，着重专业知识与技能的授予。只有在专业方面基础扎实，才能胜任岗位职责。但是，社会发展日新月异，企业更青睐"既掌握专业知识与技能，又能够及时解决新出现的问题，同时懂得与人交流协作"的人才。转变教育理念，增加学生的实践机会，培养学生的社会能力。

（三）小结

从上述对中美两国的社区学院校企协作"项目群"人才培养模式的分析中可以看出以下内容。

1. 培养目标方面

两国这类校企合作在培养目标方面的共同点是，所培养的人才规格相似，均为高素质的技能型人才。二者之间不同的是，美国还强调学生的个性培养以及社会能力培养，个性培养、社会能力培养与专业能力培养同等重要。而中国侧重专业能力的培养，学生的社会能力培养只是在专业能力培养的过程中体现出来。

2. 组织结构

两国这类校企合作在组织结构方面的共同点是，涉及部门均有三类，分别是学校、政府机构和企业。二者之间不同的是，美国方面所涉及的政府部门旨在减少校企合作阻力，如改革教育制度（中高等教育融合），调整教育目标，以便与产业目标一致；而中国则主要通过增强基础建设，出台与人才经费配套相关的政策来为校企合作提供便利，吸引更多学校和企业参与到合作中来。

在运行机制上，美国是校企共治，通过政府调整教育与产业目标，实现做中学、学中做的职业教育目标，实现校企人才培养一体化。中国则是校企协同，主要是将企业的岗前培训课程纳入学校的公共选修课，或将企业的技能培训纳入学校教学计划，以方便学生日后就业。

二、高校创建科技园区

这类园区作为高新科技孵化的基地，成为科技成果的转化平台。美国科技园模式（Science and Technology Park，STP）的建设举世瞩目，STP是美国率先发展的一种把科研、生产与教育有机结合的模式。人才是科技园区最宝贵的财富，美国成功的科技园都是以著名的研究型大学为依托，利用大学的科研技术与人才优势创建高科技园区以发挥高新技术的辐射作用。

（一）美国三角研究园（RTP）人才培养

1.案例描述

在美国杜克大学（Duke University）、北卡罗来纳大学教堂山分校（University of North Carolina at Chapel Hill）与北卡罗来纳州立大学（North Carolina State University）三角中心地带坐落着三角研究园（RTP）。经过多年发展，RTP 已经成为美国乃至世界科技园的翘楚。据统计，截至 2013 年，美国重要的科研机构有 24% 位于三角研究园，每年发表在世界学术刊物的科研论文有 21% 由三角研究园的专家撰写，同时专家每年获得的技术专利约占全美总量 29%。

政府与三角研究基金会深刻认识到吸引科技企业最关键的要素不是土地，而是人才资源。全球最大的专业基金公司富达投资集团（Fidelity Investment Group）的首席信息官唐纳德·黑尔（Donald Hale）表示，充沛的人才资源与教育机会是富达选择进驻三角研究园的主要原因之一。唐纳德表示，"富达投资集团拥有 1.2 万名技术人员，每年在信息技术方面的成本都很高，我们需要高科技人才的加入"。瑞士瑞信银行（Credit Suisse）迈克尔·博斯丁（Michael Bornstein）指出，"金融业需要越来越多的复合型人才，相比而言，让熟悉金融的人学习高科技，不如让高科技人才掌握金融更容易些"。

三角研究园内的主要机构分别有三角研究所（Research Triangle Institute）与北卡微电子中心（Microelectronics Center of North Carolina）。三角研究所是园内最早成立及规模最大的研究机构，业务主要涉及环境、卫生、医药、能源与教育领域。由三所大学共同管理，实行理事会领导下的所长责任制。大学除了参与管理工作，校内教师与专家们经常为研究所的研究员进行专业咨询、讲授专业知识。大学图书馆向研究员开放，以便他们查阅资料，有效学习；同时还提供研究设备等各种资源，以便他们操作利用、强化技能。北卡微电子中心是一个微电子技术研究与教育中心，三所大学的学生以及工业、企业的研究员均可在这里从事研究工作。中心作为一个平台，让学生与研究员充分交流思想、互相学习经验。中心还制订如何吸引工业、企业成员的计划，涉及行业包括半导体制造商、设备与材料供应商以及其他微电子用户。通用电气公司（General Electric Company，GE）等 4 家公司已成为其中成员，每家公司每年交付 250 万美元。作为中心的重要合伙人，肩负着人才培养的重任。

除了企业被吸引到人才培养计划中，微软（Microsoft）、诺华制药有限公司（Novartis）等企业更是主动参与到计划当中，如合作资金补助项目（The Collaborative Funding Grant Program）就是为了奖励与资助大学与企业建立合作伙伴关系。公司大力支持创新人才培养，通过创立奖学金项目、提供创业基金等形式，缓解培养的资金压力，保障培养的能力要求。项目有了资金支持，学生源动力更加充足，积极进行创新活动。在创业过程中，他们体会了艰辛与不易，同时增加了阅历、开阔了视野、拓展了人脉、提升了自我，为未来的就业与生活打下了坚实的基础。同时，在人才培养过程中，企业充分挖掘有利于自身发展的潜在人才资源，储备优秀的员工。

2.案例内容分析

上述资料介绍了三角研究园人才培养模式的案例，从有限的案例资料中可以发现以下内容。

（1）培养目标。三角研究园人才培养模式的培养目标为培养学科交叉的综合性技能型人才，除了专业知识和技能（专业能力）之外，还培养学生自学能力、查找资料能力（方法能力）、人际交往能力（社会能力）以及创新意识（个性）等。

（2）组织结构。案例中的组织结构有两种。

A.RTP园区

涉及的主要部门或机构有三所大学、三角研究所与北卡微电子中心。

B.奖学金、基金项目

涉及的主要部门或机构有高校与企业，企业给予资金支持。这个案例中大学、研究所、中心与企业四类单位的协调与合作方式主要是，大学与研究所、中心协同人才培养，通过跨学科进行交叉培养，学生在强化本专业的专业能力的基础上，还接触了其他专业，拓宽了他们的学习层面，训练了他们的思维深度。企业积极参与人才培养计划中，以奖学金、基金项目为媒介，鼓励学生到企业实习，为他们就业奠定坚实基础，为自身发展储备优秀员工。

美国经济发展的"再工业化"战略对人才培养提出了新要求。"懂经济又懂法律，懂金融又懂技术"的人才如今大行其道，只有复合型人才才符合现代社会发展的需求。通过多学科交叉人才培养，扩大了学生的学习范围，重视学生跨学科整合学习，为培养高层次复合型人才奠定基础。对于美国社会文化强调"创新"之余，同样重视"独立自主"。19世纪初、中期，东部居民往西部迁移时，自己盖房子、发明新农具、利用有限资源做衣服和日用品，养成了一种自立精神，凡事依靠自己。这种精神影响了一代又一代的美国人，高校积极培养学生的自学能力，遇到难题学会自己查找资料去解答，锻炼了学生的思维，提高了学生的水平。

美国的约翰·亨利·纽曼认为，高校教育就是将学生培养成为一名"社会的好公民"。"社会的好公民"懂得融合自然地与群体相处，懂得相互理解、相互宽容。

杜威则认为，教育就是让学生发展个性的智慧与养成协作的习惯，也就是现今美国高校着重培养学生的人际交往能力，只有学会与人相处，有效协作，才能更好地完成工作任务。

（二）浙江大学（长兴）农业科技园人才培养

1.案例描述

农业科技园是以市场动态为导向，以科学技术为支撑，促进农业产业结构调整，集土地、资本、技术与人才一体化的现代农业发展新模式。高校有限的教学实践场地以及单一的培训形式成为制约人才培养的影响因素，于是，借助农业科技园能有效解决以上难题。而农业科技园则利用高校优质的科技、人力资源，弥补了自身技术层面缺陷，为企业的发展增强后劲。因此，将高校科技链与科技园产业链有机结合，开展多层次、多元化的产学研合作，是增强校企合作人才培养模式活力的有效途径。2008年初，浙江大学作为校企合作主体启动了长兴农业科技园的规划建设。以长兴农业科技园作为农业科研的研发基地、人才培养的实践平台，实现了技术研发、人才培养与技术培训的"三管齐下"。长兴农业科技园明确自身的功能定位，突破传统的农业模式，结合现代化技术，注重高级农业技术人才培养、现代新型农民培训，实现高端服务、技术研发、产业链创业与先导示范四大功能。科技园积极优化人才结构，设立专门的教学科研基地，吸引高校学生来园实习、工作，提高他们的实践能力水平，建设一支高素质技能型人才队伍。科技园通过完善流动研发人员的管理机制、探索新型激励机制、创新人才管理制度，并邀请农业学科的专业人员，如农学、园艺学、农业工程与农业资源利用学等，以及跨专业的专业人员，如信息控制学科、计算机应用学科与能源科学学科，参与科技园的技术研发与人才培养工作。学生在专业人员的示范与讲解下，能够更全面、更直观地把握专业知识、获得专业技能。相比起只在课堂听教师教授，只从书本看插图理解，这种在园区实践的过程极大地激发了学生的学习兴趣，同时强化了他们的专业技能，提高了他们的科研与服务能力。同时，浙江大学教师充分发挥着骨干作用，努力提高学校的教学效果，做好科研工作及产业开发。

2.案例内容分析

上述资料介绍了浙江（长兴）农业科技园人才培养模式的案例，从有限的案例资料中可以发现以下内容。

（1）培养目标。浙江（长兴）农业科技园人才培养模式的培养目标为培养具备丰富实践经验的技能型人才，主要围绕着专业知识与技能（专业能力）开展培养计划。同时涉及非学科专业的能力培养，例如，信息控制学科、计算机应用学科与能源科学学科。学生通过灵活运用信息控制学科、计算机应用学科与能源科学学科的专业知识提高农学专业的学习效率，强化学习效果。

（2）组织结构。案例中的组织结构为实践教学基地与科研成果的转化中试平台。涉及的主要部门或人员有浙江大学、长兴农业科技园与计算机应用学科、信息控制学科、能源科学学科等非农学科的教授。

这个案例中大学与农业科技园两类单位的协调与合作方式主要是，利用产、学、研三方优势资源，大学与农业科技园联合培养人才。大学为农业科技园提供智力支撑，农业科技园为大学搭建实践平台，同时联合跨学科专业的优秀专家，使学生更高效更全面地把握专业知识与技能。中国经济发展进入新常态，科技竞争日益激烈。随着新一轮科技革命和产业革命正在孕育兴起，学科交叉融合明显加速，产业链、创新链结合日趋紧密，创新资源整合力度进一步加强。构建以企业为主体、市场为导向、产学研用相结合的技术创新体系，成为我国农业科技创新模式的新常态。将技术创新与人才培养有机结合，加强学生专业能力的培养，特别是实践技能的培养。

中国社会文化侧重强调遵循规律，吸收西方积极文化思想后努力创新。党的十八大以来，习近平总书记把创新摆在国家发展全局的核心位置，高度重视科技创新，围绕实施创新驱动发展战略、加快推进以科技创新为核心的全面创新。农业科技园积极探索新型激励机制、创新人才管理制度，让人才培养突破旧有模式，更符合国情发展。但这种创新力度还较为薄弱，成效不明显。

对于中国的教育理念，培养"无次品"学生，是"完美"的教育。在西方进步教育思想的影响下，虽然鼓励学生在实践中收获真知，但仍充满"灌输式"的味道。学生在前辈的经验下，在教师的指导下，按部就班地进行实践锻炼，这样纵然提高了实践技能水平，但仍局限于条条框框，无法得到本质上的提升。

（三）小结

从上述对中美两国的高校创建科技园区人才培养模式的分析中可以看出以下内容。

1.培养目标方面

两国这类校企合作在培养目标方面的共同点是，所培养的人才规格相似，均为跨学科专业的复合型技能人才。二者之间不同的是，美国这种跨学科专业相较于中国的跨度更大。在RTP中，可以看到既有同属范畴的专业，如医药与卫生；也有完全不同范畴的专业，如能源与教育。学生除了强化本专业的专业能力，还有机会接触其他专业。

2. 组织结构方面

两国这类校企合作在组织结构方面的共同点是，涉及的主要部门均为两类，分别有大学与为人才培养提供实践平台的机构或场所，如美国的这类机构主要是研究所与微电子中心等，中国的这类场所主要是面向学生专业发展的科技园。二者之间不同的是，美国在这类校企合作中，除了大学、研究所与微电子中心以外，企业在人才培养计划中表现同样出色。美国很多大型企业会主动参与到人才培养计划中，通过雄厚的资金支持来实现培养计划。中国企业在服务管理、技术研发等方面主动配合人才培养计划，但总体还是缺乏动力。

在运行机制上，美国是大学与研究所、中心协同人才培养，通过跨学科进行交叉培养。充分唤醒学生的学习热情，激发学生的学习潜能。中国则是利用产、学、研三方优势资源，大学与农业科技园联合培养人才。同样进行跨学科交叉培养，提高学生学习效率，强化学习效果。

三、共建产学研技术创新联盟

伴随经济全球化及产业结构优化升级，社会对高等教育人才培养提出了新的要求与目标，全面提高教育的质量，重点在提高人才培养的水平。重视培养学生的创新精神、实践技能、创业能力，加强产学研结合，大力推进高校与产业界、科研院之间交叉人才培养工作。通过以共同体与协作联盟为形式实施的创新型人才培养模式，有助于高校与企业形成全面合作，实现了企业对高端技术、高校对科研资源的完美对接，人才培养与社会发展需求的无缝对接。

（一）美国"媒体实验室"人才培养

1. 案例描述

媒体实验室成立于1980年，是将科技、媒体、艺术与设计有机融合的跨学科实验室，是培养创新型人才的摇篮。隔空传音（sound beam）、电子墨水（electronic ink）与乐高（LEGO）合作开发的智能玩具，都具有目前备受关注的新科技。科技产品要实现商业价值的前提是研究机构要吸引企业积极参与其中。媒体实验室作为行业典范，从事的均是极具创意的前瞻性研究，产学研技术创新模式首屈一指。

媒体实验室完全对外开放。据统计，平均每天有5~8个企业、学术人员参观与访问，实验室的教授与研究员平均每月出差达8次之多。实验室为企业家的研发工作提供了开放的基础环境，这种开放性的创新机制吸引了大批企业研究人员的参与，他们认为能够与麻省理工学院这样的一流大学进行学习交流，弥补了企业自身创新发展后劲的不足，同时通过接触一流研究人员，还可以激发各种适用于开拓市场的战略性思维。实验室鼓励研究人员和企业家分享成果，企业家们认为通过合作能够招聘到优秀的人才，有助于企业日后的长久发展。对于企业的研究人员来说，在与实验室学生的合作中也提高了研究能力与水平。

除了开放性，媒体实验室人才培养模式还极具创新性。创造不仅需要不同领域知识的融合，还需要不同学科背景的人在研究方法和研究思路上交流碰撞。麻省理工学院教授威廉·戈登（W.J.Gordon）提出的"综摄法"为实验室的人才培养提供了理论参考。团队中个体多样性的合理搭配能够产生最大效益。媒体实验室里的学生有着不同的文化背景，他们通过不同的文化视角来向同伴展示习得的技能，这恰恰弥补了传统学科分工造成研究思路单一的缺陷。传统的学科分工容易割裂整体知识，也容易导致技术异化。自然科学与人文科学、社会科学相互融合才有机会最大限度地运用知识解决问题。媒体实验室尝试将兴趣一致的学生安排在一起完成任务，使学生转变看事物的角度，变得更多元化。

重视实践的文化创新机制。媒体实验室推崇"做"好事情的实践文化。以项目来引导学生通过接触实际情境，获得专业技能经验，提高创造力。当学生遇到问题时，懂得充分利用身边一切资源，如实验室的器材、设备等。然后开展团队协作，按照成员的个人特质分配任务。以解决实际问题为出发点，通过不断摸索，在反复求证的过程中，锻炼了思考问题、分析问题的能力，同时获得项目工作的相关知识与技能，最终提高了自身的创造力与社会实践能力。

2. 案例内容分析

上述资料介绍了麻省理工学院媒体实验室人才培养模式的案例，从有限的案例资料中可以发现以下内容。

（1）培养目标。麻省理工学院媒体实验室人才培养模式的培养目标为培养具备创新思维、实践技能的多元化人才，侧重培养学生的开放性思维方式，善于从不同角度思考问题，还培养学生解决问题和人际交往能力（社会能力）等。

（2）组织结构。案例中的组织结构有两种。

A. 校企联合

涉及的主要部门或机构有媒体实验室与企业。

B. 由高校自主开展

涉及的主要部门为媒体实验室。

这个案例中高校与企业两类单位的协调与合作方式主要是，高校与企业协同人才培养。基于实验室开放性的原则，鼓励教授与研究员出差，进行实地考察，提高对科研的敏感度。同时欢迎企业家参观实验室，与实验室的研究员进行交流与切磋。企业家把市场最新发展动向带到实验室，为人才培养模式的调整提供可靠依据。研究员向企业人员展示科研成果，一起探讨如何将科研成果进行市场推广。这样，企业既能为自身物色合适的后备员工，研究员也可以获得更多实践机会，将自己塑造得更符合企业要求，增加就业机会。

美国"再工业化"的经济战略，主要在于重塑制造业，尤其是高端实体制造业，对之前"资本市场为主体的虚拟经济占主导，甚至重要制造业日趋'空心化'"的矫正。奥巴马提出未来 20 年打造美国高端制造业，重塑全球实业格局。美国《先进制造业国家战略计划》更是力争在各国新一轮先进制造业竞争中取得优势地位，其核心是统领高端制造业。美国制造业再次"雄起"的坚实支撑是产品的科技与创新。人才的培养方向是具备创新思维、实践技能的多元化发展。

美国的创新文化，就是创造与众不同，改变世界。美国人的创新精神是在美国文化的基础上发展起来的，其创新精神又是美国文化的一部分。有人认为美国人具有树形的思维方式，例如，物理学在西方的发展始于力学，随着物理学的发展，光学、原子核物理、天文学等延伸出来，最终发展成为独立的学科，而量子力学从原子核物理中分支出来，又成为新的学科。"媒体实验室"乐于创新人才培养模式，组织不同文化背景的学生进行团队协作，激发学生的创新思维。

美国的教育理念崇尚开放式的教育方式。外人看来课堂也许是"乱糟糟"，但这种"乱"并不是无所作为。相反是"乱"中有序，有原则的开放式教学模式。随着 20 世纪五六十年代人本主义心理学派的兴起，开放式教学模式就被提倡起来。该学派主张以学生为中心的教育理念，学生在自由的教育情境下有效学习，建设重视自我发展的开放式教室。"媒体实验室"同样以开放式教学模式培养学生，使学生与社会更贴近，更好掌握社会动向，为日后个人发展做好准备。

（二）中南林业科技大学"产学研"人才培养

1. 案例描述

中南林业科技大学是湖南省人民政府和国家林业局重点建设高校，中西部高校基础能力建设工程、卓越农林人才教育培养计划、湖南省 2011 计划建设高校。学校涵盖理、工、农、文、经、法、管、教、艺等九大学科，具有博士后科研流动站、博士学位授予与研究生推免权，以林业科学为特色的综合性大学。

学校还积极鼓励学生利用业余时间开展社团活动，利用暑假积极开展"三下乡"

社会实践活动，培养学生的实践能力以及自主参与意识。

2. 案例内容分析

上述资料介绍了中南林业科技大学人才培养模式的案例，从有限的案例资料中可以发现以下内容。

（1）培养目标。中南林业科技大学人才培养模式的培养目标为培养创新技能型人才，通过科研项目、成立研发中心、组建实验室培养学生的实践技能（专业能力）、创新意识与自主意识（个性）、解决问题能力以及人际交往能力（社会能力）等。

（2）组织结构。案例中的组织结构有三种。

A. 科研项目（"无烟不燃木基复合材料制造关键技术"）

涉及的主要部门或机构有大学与企业（广州木易木业有限公司）。

B. 研发中心（"湖南省稻米深加工工程中心"）

涉及的主要部门或机构有大学与企业（湖南金健米业）。

C. 实验室

涉及的主要部门或机构有大学与企业。

这个案例中大学与企业两类单位的协调与合作方式主要是，以中南林业科技大学为主导，通过开展科研项目、成立研发中心与组建实验室，与企业联合培养人才。如在科研项目人才培养过程中，中南林业科技大学与广州木易木业有限公司合作进行技术研发的同时，培养学生的科研意识与实践技能。

当前中国经济正处于动力转换的关键时期，传统动能力强变弱，需要新动能"异军突起"，打造中国经济"升级版"要实施创新驱动，通过改革挖掘创新红利。中国中信集团有限公司董事长常振明委员认为，"只有夕阳企业，没有夕阳产业，就看能不能进行科技创新"。提升自主创新的动力，培养重用人才，整合各方面的资源，将先进技术与传统产业嫁接应用，让企业成为技术创新的主体。如今，产学研协同创新已成为产学研合作的一个新的趋势和潮流。所以，通过共建产学研技术创新联盟，利用企业释放我国技术创新红利主体的地位，校企协同培养人才创新意识、创新技能，推动战略性新兴企业的发展壮大。

中国的社会文化重视和谐。人虽然作为独立个体，但同时"社会群居"，必须学会如何与人打交道，即具备人际交往能力。高校与企业在进行人才培养的过程中，通过各种合作方式，例如，开展科研项目、成立研发中心以及组建实验室，来强化学生的合作意识，加强学生的实践技能，使学生在加入社会前，明白合作的重要性，提前接受这方面的训练，日后在企业中能够更好地与人协作，无论交流技巧还是做事态度都有不同程度上的完善。

中国的教育理念，强调合作共赢，在产学研人才培养道路上，高校与企业协同创新，秉承"合作"的理念，实现"共赢"的目标。合作的良性运作就是积极协商，合理分工，共担责任。高校、企业、科研机构互相配合，培养人才的创新意识与自主意识，从意识形态的树立到实践习惯的养成，激发学生勇于创新、乐于实践的动机，同时学会在团队中如何发挥作用，如何有效协作，充分利用一切资源，解决问题。

（三）小结

从上述对中美两国的共建产学研创新技术联盟人才培养模式的分析中可以看出以下内容。

1. 培养目标方面

两国这类校企合作在培养目标方面的共同点是，所培养的人才规格相似，均为具备创新意识的技能型人才。二者之间不同的是，美国麻省理工学院媒体实验室在自主进行的人才培养过程中，打破常规，进行专业融合的复合型培养；中国的中南林业科技大学以相关专业为基准，将学生分组培养。

2. 组织结构方面

两国这类校企合作在组织结构方面的共同点是，涉及的主要部门是大学与企业。二者之间不同的是，美国的企业在这类校企合作中功能较为突出。企业家与实验室的研究员积极交流与切磋，互相学习与帮助。中国的企业在人才培养过程中未能充分体现积极性与主动性。

在运行机制上，美国媒体实验室的开放性与创新性为人才培养提供了一个全新的平台。企业家的加入，增长了学生的见闻，丰富了学生的实践内容。实验室通过安排不同文化背景、不同学科背景的学生组织学习小组，激发了学生的创新思维，使他们能够更全面地思考问题、解决问题。中国中南林业科技大学重视学生实践，以开展科研项目、成立研发中心与组建实验室形式培养学生创新思维、科研意识与实践技能。以相关专业为基准组建实验组，开展以解决实际问题为导向的探究式学习。

四、共建人才培养和培训基地

这种模式集教学、技能鉴定与技术服务于一体，把课堂的理论知识融入企业生长线，实现知识与技能的有机统一。校企共同构建人才培养和培训基地，为学生创新精神与实践技能的培养提供智力与技术的支持。教学与生产、学生与企业的密切联系使得学校能及时掌握行业、企业的发展动向，调整教学模式，这样毕业生就能更快融入企业，更好适应发展，同时满足企业对人才不同层面的要求。当企业认识到人才的重要性，变被动为主动，积极为人才培养提供各种资源，在保证培养质量的基础上加快学生向职业人转换的进度。

（一）斯坦福研究园人才培养

1. 案例描述

斯坦福大学，位于美国加利福尼亚州，毗邻高科技企业云集的硅谷（Silicon Valley）。斯坦福最为成功的学科是电气工程特别是微电子专业，且一直处于世界先进水平。同时，计算机科学、生物工程、医疗医药、物理等领域也是斯坦福的重点研究领域与擅长学科。硅谷是当今电子工业和计算机业的王国，目前硅谷的计算机公司已经发展到了 1500 家。由此可见，斯坦福大学与硅谷在学科上有着天然联系。

1951 年，斯坦福大学副校长特曼教授（Frederick E.Terman）创建了世界上第一个科技园——斯坦福研究园（Stanford Industrial Park），一个集研究、开发、生产与销售于一体的工业园。斯坦福大学与硅谷作为校企合作的主体伙伴，互促发展，如大学成立的荣誉合作研究项目。在实施过程中，硅谷的工程师除了负责日常工程项目，工作之余还能够享受大学提供的高等继续教育机会，丰富他们的专业知识，提高了项目完成效率，形成良性循环。另外，斯坦福大学鼓励本校教师与毕业生于园区内创业，服务园区经济的同时，节省求职人力物力。如惠普公司的创始人威廉·惠特利（William Hewlett）与戴维·帕卡德（David Packard）就是斯坦福的毕业生，同时也是硅谷最早的创业者。1981 年，在联邦政府的支持下，斯坦福大学联合硅谷创建"斯坦福集成系统中心"，作为斯坦福在微电子方面的现代化研究和教学实验基地，是与硅谷企业合作的一个成功范例。由于有了政府充足经费、一流设备的后劲支撑，校企优秀研发人员的协作配合，中心出色地完成了多个前沿科研课题，并在人才培养方面成绩斐然。中心每年可培养 30 名博士和 100 名硕士。从企业来的研发人员通过在中心参与研究学习获得了更高的研究能力。中心在与企业的合作中，加速了科研能力向生产力的转化，而且企业带来的实际研发经验不仅有利于师生提高自身学术水平，而且使得校内的科学研究更具有实用性。

2. 案例内容分析

上述资料介绍了斯坦福大学人才培养模式的案例，从有限的案例资料中可以发现以下内容。

（1）培养目标。斯坦福大学人才培养模式的培养目标为培养具有扎实基础知识与丰富实践经验的高素质技能型人才，主要培养学生的人际交往能力（社会能力）、科研能力（方法能力）等。

（2）组织结构。

案例中的组织结构有两种。

A. 合作研究项目

涉及的主要部门或机构有大学与企业。

B. 研究和教学实验基地（"斯坦福集成系统中心"）

涉及的主要部门或机构有政府、大学与企业。

这个案例中政府、大学与企业三类单位的协调与合作方式主要是，政府支持、校企协同、学生参与。政府在人才培养过程中，在经费与设备方面给予了重要支持。大学与企业发挥双方优势，强强联合进行人才培养，保障了人才质量。

美国科技发展日新月异，然而培养人才的步伐却跟不上。人才培养跟不上，只会阻碍高科技行业的发展。美国布鲁金斯学会 2015 年就驱动美国经济复苏核心产业的发展发布了一份报告。报告将汽车、航空、能源、软件等 50 个行业定性为"先进行业"，着力推动科技研发，并培养科学、技术、工程和数学背景从业者。报告同时指出，美国在先进行业方面的竞争力正在下降，而导致竞争力下降的一个直接原因就是人才供给不足。所以，人才科研能力的培养早已作为美国人才培养工作的重中之重。

美国的社会文化强调独立自主。美国小孩子与社会接轨较早，他们在很小的时候就已经学会独立，家长有目的地训练他们。学校方面，初中和高中的课程设置也涉及各种实践技能的培养，例如，修车、理财、电视制作等。美国这种独立自主的哲学氛围造就了一个"自己动手做"的国家。美国人为他们有发明、建造和修理东西的能力而感到光荣。美国大多数书店都有"自己动手做"的书籍，内容五花八门，从修理洗衣机到开辟一个花园应有尽有。所以，随着科技的发展，对人才科研能力的培养显得非常重要，而科研能力的培养基础就是从小养成"自己动手做"的生活习惯。

美国的教育理念非常特别，在老师眼中的佼佼者一般不是成绩最优异的学生，而是最具人格魅力的那个学生，他（她）能够与周围的同学好好相处，能够感召并影响身边的人。学校的品质教育，教导学生要懂得时时为别人着想，例如，在进门的时候顺手扶一下门，为后面进来的人行方便。这充分体现出人际交往能力的重要性与在细节中突显的人文情怀。

（二）黑龙江职业学院"订单式"人才培养

1. 案例描述

加强校企合作，实现校企资源共享，是黑龙江职业学院推进国家骨干高职院校建设的重点工作，也是该学院实现高职人才培养目标的重要手段。旅游管理、酒店管理专业是学院重点建设专业，旅游与人文艺术学院在领导的大力支持下，积极参与校企合作，与企业互建培养和培训基地，大力推行"订单式"人才培养模式，将优秀毕业生以"定向培养"的方式输送到喜达屋酒店及度假村国际集团、香格里拉酒店集团、索菲特酒店等多家享誉国内外的五星级酒店就业，就业网络辐射全国。

黑龙江职业学院与喜达屋酒店及度假村国际集团（Starwood Hotels & Resorts Worldwide，Inc）签订校企合作协议。本次的签约开创了该集团与高职类院校进行校企合作的先河，标志着黑龙江职业学院在校企合作人才培养上实现了质的飞跃。喜达屋酒店及度假村国际集团是世界最大的酒店集团之一，总部设在美国纽约，旗下包括 9 个酒店品牌，在全球 95 个国家拥有超过 1000 间酒店及度假村。其自有与管理的酒店雇佣员工超过 171000 人。

本次喜达屋酒店及度假村国际集团与黑龙江职业学院的合作是建立在以往由旗下品牌酒店与学院在人才培养方面的良好合作基础之上。学院与喜达屋在人才培养、订单教育、员工培训、社会服务等不同领域开展更为深入的互动，共同培养酒店管理方面的技术人才。在合作过程中，一方面，喜达屋鼓励员工到学院参加继续教育课程，邀请学院优秀教师到酒店授课；另一方面，学院选派青年教师到喜达屋进行实地观摩学习，约请喜达屋经验丰富的管理人员到学院传授实践技能，这充分体现出校企优势互补、互惠共赢的原则。为社会新生劳动力提供多元化的职业教育与培训，并优先推荐就业与引导创业。

2. 案例内容分析

上述资料介绍了黑龙江职业学院人才培养模式的案例，从有限的案例资料中可以发现以下内容。

（1）培养目标。黑龙江职业学院人才培养模式的培养目标为培养符合企业要求的高素质技能型人才，主要培养专业知识与技能（专业能力）与服务意识（个性）等。

（2）组织结构。案例中的组织结构为培养与培训基地涉及的主要部门是高校与企业。这个案例中高校与企业两类单位的协调与合作方式主要是，高校以"订单式"人才培养模式向企业输送高素质技能型人才。校企双方共同制订人才培养方案，如，一方面，喜达屋鼓励员工到学院参加继续教育课程，邀请学院优秀教师到酒店授课；另一方面，学院选派青年教师到喜达屋进行实地观摩学习，邀请喜达屋经验丰富的管理人员到学院传授实践技能。

中国经济发展最重要的载体——制造业是所有产业的基础环节。实现"中国制造 2025"的宏伟目标最重要的是人才，特别是在操作层面要有众多文化素质高的技能型人才。所以，高校端正办学理念，发挥传统学科优势，科学合理地设置课程，缩减实用性低的专业招生规模，理论联系实际，整合来自高校与企业各类资源，实现校企合作生态圈内部的资源转化与共享培养高素质的技能型人才，服务社会经济发展。

中国社会文化的人才观大致分为三方面：重贤、求贤、用贤。"治国之道，务在举贤"，这深刻地说明了贤人在治理国家、兴邦安民中的突出作用。"育材造士，为国之本。"（《进士策问五道·第五问》）使天下达到太平的在于人才，成就人才在于教育。传统文化中人才观的现实意义就是，面对新世纪我国经济跨越式发展和社会各项事业的全面进步，必须深刻认识到人才，特别是高素质的技能型人才对中国发展的重要性和紧迫性。中国的教育理念注重人才专业能力的培养，以实现人才的发展与企业的需求"无缝对接"。只要专业知识和技能过硬，就能解决就业问题。高校通过发挥教育的主导作用，充分调动学生认识与实践的主观能动性。"教"始终围绕"学"来展开，最大限度地激发学生的内在潜力与学习动力，使学生由被动的接受客体变成积极主动的学习主体。重视人才质量的提高，把质量意识体现到每个教学环节，与企业协同人才培养，既能及时了解企业发展的最新动向，保证人才培养方向的正确性，又能解决企业人才资源缺口的问题，紧贴岗位职责要求，提高实践操作能力、岗位任职能力和任职发展能力。

（三）小结

从上述对中美两国的共建人才培养和培训基地人才培养模式的分析中可以看出以下内容。

1.培养目标

两国这类校企合作在培养目标方面的共同点是，所培养的人才规格相似，均为高素质的技能型人才。二者之间的不同是，美国斯坦福大学还注重学生科研能力与人际交往能力的培养，而中国黑龙江职业学院则主要注重学生实践技能培养。

2.组织结构

两国这类校企合作在组织结构方面的共同点是，涉及的主要部门均有两类，分别是高校与企业。二者之间不同的是，美国在这类合作中，政府起了重要的推手作用，政府的支持确保了人才培养的质量，如"斯坦福集成系统中心"每年可培养30名博士和100名硕士。中国在这类合作中，主要以校企双方为主导，协同培养人才。

在运行机制上，美国是校企共治，在政府的财政支持下，通过校企双方共享优势资源，实现加强学生科研实力的培养与实践技能的培训。中国则是校企联合培养人才，开展"订单式"人才培养计划，使毕业生的专业能力与企业的要求相匹配，以方便学生日后就业。

第二节　中美两国校企合作人才培养模式的对比

一、中美两国校企合作人才培养模式的特点

从上文的分析可以看出，中美两国的校企合作人才培养模式上是各有特点的，它们有共同点，也有不同点。

（一）中国校企合作人才培养模式的特点

1. 培养目标

在校企合作项目计划人才培养模式中，培养目标为培养高素质的综合性技能型人才，除了传授专业知识与技能（专业能力）之外，还培养学生的竞争意识（个性）等。

在高校创建科技园人才培养模式中，培养目标为培养具备丰富实践经验的技能型人才，主要围绕着专业知识与技能（专业能力）开展培养计划。同时，还涉及非学科专业的能力培养，例如，信息控制学科、计算机应用学科与能源科学学科。

在共建产学研技术创新联盟人才培养模式中，培养目标为培养创新技能型人才，通过科研项目、成立研发中心、组建实验室培养学生的实践技能（专业能力）、创新意识与自主意识（个性）、解决问题能力以及人际交往能力（社会能力）等。

在共建人才培养和培训基地人才培养模式中，培养目标为培养符合企业要求的高素质技能型人才，主要培养专业知识、技能（专业能力）与服务意识（个性）等。

2. 组织结构

在校企合作项目计划人才培养模式中，组织结构为苏州大学人才培训合作教育中心，核心项目"校企合作带薪实习项目"（Soochow University Industrial Practice Program，S－UIPP）。涉及的主要部门或机构有苏州大学、花桥经济开发区管委会和江苏捷美集团，政府的介入起到了引导与支持作用，使高校与企业合作成功并建立长效机制，即高校、政府部门和企业三类单位共同参与。

这个案例中，高校、政府部门和企业三类单位的协调与合作方式主要是，政府引导、校企协同、学生参加。政府机构在合作中的主要作用是，在政策与经费方面给予了相应的扶持和补偿，例如，增强基础建设、出台与人才经费配套相关的政策。目的在于促进合作顺利开展。校企协同主要体现在将企业的岗前培训课程纳入学校的公共选修课，以方便学生日后就业。

在高校创建科技园区人才培养模式中，组织结构为实践教学基地与科研成果的转化中试平台。涉及的主要部门或人员有浙江大学、长兴农业科技园与计算机应用学科、信息控制学科、能源科学学科等非农学科的教授。

这个案例中，大学与农业科技园两类单位的协调与合作方式主要是，利用产、学、研三方优势资源，大学与农业科技园联合培养人才。大学为农业科技园提供智力支撑，农业科技园为大学搭建实践平台，同时联合跨学科专业的优秀专家，使学生更高效、更全面地把握专业知识与技能。在共建产学研技术创新联盟人才培养模式中，组织结构有三种：A. 科研项目（"无烟不燃木基复合材料制造关键技术"），涉及的主要部门或机构有大学与企业（广州木易木业有限公司）；B. 研发中心（"湖南省稻米深加工工程中心"），涉及的主要部门或机构有大学与企业（如湖南金健米业）；C. 实验室，涉及的主要部门或机构有大学与企业。

这个案例中大学与企业两类单位的协调与合作方式主要是：以中南林业科技大学为主导，通过开展科研项目、成立研发中心与组建实验室，与企业联合培养人才。如在科研项目人才培养过程中，中南林业科技大学与广州木易木业有限公司合作进行技术研发的同时，培养学生的科研意识与实践技能。

在共建人才培养和培训基地人才培养模式中，组织结构为培养与培训基地，涉及的主要部门有高校与企业。

由此可见，中国校企合作人才培养模式培养目标的特点是以培养专业能力为主，适当培养社会能力与个性。基本符合职业教育的人才培养目标，但仍然处于较浅的目标层面，应该将专业能力、方法能力、社会能力与个性有机结合，全面提高人才的综合素质。

中国校企合作人才培养模式组织结构的特点是涉及的主要部门或机构为高校与企业，政府参与程度较低。在协调与合作方式上，校企联合培养人才。通过成立科研项目、开发技能课程、创建实践基地等形式，增强学生实践意识，提高学生综合技能。这种组织结构基本能够实现职业教育人才培养的目标，通过提高政府的参与程度，人才培养的效果会更佳。

（二）美国校企合作人才培养模式的特点

1. 培养目标

在校企合作项目计划人才培养模式中，培养目标为培养高新技术开发人才和培养适应产业转型升级的技能型人才，除了专业知识与技能（专业能力）之外，还培养学生的时间管理能力（个性）、解决问题能力、人际交往能力（社会能力）等。

在高校创建科技园区人才培养模式中，培养目标为培养学科交叉的综合性技能型人才，除了专业知识和技能（专业能力）之外，还培养学生自学能力、查找资料能力（方法能力）以及创新意识（个性）等。

在共建产学研技术创新联盟人才培养模式中，培养目标为培养具备创新思维、实践技能的多元化人才，侧重培养学生的开放性思维方式，善于从不同角度思考问题，还培养学生解决问题能力、人际交往能力（社会能力）等。

在共建人才培养和培训基地人才培养模式中，培养目标为培养具有扎实基础知识与丰富实践经验的高素质技能型人才，主要培养学生的科研能力（方法能力）、人际交往能力（社会能力）等。

2. 组织结构

在校企合作项目计划人才培养模式中，组织结构有三种。A. 一贯制科技高中（Pathways in Technology Early College High School，P－TECH），涉及的主要部门或机构有社区学院、企业（如 IBM 公司），当地政府起推动和扶持作用，一些基金会给予资金支持；B. 制造业创新中心（Manufacturing Innovation Institute）、制造业共同体联盟（Manufacturing Communities），涉及的主要部门或机构有社区学院、创新研究院或创新研究中心、企业（制造业）；C. "为美国未来奠定技能之基"促成项目、能源产业劳动力发展项目及 C2C（College to Career）项目，涉及的主要部门或机构有社区学院、企业，涉及的合作任务有课程开发、联合指导、教师培训、学生实习。

这个案例中，政府、学院与企业这三类部门主要协调与合作方式有两种：第一个是中高教育相融、校企共治；第二个是联合产、学、研三方优势资源，形成覆盖全美的制造业创新与发展协作网络。政府机构在这个合作中起到促进作用，主要是让中等教育和高等教育相融，统一教育与产业的目标，减少合作阻力。由于教育与产业目标一致，所以能够实现做中学、学中做的职业教育理念。

在高校创建科技园区人才培养模式中，组织结构有两种：A.RTP 园区，涉及的主要部门或机构有三所大学、三角研究所与北卡微电子中心；B. 奖学金、基金项目，涉及的主要部门或机构有高校与企业，企业给予资金支持。

这个案例中，大学、研究所、中心与企业四类单位的协调与合作方式主要是，大学与研究所、中心协同人才培养，通过跨学科进行交叉培养，学生在强化本专业能力的基础上，还接触了其他专业，拓宽了他们的学习层面，训练了他们的思维深度。企业积极参与人才培养计划中，以奖学金、基金项目为媒介，鼓励学生到企业实习，为他们就业奠定坚实基础，为自身发展储备优秀员工。

在共建产学研技术创新联盟人才培养模式中，组织结构有两种：A. 校企联合，涉及的主要部门或机构有媒体实验室与企业；B. 由高校自主开展，涉及的主要部门为媒体实验室。

这个案例中，高校与企业两类单位的协调与合作方式主要是，高校与企业协同人才培养。基于实验室开放性的原则，鼓励教授与研究员出差，进行实地考察，提高对科研的敏感度。同时，欢迎企业家参观实验室，与实验室的研究员进行交流与切磋。企业家把市场最新发展动向带到实验室，为人才培养模式的调整提供可靠依据。研究员向企业人员展示科研成果，一起探讨如何将科研成果推广到市场。这样，企业既能为自身物色合适的后备员工，研究员也可以获得更多实践机会，将自己塑造得更符合企业要求，增加就业机会。

在共建人才培养和培训基地人才培养模式中，组织结构有两种：A. 合作研究项目，涉及的主要部门或机构有大学与企业；B. 研究和教学实验基地（"斯坦福集成系统中心"），涉及的主要部门或机构有政府、大学与企业。

这个案例中政府、大学与企业三类单位的协调与合作方式主要是，政府支持、校企协同、学生参与。政府在人才培养过程中，在经费与设备方面给予了重要支持。大学与企业发挥双方优势，强强联合进行人才培养，保障了人才质量。

由此可见，美国校企合作人才培养模式培养目标的特点为重视专业能力培养的同时，亦注重社会能力、方法能力以及个性培养，充分体现了职业教育的人才培养目标。学生不仅具备了相应的专业能力，而且与之同等重要的社会能力、方法能力与个性同样也得到锻炼与提高。

美国校企合作人才培养模式组织结构的特点为除了高校与企业之间的合作，政府起了主导作用，政府的扶持对人才培养计划非常重要。在协调与合作方式上，校企双方在人才培养计划中深入互动，共同肩负人才培养的重任。特别是企业扮演着举足轻重的角色，企业的参与对人才培养计划尤为重要。这种组织结构有利于职业教育培养目标的实现，政府、高校与企业发挥各方优势，积极主动，人才培养效果不言自明。

二、中美两国校企合作人才培养模式的培养目标异同点

中美两国在校企合作人才培养模式的培养目标方面存在以下共同点。

人才培养规格方面均强调高素质的技能型人才培养，虽然两国及不同的项目对这种人才规格的表述有所不同，如美国经常使用的表述是，复合型技能人才、复合型人才、适应产业升级转型的技能型人才、创新型人才、综合性技能型人才等；而中国方面更多使用的是，高素质的综合性技能型人才、高级专业技术人才、创新技能型人才。

在培养目标上均强调专业知识与技能（专业能力）的培养。

除了专业知识与技能（专业能力）之外，二者均强调还要培养学生解决问题能力、人际交往能力（社会能力）以及个性等。

中美两国在校企合作人才培养模式的培养目标方面的不同点。

在方法能力培养上，美国强调培养学生的自学能力、查找资料能力，学生通过自主思考解决问题，更有效地提高自身水平。同时，还强调培养学生的科研能力，突出科研工作的重要性，将产、学、研全面结合，更有利于人才的高层次培养。而中国并没有过多涉及这方面的能力培养，显得较为薄弱。

在社会能力培养上，美国更多强调培养学生解决实际问题、人际交往能力；中国同样强调培养学生解决实际问题以及人际交往能力，但在解决实际问题时，主要还是根据前人的经验进行实践，缺乏自主探讨的机会。

在个性培养上，美国更多强调培养学生个人能力，如时间管理能力；而中国更多强调培养学生的个人意识，如竞争意识、创新意识、自主意识与服务意识等。

三、中美两国校企合作人才培养模式的组织结构异同点

中美两国在校企合作人才培养模式的组织结构方面存在以下共同点。

参与人才培养计划的主要部门或机构主要有两类单位，分别是高校与为学生提供实践机会、实践平台的部门或机构。这类部门或机构不一定为单一的企业，如中国的浙江长兴农业科技园、美国的"斯坦福集成系统中心"。

在人才培养过程中，高校利用前沿科学知识作为理论支撑，企业依靠高端行业技术作为实践指导，协同进行人才培养。

中美两国在校企合作人才培养模式的组织结构方面的不同点。

在涉及部门方面，美国政府作为其中重要部门，在人才培养中发挥着引导与支

持作用。有了政府的引导，校企合作项目计划能够顺利实施，人才培养与培训基地能够成功创建。有了政府的资金与政策支持，提高了人才培养的成效，节约了人才培养的成本，保证了人才培养的质量。中国政府并没有进行过多的干涉，没能有效发挥自身职能。

在协调与合作方式上，美国的各个部门与机构之间，在充分沟通的基础上，共同确立目标，以创新方式协同人才培养。在人才培养过程中，企业积极主动，不仅为学生提供各种实践机会，帮助学生获得实践技能，还以奖学金、创业基金的形式鼓励学生自主创业。中国的各个部门与机构之间同样经过互相沟通最后达成共识，校企联合培养人才。然而，企业更多作为配合者的角色出现。

中美两国在校企合作人才培养模式方面存在差异是基于两国的经济、科技、社会文化与教育理念的不同。

在经济、科技方面，尽管历经 1929 年华尔街大崩盘的金融危机与 21 世纪初期的经济泡沫与崩溃，美国如今的经济强国地位仍然不容置疑。美国已经进入后工业化时代，第三产业迅速发展，导致整个产业发生结构性变化。"后工业化"概念由美国著名的社会学家丹尼尔·贝尔于 1973 年提出，他认为"后工业化"的主要特征为劳动力从事服务业替代了从事农业或制造业；服务经济与商品经济比较，占据了更大的市场份额；从业人员的岗位需求以专业性与技术性为优先考虑条件；社会决策提倡创造新的"知识技术"。这意味着美国的经济与科技均达到了世界的领先水平。中国处于工业化向后工业化过渡阶段，北京大学光华管理学院名誉院长厉以宁在第四届金融街论坛上发表演讲，"根据今年统计局第三季度的公报，我们第三产业的产值超过了 51%。就是说，一半以上已经是第三产业了，第一产业加第二产业占 40% 多"。中国的产业结构从劳动密集型转向资金密集型和技术密集型。从以上分析可以得出，中美两国经济、科技的发展快慢有别，所以对人才培养的要求各有不同，人才培养模式也各不相同。

在教育理念方面，美国的早期教育受到杜威"做中学"的实用主义影响。杜威建议在真实的情境中模拟教学，在教学中鼓励学生发现问题，利用教师提供的资源，提出解决问题的假设方法，再根据实际情况亲自检验方法是否可行，最后得出结论。20 世纪初中期，布鲁纳的发现学习理论对当时美国教育产生了巨大影响。所谓发现学习法，就是教师向学生提出问题后，通过引导学生，让他们搜集相关资料，主动思考，解决问题，发现并总结出其中的概念与原理。这种学习方法培养了学生的探究性思维、独立解决问题能力，学生由被动接受知识转变为主动发现问题，成为"发现者"。到了 20 世纪后期，罗杰斯人本主义提出了教育应以学生为中心，激发学生的内在潜能，使他们能够创造性地学习与生活。罗杰斯同样主张从做中学，支持学生自由探索，让学生直面社会问题、伦理问题与哲学问题等，培养他们的独立性、自主性与创造性。中国的教育主要以应试教育为主，学生接受模式化的教育。应试教育强调学生专业能力的培养，根据成绩高低筛选人才，学生通过学习获得扎实的专业知识基础。从以上可以得出，中美两国教育理念的侧重点不一样，人才培养模式也就各有不同。

第三节　美国校企合作人才培养模式对我国的启示

一、加强前瞻布局，引领科学技术与新型产业发展

大力支持校企合作是美国政府"复合型技能人才培养体系"建设工程的重要组成部分，是应对经济全球化、提高国民生活水平的战略决策。我国推进高等职业教育校企合作应深刻认识到，人力资源的竞争日益激烈、国民技能水平亟待提高，培养复合型技能人才不应局限于单间学校与单间企业的合作，要把引领与支撑未来产业发展作为校企合作的根本动力，着眼于民族复兴与全球崛起，加强组织策划，积极部署校企合作大型交叉项目、开展产业核心技术和前沿技术研究，培养复合型技能人才为战略性新兴产业的发展提供科学支撑。

校企合作的有效推行仅凭教育行政部门一力难以实现，各级政府应切实承担统筹规划之责。以"复合型人才培养体系"建设工程为落脚点，加强与学校的沟通，结合地方与学校的合作项目，与企业、学校建立长期的、稳定的战略伙伴关系。美国绝大部分校企合作屡创佳绩完全依赖白宫、各州市政府的大力扶持。2008年至今，白宫一直作为美国社区学院校企合作风潮的重要推手，作为复合型技能人才培养的强力支撑。这对我国各级政府极具启示意义。如果国务院能成为高等职业教育校企合作进程的主推手，各省、市政府积极配合，群策群力，那么我国校企合作势必获得极大改善，人才培养质量势必获得质的提高。

二、强化多元合作，发掘优势学科与产业交叉联合

三角研究园的成功依赖区域内三所研究型大学的学科专业优势以及优秀的人力

资源，而人力资源正是吸引各大企业进驻三角研究园的主要原因。三角研究园的交叉学科融合为培养复合型技能人才提供重要支撑。例如，11 个学科强项集群：医疗护理、农业生物技术、分析仪器、生物制剂与传染病、清洁技术、国防科技、资讯、互动游戏和电子学习、纳米技术、普适计算（Pervasive Computing）及制药，为高校与企业寻求合作提供了空间和创新点。目前，我国大部分校企合作的领域非常有限，基本就是根据高校的某个优势学科、专业而开展的合作。这样与复合型技能人才的培养无疑是背道而驰的。高校在深入发掘优势学科的同时，结合国家重点项目、区域支柱产业建设的发展要求，打破学科专业之间固化的藩篱，与各行各业开展复合型人才培养计划。大力构建信息交互平台与研究中心，打破高校与企业之间的壁垒，加强高校与企业之间的交流互动，充分释放人力、物力、信息与技术的最大效能，让双方将热情和信心投入到寻求合作、实现互利共赢的动机上，为协同创新搭建桥梁，为复合型人才培养奠定坚实基础。

三、积极筹措资金，创新经费投入与人才培养结合

校企合作的成败关乎高校与企业的未来发展，也关乎区域和国家创新水平的提升，归根到底就是要着眼于复合型技能人才的培养。因此，校企合作人才培养需要来自方方面面的努力和支持。如美国联邦政府为了推进社区学院校企合作的进程，实施了"校企合作专项资金"项目。2013 年，科罗拉多州丹佛社区学院（Community College of Denver）等 9 所社区学院与州内制造业企业协作开发的"助力科罗拉多高级制造业"项目获得 2500 万美元资助。除了政府的资金扶持外，还有大量的企业以及基金会等发挥重要的作用。HP、Cisco、Sun 及 Google 都是斯坦福大学的赞助者。通过借鉴美国校企合作经费筹集的经验，为切实促进高校与企业协同合作，为努力提高复合型技能人才培养的质量，我国政府应充分发挥在校企合作中的引领作用，包括发挥资金支持的表率作用，同时通过宣传造势、开发项目等有效途径，吸引更多企业加入；另外，出台针对合作项目不同环节的相关法律法规，包括保障措施、优惠政策，减少企业所需承担的风险，提高企业积极性。企业与政府形成统一阵营，主动投身于校企合作中，为复合型技能人才培养的统筹推进，夯实保证基础。

四、革新学习形式，重视实践文化与人才培养融合

只有将学术面向企业应用，使其迅速推向实践，才能真正发挥效用。文化涉及

价值观、信念、制度、行为、准则等，校企合作不是单纯的机械性合作，而是通过实践文化来培养复合型人才的内涵式合作。以项目作为"做中学"平台，培养学生实践技能与创新能力。美国麻省理工学院媒体实验室采取打破学科界限的学习组织形式，来自 MIT 实验室的研究人员认为，"人类面临的许多科学问题将无法在单独的领域里面解决，如环境问题、健康问题，必须结合生物学、计算机、思维与行为科学、化学的理解才有可能实现"。开展跨学科、跨领域的合作，才能更全面地把握事物发展的规律，更科学地填补事物发展的缺憾。我国高等职业教育校企合作应借鉴 MIT 实验室的具体做法，尝试以学生的兴趣为依据组成项目小组。例如，组织文理科学生进行实践研究，会使学生看待事物的角度发生改变，实现事物工具性与价值性的统一。同时，向学生传递"乐意做、积极做、认真做"的实践文化，鼓励学生参与团队协作，锻炼分析问题、解决问题的能力，通过协作获得项目工作的知识与技能，最终提高创造力与社会实践能力。

五、共享核心资源，实现校企共赢与人才培养统一

在市场经济条件下，企业决策者必然要有战略目光，与高校的合作必然要建立在对当前和长远利益的权衡上。高校只有充分利用对科技创新独特的信息资源以及优秀的人力资源，协助企业攻克依靠自身力量难以攻克的科技难题，获得关键核心技术，帮助企业实现高科技产品的商业价值，否则，高校对企业将失去吸引力。同时，完善激励机制，加强创建与企业联合培养人才的新机制，提升校企合作的层次与水平，实现机制与人才培养良性循环。

企业与高校的合作要做到"敢于投入、勇于投入、善于投入"。积极探索与高校共建实践基地、研发平台，实行优惠政策，吸引高校人才就业，增加企业创新活力，缩短产品生产周期。企业应树立工业反哺教育的观念，主动参与高校人才培养，充分利用对市场前沿动态灵活的掌握，使学生的技能培养与市场需求完美对接。同时，加快建立以人才培养为主体，校企紧密合作的产业技术创新联盟，增强企业的核心竞争力，实现"强强联合、协作共赢"的局面。

第七章　高校校企合作人才培养的发展研究

第一节　信息技术类高校校企合作人才培养

在世界经济竞争愈来愈激烈的今天，信息技术类产业在经济竞争中扮演着日益重要的角色。以正在进行的中美贸易摩擦为例，美国将信息技术行业中的中兴、华为等知名企业视为重点打击对象，更不惜举国家之力打击华为等领先企业，将狙击我国信息产业企业的发展视为遏制我国经济崛起的关键环节与重点步骤。信息技术类产业在国民经济发展中发挥着重要的基础性与先导性作用，而持续健康发展这一产业的关键在于人才培养，其中，信息技术类高校在信息技术类专业人才的培养上又发挥着特别重要的作用。

一、信息技术类产业及人才培养的特点

信息技术类产业属于朝阳产业，具有技术密集、资金密集的特点。在经济全球化的背景下，信息技术类产业也是产业全球化程度最高的产业之一，虽然美国占据着重要的主导地位，但由于产业供应链条很长，产业供应往往需要由分布于世界范围内多个国家的不同企业协作完成。由于信息技术类产业可以通过对工业、农业、服务业等其他产业的高度渗透，帮助这些产业提升效率、降低成本及改善效率，因此在国民经济发展中发挥着重要的作用。

但信息技术类产业也是一个高度竞争的产业，产业技术的创新速度极快。有关统计资料显示，信息技术类的专利每年增加数量超过 50 万个；由于行业内的技术更新速度很快，有关科研资料的平均有效寿命期限只有大约 5 年。摩尔定律揭示了集成电路的性能每隔 18 ～ 24 个月便能够提升一倍的事实，也充分显示了信息技术类产业的进步速度。高度进化的产业技术更新速度，给相关高校的人才培养带来了

挑战。由于这一行业内知识老化、陈旧化的速度远远快于其他行业，高校的人才培养如果不能跟上产业技术的发展与更新速度，将会给人才培养的质量带来极大的负面影响。而校企合作则应是高校了解产业发展需求、把握产业发展趋势的一条重要途径。

二、信息技术类高校校企合作对人才培养的现实作用

校企合作是高校与企业之间建立的一种合作模式，通过将高校与企业各自的优势资源有效结合、协同，在人才培养上既注重基础理论知识的学习，又注意结合产业实际的实践能力培养，最终达成适应市场变化趋势、满足市场需求的人才培养目标。在信息技术类产业更新周期加速的时代背景下，这一人才培养模式可以发挥明显的作用。

有利于激励学生的内在学习动力与创造能力。在校企合作下，高校的培养目标定位能够更好地结合市场需求与技术发展趋势。在此导向下的课程设置与教学体系能够更好地融入现实需求，更好地激发学生的学习兴趣，因而更好地激励学生的内在学习动力与创造能力。

有利于提升学生的专业能力与实践能力。校企合作的模式下，学生有更多的机会将课堂学习的理论知识用于实际的项目开发与生产活动，在实践活动中检验、巩固其对基础理论知识的掌握程度。与此同时，这些活动能更好地培养学生思考实际问题、解决实际问题的能力，通过"从实践中来，到实践中去"的正向良性循环，实现专业能力素养与实践能力的有效互动提升。

有利于解决人才培养与产业需求脱节的矛盾。在信息技术类产业高速发展的背景下，产业对人才技能的需求热点快速变换。而高校传统的人才培养模式下，往往在课程设置、人才培养体系设置上维持多年不变，很难适应快速变化的产业技术特征，并因而带来人才培养与产业需求脱节的矛盾。而校企合作通过在高校与企业间建立紧密的合作、协同关系，让高校拥有更加深入的渠道了解行业前沿需求与信息，因而有助于解决这一矛盾。

三、校企合作的电子信息类专业应用型人才培养方法

为了有效提高电子信息类专业应用型人才培养质量，我院提出一种企业全程参与高校人才培养各个环节的"校企合作的应用型人才培养模式"。企业全程参与学校包括课程教学体系的制定、教学过程的实施、师资队伍的建设、创新基地的建设

等多个环节。本模式顺利实施的关键是找到高校、企业、学生三方的结合点，实现"三赢"。

（一）创新运行机制

建立校企合作人才培养专家委员会，实行"校企互动式"办学方式。专家委员会由企业高级管理人员和校内专家组成。为了进行全面深度的合作，委员会一方面负责指导人才培养方案的制订、教学模式的改革、适应校企合作培养的教学管理制度的制定和科研合作等方面工作；另一方面负责协调学生的实习实践、企业工程师兼职在校内授课和师资培训等方面的工作。

（二）校企合作共同制定课程教学体系

通过与企业的深度交流合作，根据企业相关岗位所需要的专业能力和素养，结合本专业自身特点，明确专业培养目标和培养要求。在人才培养专家委员会的指导下，通过市场调研，由专业教师和企业工程师共同对专业课程体系进行优化。一方面根据市场需求和行业变化调整课程设置，整合课程内容；另一方面以真实项目为依据改革课程内容，引入企业工程师培训课程，从而形成以能力为核心，更符合社会需求的课程教学体系。

（三）联合建立以培养应用能力和创新能力为核心的实践教学体系

实践教学作为应用型创新人才培养的重要环节，在提高学生实践能力、创新能力和社会适应能力等方面具有无可替代的作用。由于高校和企业的不同特点，可以取长补短，建立多种形式的基地。（1）共建校外实习实践基地。本科生可以在实习基地进行短期生产实习，也可以进行以企业课题为内容的毕业设计。（2）在校内建立校企联合实验室。有效利用学校资源、企业进行适当投资，在校内建立校企联合实验室，以企业项目需求为内容完成学生实践环节。（3）设立"企业杯"学生竞赛。引导企业在学校设立"企业杯"学生竞赛，将企业中的预研课题或技术难题作为竞赛题目，不但可以充分发挥学生的聪明才智、锻炼学生的创新能力、了解企业实际需求，也可以为企业解决实际技术问题提供思路。

（四）构建"双师型"师资队伍

应用型人才培养，要求教师不仅具有较高的理论素养，还需要具有较强的实践经验和应用能力。而目前高校教师普遍没有企业一线的实践经验。构建一支结构合理的"双师型"师资队伍是应用型本科教学改革的必然要求，对提高实践教学质量起着至关重要的作用。

利用校企合作，高校一方面通过与企业开展业务培训、课题研究、挂职锻炼等方式来培养和提高教师的实践能力；另一方面，高校聘请企业中具有丰富实践经验的专家或优秀工程人员作为高校兼职教师，参与教学过程，这样可以将课程的理论知识与生产实践紧密结合，以实际工程问题进行案例教学，引入行业领域的前沿技术，促进教学内容和方法的创新，从而提高学生的综合能力和系统的工程意识。

（五）"产学研"相结合提高教学水平和质量

"产学研"相结合是校企合作的一项重要内容。通过校企资源共享，双方开展联合科研项目，一方面解决实际生产中遇到的技术难题，另一方面将科研成果向市场和产业转化，其结果又可以反哺教学，提高教师的教学水平和教学质量，并且在此基础上，企业在学校建立科研创新基地，以实际工业课题作为科研课题，吸引学生参与课题研究，培养学生的工程实践能力和创新能力。

建立科学发展的校企合作人才培养模式，是培养符合社会需求的高质量工程应用型人才的必然选择。通过校企合作，学校可以优化课程设置方案，完善实践教学体系，构建"双师型"师资队伍，加速科研开发和成果转化，提高应用型人才培养质量。企业可以将高校作为人才培养基地，有目的地培养和选拔高质量人才，减少培养成本，同时可以开展技术创新和推广，传授企业文化，增加潜在用户群。而学生可以通过校企合作，提前了解职业岗位需求，增强工程实践能力，提高职业素养和就业竞争力，最终实现高校、企业和学生共赢。

校企合作培养目前在深度和广度上与发达国家相比还有较大的差距，如何真正做到企业与教育的融合、互相补充、互相促进，是高校、企业和政府面临的重要课题。只有在多方共同推动下，建立良性合作机制，才能继续发展和深化校企合作人才培养模式。

三、校企合作模式下高校信息类专业创新创业人才培养模式

（一）转变教育理念，营造创新创业氛围

地方高校转变以前关起门来办大学的教学理念，依托校企合作，吸收 IT 类企业先进理念和市场需求信息，结合地方特色，塑造适合创新创业人才培养的校园环

境，为人才培养提供沟通、交流和学习的平台。通过企业的介入，使具有创新创业意向的学生能够实现与企业之间无障碍的沟通与交流，使学生能够了解到企业和社会的实际需求，合理调整职业规划，合理调整创新创业计划，使其更符合社会和行业需求。

积极开展"以创新创业"为主题的校园主题活动，聘请企业家来校为大学生开展各种 IT 类创业知识讲座，分享 IT 类企业家的创业故事，分享鲜活的 IT 类创业实践案例，形成以双创为主题的校园文化氛围。组织学生在 IT 类企业进行现场观摩，了解企业生产流程，实地感受创办企业所需的各种资源要素，提高学生参与创新创业实践的积极性。同时，积极开展创业计划大赛等活动，组织学生积极参加，将创新创业教育和创新创业思想融入到大学生的日常学习和生活中。

（二）校企共建创新创业实训基地

在日常创新创业课程的开展中，重点放置在提升学生创新创业能力的课程方面，着重培养学生的创新创业意识与精神素养。在大学一、二年级教学中，增加创新创业基础、创新创业训练等创新创业基础理论课程。在三、四年级的专业课程教学中，融入创新素质和创业能力培养的课程，在学习专业课的过程中潜移默化渗透创新思想、创新意识和创业精神。

比如，依托淘宝、邮政公司等企业建立电子商务实训基地，作为学生认知实习、课程设计和毕业设计的实习基地。在实习基地，学生一方面感受和了解电子商务的整个流通过程，一方面可以针对实际电子商务过程提出一些自己的想法和完善建议。同时，学生也可以依托实训中心自己开展创业或创业模拟，完成项目选择、项目设计、项目实施和演示等整个过程，将专业知识学以致用。

（三）校企共建创新创业实验班

创新创业实验班旨在把高校资源和企业资源合理组合，借助高校的科研、人才、场地和设备等优势，借助企业的技术和管理等优势，实现优势互补、强强合作。帮助学生明确未来学习和发展方向，激发创新创业的热情。

创新创业实验班为有创业意愿或创意性想法的学生了解创业所需知识、培养创业技能、搭建创业实践平台。培训的内容涉及创业政策及法律知识、创业风险管理、创业财务管理、创业融资管理、企业人力资源管理等基础知识，以及商务礼仪、谈判技巧、沟通训练、情商修炼、计划书撰写、团队文化、团队精神、核心领导力提升、团队沟通及创业素质。邀请企业家、投资人和创业培训师等精英参与授课，学生到企业参加相关的实习实训，进行创业的真实体验，切实感受企业的文化氛围。

实验班设置创客实验室，成员可以交流思想，分享经验，激发创意，深入挖掘、充分发挥大学生的创新创业潜力，让大学生的创造力和想象力得到更好发挥。

（四）完善创新创业课程体系

依托校企合作，积极开展创新创业教育的课程体系改革，使其更加适应社会需求。结合学生专业方向和信息类专业人才培养大纲要求，校企共同制定合作课程。实现创新创业教育和专业教育的深度融合，坚持专业教育对创新创业教育的支撑和推动作用。

缺乏具有创新创业精神和企业经验的师资队伍。绝大多数高校的创新创业教师缺乏创新创业思想，缺乏企业工作背景和创业历练。很多的创业团队没有专业的指导教师合理指导，学生创业缺乏科学性和持续性。

比如，针对软件开发类课程，实现专业教育和创新创业教育的有机结合。根据企业需求，针对人才培养的各个阶段，设置对应的专业课程和创新创业课，在学习专业课的过程中不断培养学生的创新创业意识，提高创新创业能力。将软件开发课程分为基础课、专业基础课和专业方向课三个阶段。在基础课阶段主要学习程序语言等专业课，同时系统学习创新创业思维锻炼的课程。在专业基础课阶段主要学习数据结构和数据库等课程，同时系统学习创新创业的方法相关课程。在专业方向课阶段，主要学习软件工程等课程，辅修创业课程。

同时，课程教学过程中应该进行教学方法改革，以提高教学效果。比如，采用案例分析法和模拟场景法等教学方式，使教学具有更强的实用性和实效性。在课程教学过程中，营造独立思考、自由探索的良好环境，培养学生勇于实践、敢于创新和勇于创业的精神，培养学生善于发现问题、分析问题和解决问题的能力。

（五）校企合作加强双师型师资队伍建设

教师是教育事业发展的基础，是提高教育质量的关键。师资队伍建设是校企合作模式下创新创业教育的基础，对创新创业教育的成败发挥着不可替代的作用。

坚持"请进来，走出去"原则，加强对教师队伍的建设。首先，聘请 IT 企业创新型企业家或者工程师来校讲学，担任讲座教师、兼职教师或实践指导教师，分别以专题讲座、授课或实践指导的形式为师生传授知识。其次，高校选送骨干教师外出参加各种创新创业教育培训，有计划、分批次选派年轻教师深入合作企业进行挂职锻炼，提升自身素质。同时，学校组织学者、专家定期来校对在职教师进行

IT 新技术培训，开阔教师视野，转变教师教学观念，更新教师知识结构，保持与业界和市场同步发展。

通过这几种方式的不断培训和学习，提升教师从事高等教育工作的能力，增强创新创业的意识，开阔教育思路，进一步激发教师进行创新创业教学改革。

（六）校企联合开展科技创新竞赛

设立由企业冠名的科技创新竞赛，资助学生创新创业团队，如程序设计大赛和 APP 大赛等。校企双方协商确定设计主题和比赛规则，使竞赛题目"真题"化，保证竞赛题目取自现实社会和行业亟待解决的真实课题，竞赛中所使用的技术跟上时代发展步伐。动员广大学生积极参加，鼓励组建团队吸纳志同道合的学生参与，培养学生的团队精神。

通过科技创新竞赛的参与，培养学生创新能力和解决实际问题的能力，进一步优化人才培养过程，提高高等教育教学质量。

（七）校企联合开展技术攻关

鼓励高校教师积极主动了解企业生产需求，申报企业设立的横向项目，联合企业进行技术攻关，解决企业发展中存在的技术难题。同时，鼓励高校教师结合自身特长，与企业联合申报政府设立的科技攻关项目，解决社会发展、经济发展中的一些技术难题。

通过项目的申报和实施，培养教师和学生的科研能力、实践能力和创新能力。

（八）校企共建创业孵化基地

创业孵化基地是在政府支持下，通过多方投资市场化运作，校企联合建立。基地为大学生创业者提供经营场所、配套公共设施和相关创业服务。

创业孵化基地重点扶持大学生的创业项目，遴选具有市场潜力的项目入驻基地进行孵化。为保障项目的正常运作，出台项目管理办法和考核制度，保证各个阶段按照流程顺利进行，主要包括项目申报、中期考核、结题审核和成果鉴定等环节。通过项目孵化，使学生充分感受市场氛围，深刻了解创业流程，全面提高学生创业实战水平，孵化出具有创新理念与市场竞争力的创业项目。

作为我国当前高等教育人才培养的一种类型，校企合作是培养当今社会急切需求的应用型人才的一种重要方式，是建设创新创业教育体系的一个重要途径，在创新创业人才的培养上发挥着非常重要的作用。

希望通过本节的研究，能够为我国各高校的校企合作、创新创业人才培养、专业建设提供一些参考和借鉴，培养优秀的应用型人才。

第二节 "双创"中外高校校企合作人才培养

李克强总理在 2014 年夏季达沃斯论坛上第一次提出了"大众创业、万众创新"的理念，随后"大众创业、万众创新"出现在 2015 年的政府工作报告中。自此，"双创"和"双创"教育在我国拉开大幕。大力推进大学生"双创"教育，对于促进高等教育科学发展、深化教育教学改革、提高人才培养质量具有重大的现实意义和长远的战略意义。地方高校作为我国高等教育的重要组成部分，要严格按照国家教育理念的要求，主动加快转型升级，以服务地方经济发展为依托，培养适应社会需求的技术技能型创新创业人才。因此，构建地方本科高校"双创"教育人才培养机制迫在眉睫。

一、"双创"在地方高校转型发展中的战略地位

第一，"双创"教育是地方高校转型发展的内在要求。袁贵仁曾指出，高校"转型的关键是明确办学定位、凝练办学特色、转变办学方式，把办学思路真正转到服务地方经济社会发展上来，转到产教融合校企合作上来，转到培养应用型技术技能型人才上来，转到增强学生就业创业能力上来"。随着经济形势的变化，大学生就业难与区域经济社会发展所需的应用型、复合型人才紧缺的矛盾愈演愈烈。地方高校通过校企合作、产教融合加强"双创"教育正是解决这一矛盾的有效路径，也是高校转型发展的内在要求。

第二，"双创"教育是培养应用型人才的必由之路。地方高校转型发展必须以"应用型"为办学定位，而培养应用型人才就必须开展创新创业教育。"双创"教育重在培养学生的实践应用能力，具有显著的实践性和应用性。因此，地方高校转型发展和创新创业教育的落脚点就是要培养应用型、技术技能型、创新型人才，提升学生以应用为驱动的创新能力，满足地方对多元化创新型人才的需求。将"双创"教育作为推进地方高校转型发展的切入点和突破点，是培养适应地方经济社会发展需求的应用型人才的必由之路。

第三，"双创"教育是提升学生就业能力和创业能力的助推器。近年来我国高

校毕业生的就业状况不容乐观，尽管这与经济社会产业发展的人才需求变化有一定关系，但最主要的原因还在于很多地方高校培养的毕业生综合素质较差、就业创业能力薄弱，不能很好地适应当今社会发展的需要。因此，地方高校在转型发展过程中，务必将创新创业教育纳入人才培养的全过程。

在"大众创业、万众创新"的时代背景下，校企合作既是高校转型发展的重要途径，也是创新创业教育的必由之路。地方高校和企业全方位、多角度的合作，不仅能为大学生创新创业提供更多的实习实训机会，为实践教学提供良好的平台，也能获得一定资金支持，弥补学校实验设备短缺的不足，更能为学生创新创业提供技术指导、业务咨询等方面的服务。

二、"双创"人才培养工作存在的主要问题

当前高校"双创"人才培养工作主要存在以下问题。

第一，对"双创"教育重要性认识不够。随着我国将实施大学生创新创业教育作为创新型国家建设、高等教育育人模式改革的一项重要举措，"双创"教育逐渐得到大家的重视。但是，一些地方高校对"双创"教育的意义与重要性认识还不到位。甚至一些教育管理者认为"双创"教育是针对少数大学生的创业实践和就业行为，忽略了"双创"教育对人的综合素质和能力的提升以及职业品格塑造的根本作用，忽略了对学生创新精神和创业理念的培养。

第二，目标导向不明确。如今，"双创"教育已经引起社会各界的广泛关注，但是很多地方高校开展"双创"教育的目标导向不明确，影响了"双创"教育水平的提升。教师方面，因缺乏有效的激励机制，导致其带领学生创新创业的动力不足；学生方面，因学校不重视创新创业能力的考核，导致其自身创新创业的积极性不高。

第三，"双创"教育的师资力量较薄弱。"双创"教育的落实关键在教师。目前，我国高校创新创业教育教师队伍不仅数量不足，而且知识结构不能满足创新创业教育多学科结构的要求。在很多地方高校，从事"双创"教育的教师主要是通过KAB、SYB等短期培训转型的，因而"双创"教育的授课内容往往偏重理论，纸上谈兵较多，缺乏创新创业实践经验的支撑与指导，很难提高学生的积极性。

第四，"双创"教育课程体系不健全。目前，多数地方高校的"双创"教育还只是引入了一些创新创业、职业规划类课程，课程内容局限在对创业方法、途径、技巧的讲解层面，缺乏严谨性和系统性，没有形成相互渗透，贯穿于教学过程各个环节的课程体系。诸多高校创新创业教育通常只是作为学生职业生涯规划的一部分，没有形成专业的课程体系，尤其是在课程安排与教学内容方面缺乏明确的专业

定位。

第五，"双创"教育载体建设不均衡。相比学术型高校，地方高校在创新创业教育方面起步较晚，资金投入有限，缺乏结构合理、功能互补的"双创"教育载体群。

三、校企合作完善"双创型"人才培养的探索

河北科技大学是河北省重点建设的多科性骨干大学，坚持区域性、应用型的办学特色定位，坚持大力深化教育教学改革。随着国家京津冀协同发展、"一带一路"和雄安新区建设等重大战略的部署，作为京津冀一体化区域中的骨干地方高等院校，我电气学院在服务区域经济发展特别是校企合作进行"双创型"人才培养进行了一系列有益探索。

"双创型"人才应具有扎实的知识根基和较完备的知识结构；具有良好的自主学习、再学习的习惯和能力；具有创新创业意识和坚韧不拔的精神、意志；具有敏锐的洞察力、独到的思维方式，善于判断和把握机会；具有高超的创新能力，实践、实施和拓展能力；具有优秀的团队精神、合作能力和社会竞争力。如何在学校向应用型高校转型的同时，结合"双创型"人才培养模式进行探索，我院在以下三个方面进行了改革。

（一）企业参与"双创型"人才培养方案与课程体系的完善过程

"双创型"教育旨在培养大学生的创新思维、创业意识和实践能力，不是创新型教育与创业型教育的简单叠加。如何结合河北省经济发展目标科学定位，是电气类专业"双创型"人才培养目标制定的关键，我院在培养方案优化过程中，针对京津冀区域发展特点，结合我省产业升级趋势，突出以创新创业能力的持续成长为核心，集理论教学与实践训练为一体，培养专业基础和专业能力，同时融入行业应用能力的系统化训练，培养能够有效服务于区域经济发展的人才。

在培养方案的优化过程中，我院积极引入企业参与机制，通过企业技术负责人与专业对接的形式，共同讨论适合"应用型"人才培养需求，同时能够拉动我省区域经济发展的地方高校培养方案。由企业从用人单位角度提出对人才知识结构和能力的需求，并参与到培养方案和课程体系的优化细节当中。

学院和专业依据"厚基础、宽口径、多方向、强应用"的原则，重新构建理论课程和实践课程并重的课程体系，实现课程体系从"理论理解能力"向"反思实践能力"转变。在理论教学方面，突出重点专业课程的核心地位，兼顾专业能力与创新创业能力的培养。将工程训练贯穿整个学习过程，根据电气类的专业特点，构建

认知实践、基础实践、综合实践和专业实践四层次树状实践教学体系，并依据各层次实践环节的特点，有效实现校企结合，聘请企业高级技术人员作为校外导师，参与到日常教学特别是实践环节中。

我院还进行课堂教学组织形式改革，开展工程任务课程化、教学任务工程化的教学模式，通过与校企合作和校外实习单位等多渠道引入工程实践职业环境，通过课程相关的实验、上机和课程设计等实践环节加深理论学习和提高实践技能，与此同时，通过学生实际解决工程问题，提升创新创业的自信心与综合素养。

创新创业教育的主要过程是培养学生创业基本素质和开发创业能力，使学生全面具备从事创业实践活动所必需的知识、能力及心理素质，因此对课程间的知识体系梳理和衔接提出了更高要求。我院根据课程之间的内在关系，将电气类专业的电学类、控制类、传感器类、光学类、机械类、行业知识类和实践环节类七类课程以知识递进的逻辑关系进行课程地图的逻辑规划，实现课程体系的整体优化组合。在完善课程体系的基础上，提高企业在行业知识类和实践环节类的参与比例，并通过学生管理机构的职教类课程人员有机配合，通过校外导师参与专业课程讲解、企业专家指导学生毕业设计和实践竞赛等环节，给学生传授创业实践的经历，让学生在课堂上就能直观了解企业工作的特点，有效提高了学生的专业核心技能，并有益于学生在心理上为创新创业做好准备。

（二）校企合作共建"双创型"人才培养实训基地

在国家实施"中国制造 2025""雄安新区""一带一路"等重大发展战略的大背景下，河北省也明确了建立"全国现代商贸物流重要基地、产业转型升级试验区、新型城镇化与城乡统筹示范区、京津冀生态环境支撑区"的功能地位，不仅为我省加快转型发展、创新发展指明了方向，也为我院电气类人才培养目标指引了新的目标。只有培养科学基础深厚、工程能力强、综合素质高的工程科技人才，才能为区域经济转型发展提供有效支撑。

深度开展校企合作实训基地的建设要分层次开展：首先，要探索高校与企业的价值融合，形成校企之间的合作共识，对实践教学基地的功能、定位、属性、建设原则、建设要求、建设思路、建设标准等进行深入研究与实践；其次，尝试实训基地运行新模式，依据调查—研究—实践—再研究的思路，将企业文化和创新创业思想引入教学，结合开放实验室管理制度和导师制度，形成校企既分工又合作的全方位、全过程、多层次合作的运行模式；再次，利用校企合作实训基地对应用型高校师资队伍进行优化，加大对中青年教师培养的力度，积极鼓励教师服务企业、进入企业兼职锻炼，增强教师创新创业意识和能力；最后，探索和应用校企联合办学模式、实习基地模式，使学生真正实现学校和企业的"零对接"，完成学生向企业技术人员的角色转变，提高学生实践能力和创新创业能力。

1. 基于校企深度合作的实训基地对师资队伍的提升

培养"双创型"人才的关键是师资队伍，"双创型"培养目标对教师提出了新的要求，不仅要具有良好的职业素养、专业知识，更要具备扎实的实践技能，能够不断学习新技术，同时应用于教学过程中。适应"双创型"人才培养的教师还要具备创新创业的教育观念，能够将科研和教学紧密融合在一起。此外，还要具备独特的人格魅力，吸引学生参与到教师指导的创新创业活动中。我院在学校一系列鼓励教师参与工程实践和知名高校访学的政策上，开展了适用于电气类专业的教师培养工程，提升现有师资队伍素质，激励教师成功转型。

高校教师工程实践能力的欠缺，既影响教育教学活动开展，也限制了教师自身科研活动的深入进行。我院建立和完善有关教师工程实践能力培养的激励、约束、考核机制，要求新入校的青年教师按照师资队伍建设的需要，必须经过半年至一年的工程实习锻炼。并且，工程实践不是一次性的，对专业有关教师都要求定期地参加工程实习经历并提交实习报告。同时创造更多条件，持续增加校企合作的力度，结合河北省特别是石家庄周边的知名企业，先后建立产业孵化基地和实训基地，2016 年以来，我电气学院结合区域经济发展优势力量，先后与省内外 11 家知名企业签订了实践基地协议，支持教师特别是青年教师有计划、有侧重地到相关行业实习，积累工程实践经验，把理论知识与生产实际相结合，完善知识、能力、素质结构，及时了解行业的新技术、新成果、新工艺。鼓励教师与企业联合承担各类横向、纵向科研课题，在促进科研成果转化为生产力的同时，密切了高校与企业的联系，教师获得了实际工程的锻炼。

2. 校内外实训基地的建立和有机配合

河北科技大学拥有良好的学生创业训练平台，如我校建立的飞翔创客空间、大学生就业创业实践基地等，在现有平台的基础上，结合"双创型"培养方案，以校企结合的形式开放具有鲜明电气专业特色的学科平台。目前，已开放飞行器设计、机器人设计、电机控制与设计等专业创新平台。此外，我院也建立独立的大学生科技创新活动实验室，组织专人进行管理与培养，为学生创新创业活动提供了有效支持。在校内各类实践基地中，以职业技能训练为主要内容，以实践创新创业能力的培养为目标，采用教师指导、学生主动参与为主要教学方法，是学生将知识转化为能力、理论应用于实际的重要渠道。

除了建立校园内的实践基地外，我院还制定政策积极将应用型本科生"推出"校门。我国经济体制的持续改革对大学生的综合素质提出了更高要求，需要高校培养的能力和企业的实际用人需求之间高度匹配，这一需求不仅对学校教学改革提出了新要求，也为新形势下的校企合作提出了更高的目标。除了由企业深度参与培养目标与课程体系的优化过程外，从人才培养需求分析出发，我院结合地方高校特色，深入、全面进行校企合作人才培养，探索和完善应用专业类学生分类培养的模式，将学生按照考研和就业意愿，在本科阶段后期，分为学生完全进入企业培养和在学校开展学习并由企业和学校老师共同培养两种形式，对应用技术类学生的两种情况分别设计最适合的相应教学环节和评价体系。

（三）校企合作开展实践教学"第二课堂"

"第二课堂"在教学组织的灵活、管理的开放、资源整合的广泛、资源配置的自主等方面凸显它的优势，是"双创"教育的有效途径和载体。"第二课堂"较少受时间和场地的限制，更注重的是实践和运用。学生在实践活动中，团队的组成及能力的培训过程跨学科、跨专业，知识交叉、渗透互补，具有综合性；运作过程中，有分工、有协作，取长补短，能力互补，凸显团队精神；与社会接轨较为紧密，有助于提高学生社会化程度；为学生提供了自由的思维空间，能够创设一种特殊的文化环境来实现"环境育人"的功能，达到"第一课堂"以外的教育目的和效果。

我院与相关企业建立了长期的实习机制，将"第二课堂"延伸到企业中，组织电气类专业学生在不同企业进行不同层次的实习实践活动。先后与河北电机股份有限公司、石家庄裕华热电有限公司、中节能环保能源有限公司、石家庄科林电气股份有限公司等电气类相关企业开展实习。这种实习活动摆脱了以往参观为主的走马观花式教学，而是组织学生参与到教师与企业合作的科研项目中，或者安排学生进行企业内部的个性化实习和顶岗实习。这种教育目的和效果将潜移默化地影响学生，并逐步内化为学生的素质，增强学生的求知欲望，激发学生的"双创"意识和思维，提高学生的"双创"能力。

为保证"第二课堂"的影响力深入到全体同学中，我院每年都组织一系列院级电子设计大赛、节能环保大赛及"创新创业"大赛等竞赛环节，逐步建立以专业教师和企业导师为指导的学生梯队，在学生中宣传创新创业思想，鼓励学生在理论学习的同时积极投入实践。以竞赛为依托，以专业教师和企业专家指导为助力，以获奖为激励，有效激发了本科生参与创新创业活动的兴趣，个人能力也显著提升。我院每年在国家级、省级各类实践竞赛中均获得优异成绩，学生参与创新活动积极性高涨，也培养了一系列真正具备"双创"能力的专业毕业生。

高校作为创新创业型人才培养的主要基地，在培养具有创新创业能力的"双创型"人才方面具有不可推卸的责任。本节内容旨在结合业界对电气类专业人才的需求规格，从构建以能力培养为导向为出发点，阐述了河北科技大学电气工程学院在"双创型"人才培养过程中与企业深度合作的系列举措，通过与企业联合，搭建多元化人才培养平台。结合我省区域性和电气专业性的特点，探索和应用校企联合办学模式、实习基地模式、项目合作模式等，达到提高学生实践能力和创新能力的培养目标。未来还会不断总结、推陈出新，真正深化校企合作并将"双创型"人才教育落到实处。

第三节　校企合作背景下高校金融人才的培养

一、校企合作模式下金融人才培养的现状及问题分析

（一）校企合作机制不健全

与传统金融企业相比，互联网金融企业在进行风险控制和提供行业服务时，巧妙地运用了互联网的管理技术和互联网的服务思维，这种超越传统金融企业的管理及服务模式，要求互联网金融的从业者必须兼具传统金融专业的理论知识和互联网领域的工作思维模式。

目前的校企合作教育机制中，实践教学和理论教学两个环节不能有效地进行衔接。大多数高校学生都是在学校学习了相关理论知识后，再由学校分派到互联网金融机构的相关岗位上进行实习，学生在接受理论知识的过程中，没有对金融企业的岗位及人员素质需求进行相关了解，无法学以致用。而在互联网金融的实际工作中，能够胜任互联网金融岗位的职员，既需要掌握综合金融专业知识，又必须熟悉互联网金融行业的详细工作流程、工作标准及行业服务要求。

由此可见，人才的教育培养与实际需求相脱节。学生在高校接受的教育，主要是缺乏实际针对性的金融专业理论教育，缺乏金融企业对人才培养的良好介入，校企合作教学机制不完善，学生毕业后无法快速适应并操作实际的互联网金融业务。

（二）金融实践教学体系不完善

随着金融企业向互联网转型，高校也认识到金融专业的高等教育急需向应用型转型。但是，在学校与金融企业进行合作教学的实际过程中，学校和企业均忽略了双方共赢的局面，对于双方共同的利益和目的欠缺考虑，高校的金融实践教学体系并不完善。

学校在培养学生时比较注重学生专业知识的专一性、基础性，而互联网银行及互联网券商这样的企业偏重于招收综合水平比较高的工作人员。当理论教育与实践教育脱节时，会出现以下两种情况：一是部分学习网络技术专业的学生，虽然在互联网技术方面的工作比较娴熟，但是在金融专业知识方面比较欠缺；二是部分学习金融专业知识的学生，在金融理论知识方面比较有优势，但是在计算机网络操作方面不够成熟。

（三）高校教师的实践应用素质欠缺

目前，许多高学历的青年高校教师，都是从学校毕业之后直接走向高校教育的工作岗位，虽然具备扎实的理论知识，但是缺乏丰富的实践经验。而从企业外聘的导师虽具有深厚的实践工作经验，但是金融理论知识不过关。因此，僵硬的用人机制制约了师资力量在实践与理论方面的合理衔接，高校教师普遍缺乏实践应用素质，导致高校在进行校企联合的实践教学时，教学目标和教学定位不准确。

二、校企合作构建互联网＋金融的人才培养模式

（一）共建专业

互联网的出现加速了金融行业产业结构的重建和升级，在该种背景下，高校对金融专业学生的培养模式也需做出相对应的改变。然而这种转变并不能简单地通过对一些课程的调整或是增添相关的专业术语来达到改革的效果，而应当根据现有的行业需求去系统地调整人才培养方案，包括理论和实践课程的转型升级。面对该种挑战，单纯地靠高校的力量是很难完成的，这就需要企业和高校共同合作，协同建立新专业。"互联网＋"校企共建专业需将大数据等互联网技术用于预测企业的用人需求、动态地调整专业设置和培养方案，使得改革符合企业的用人标准。具体来说，通过校企的深入合作来熟知行业未来的发展对人才的具体要求，明确高校人才培养的目标，围绕此目标来更新专业和课程设置，并依托大数据分析来寻找具有发

展潜力的金融方向。在挖掘新方向后，由校企双方对培养方案进行共同修订，针对需求系统地设置课程体系和内容，突出金融专业应用型的特点。

（二）共培师资

基于互联网的发展，高校教师也应及时转变教学理念，学习互联网知识，培养互联网思维。高校教师可与企业合作，积极探索并尝试微课、慕课和翻转课堂等教学手段，以激发学生的兴趣和提升教学效果。在课余时间，高校教师可与金融企业建立 QQ 群和微信群，共同探讨行业的实际发展状况、金融热点和经济政策等话题，提升双方对金融知识的认知。另外，高校教师可进入金融企业调研或是体验相关金融岗位的工作，熟悉该行业的操作流程，提高自身的实践教学能力。金融企业也可派相关职员到高校兼职教学工作，成为学生实践课程和就业方面的导师，以提升学生的实践能力。

（三）协同教学

为丰富教学形式，提高实践教学效果，校企双方可以依托互联网建立在线学习平台、远程教学和顶岗实习动态管理系统。线上教育在现阶段非常流行，该方式可为学生提供自由自主的学习机会。金融企业和高校可共同出资打造在线学习平台，该平台资源既融合金融专业的理论知识，同时也提供金融企业日常工作中的实际操作流程和视频。这些资源可让学生通过点击下载的方式保留，为金融专业学生的自主学习创造了条件。此外，实践课堂还可通过远程教学的方式体现，将金融岗位的具体操作流程向学生进行情景再现，同时高校教师可向学生进行解说，在遇到不明白的问题时可随时讨论交流，以此提高学生的课堂积极性和操作技能。在学生实习阶段，校企双方可建立顶岗实习动态管理系统，用于管理和指导学生实习，避免学生出现态度懒散、不认真的情况。

（四）共促就业

人才培养的最终目的就是能够符合行业需求，因此，校企双方应共同努力培养高素质人才，提高就业的比率。如校企双方可加大推行互联网＋大学生创新创业活动，对大学生的互联网和创业思维进行培养，发掘优秀人才和项目，以及对比较好的项目提供资金支持，推动项目的开展。另外，高校可定期邀请金融或互联网等企业进入高校开展创新创业论坛，多角度、多层次地为师生分享经验和想法。同时，可聘请这些企业家作为高校创新创业的导师，指导学生开展创新创业项目。此外，高校也可和企业合作利用互联网技术建立孵化基地，为大学生提供真实的就业模拟环境，提前体验金融行业的岗位，并根据日常的训练逐渐形成岗位体验库和职业技能评估报告。这都是提升就业率的创新方式。

三、"互联网＋"金融人才培养模式的实施路径

（一）培养互联网思维

随着互联网技术对金融行业的渗透和融合，高校对金融专业的人才培养理念也应随之改变，应将互联网思维纳入日常教学中，强调互联网和信息化技术的重要性。因此，要求学生不仅要掌握牢固的金融专业的理论知识，而且要重视计算机的考级，掌握互联网知识，使其满足现阶段金融行业对人才的需求。

（二）提升金融专业教师的信息化教学水平

现在大多数高校金融专业的教师仍注重于对于金融专业理论知识的讲解，而对信息化技术掌握甚少，无法在课堂上真正地做到将互联网和金融知识进行深入融合。所以，各高校应加大对教师信息化培训的力度，考虑到每个教师掌握的程度不同，高校需做到个性化且分层次的培训。并将教师的学习情况计入年终考核和职称评定，避免教师在培训中出现敷衍、不认真的态度，最终使得高校教师较好地掌握相应的技术。这样可让教师在教学的过程中充分利用互联网手段丰富教学内容和教学形式，对学生进行线上和线下培养，进一步提升教学效果。

（三）建设与"互联网＋"相配套的教学资源

随着"互联网＋"在教育和金融方面的应用，高校需改革原有的教学资源和环境，以适应现代教学的要求。在人才培养方案的设置上，根据现实需要，应添加互联网金融和计算机网络等相关课程，并增加这些课程在实践环节的学时。在专业课程建设上面，除传统的纸质材料外，应建设与之相对应的电子资源平台，包括电子课件、案例库、微视频、重难点 Flash 动画、试题库和在线测试等。现在市面上有些教材提供了二维码，师生用手机扫下二维码就可获得相关知识点的介绍和案例等，为学生的自主学习做了良好的铺垫。因此，高校可借助互联网平台将教学资源数字化、立体化地展现给师生，促进金融专业教学的改革和教学质

量的提高。

（四）加强校企双方的深度合作

由于高校受经费和办学条件的制约，想要建设一系列与"互联网＋"相配套的教学资源是比较困难的，这就需要企业积极、深入地参与到高校的信息资源建设和日常教学中来。校企双方可共同研究互联网技术和金融市场的发展趋势并制订相对应的人才培养方案，且建立配套的信息资源平台，将互联网技术充分地应用到金融专业的教学上。此外，校企双方也应通过孵化基地、校内外实训基地、"互联网＋"大学生创新创业平台、远程互动教学平台等建设来加强对学生实践操作能力的培养。

互联网技术的出现极大地改变了我们的生活方式和生活习惯。因此，高校也应顺应时代的变革，充分地利用该技术进行金融专业的教学改革，全面提高师生素质。基于此目标，高校需加强与企业合作，不断地寻找和挖掘创新的合作形式，建立新型的合作关系，共同培养泛金融人才。

第四节 校企合作下的高校创新创业人才培养

近年来，随着"大众创业、万众创新"口号的提出，我国创新创业发展取得了里程碑式的进步。从教育部门公布的数据来看，我国高校毕业生人数不断增加，2015 年约为 727 万，2016 年达到了 765 万，2017 年增加至 795 万，就业形势越发严峻，在这一背景下，很多大学生走上自主创业的道路。基于此，校企合作培养创新创业人才的意义更加重大，不仅要从行动上帮助学生提高实践能力，更要从思想上帮助学生培养创新意识，进而从整体上提高社会创新能力。

一、校企合作模式下高校创新创业人才培养概述

在校企合作模式下，学校和企业结合双方优势，学校为学生提供理论知识基础，企业则为学生提供将理论应用到实践的机会，二者共同培养创新创业型人才。从教育模式上来说，校企合作教学是对传统教学模式的创新，弥补了传统教育方式对学生实践能力培养的不足。

校企合作教学重视培养学生的创新能力和实践能力，创新创业人才培养就是从

这两个方面出发。创新是一个相对概念化的过程，即在某种环境下，突破固有的思维模式，对现有事物进行改造或发明新的方式方法；创业则更倾向于实际行动，主要是从经济的角度来定义，是一个人在发现商机并实施后创造经济价值、获取经济利益的行为。创新与创业是相辅相成的，创新是创业的源头，创业则是创新的结果。

校企合作模式下高校创新创业人才的培养需要结合社会发展需求与高校和企业的具体情况，力求对高校和企业的教育、实践资源进行最大化利用，建立"以学生为主体、以创新为目的"的人才培养体系，摆脱传统教育模式下的填鸭式教学，充分激发学生的主观能动性，为社会培养真正需要的人才。

2015 年 5 月，国务院办公厅印发了《关于深化高等学校创新创业教育改革的实施意见》，指出："各地区、各高校要落实立德树人根本任务，主动适应经济发展新常态""加快培养规模宏大、富有创新精神、勇于投身实践的创新创业人才队伍"。意见明确的 9 个重点任务中，仅靠高校自身完成，既不符合现实情况，也不符合逻辑关系，需要企业参与。

二、创新创业教育的理论基准

创新创业教育是创新创业人才培养的核心，只有将创新创业教育的概念剖析明白，才能有的放矢，谈论如何进行创新创业人才的培养。东北师范大学的学者用多篇文章不同角度论证了此概念。在《光明日报》2013 年 3 月 14 日第 011 版，张澍军论述了"作为理念和模式的创新创业教育"，总结起来为，创新创业教育以培养创新精神、创业意识和创业能力为基本价值取向。王占仁分别在 2012 年 3 月、2015 年 5 月、8 月发表文章阐述"广谱式"创新创业教育，通过与相关概念释义对比，推论出广谱式创新创业教育体系建设的全覆盖、分层次和差异化三个基点：面向全体学生开展，目的是提高创新意识、创业精神与实践能力；对有意向创业的个体化培养，提高实战技能；"嵌入"专业教育中。创新创业教育的四个层面的体系架构："通识型"创新创业启蒙教育，与相关专业结合的"嵌入型"教育，"专业型"创业管理教育；"职业型"创新创业"继续教育"。创新创业教育中亟待破解的问题是，无法与专业教育有机结合，把创新创业教育当成"老板、企业家速成班"，在施行中有"创办企业论""第二课堂论""多数陪榜论"等内涵窄化现象。并在 2016 年3 月展望了创新创业教育学科化的发展趋向。

三、构建高校创新创业人才培养质量评价体系的原则

（一）科学客观原则

科学、客观是构建创新创业人才培养质量评价体系所要坚持的首要原则。第一，要对高校学生的心理特点和认知需求有科学客观的认识，从而摸索校企合作模式下高校创新创业人才培养的规律；第二，要对社会所需人才的特点和要求有科学客观的判断，从而培养社会真正需要的人才。因此，校企合作模式下构建高校创新创业人才培养质量评价体系，必须从实际情况出发，注意评价指标选取的科学性与合理性。

（二）全面立体原则

创新创业人才培养质量评价体系必须坚持全面性原则，通过层次化指标构建立体的评价体系。为了对人才培养质量有一个综合全面的评估结果，需要多角度、全方位地制定评价指标，构建层次化指标体系。

（三）系统设计原则

高校和企业在进行人才培养质量评价时，可以借助不同的指标，但需明确各个指标之间并不是完全独立的，高校和企业在评价过程中是不可分割的整体系统，明确人才培养质量评价体系的构建是一个系统化的过程，遵循系统设计原则。

（四）动态发展原则

人才培养是一个动态化的过程，因此在建立人才培养质量评价体系时也应坚持动态原则，用发展的眼光看问题。与高校不同，企业面对的市场环境瞬息万变，坚持人才培养质量评价的动态发展原则，能够更加真实地反映校企合作模式下人才培养的动态变化。

综上所述，为了适应社会经济和科学技术的发展速度，满足当前市场产业结构转型发展的需求，必须不断加快对高校创新创业人才的培养，为社会输送更多高素质创新创业人才。校企合作模式结合了企业和学校的双重特点，帮助培养学生的创新意识和实践能力，目前我国很多高校都与企业建立了合作，但双方在人才培养的方式方法上仍有一定的差别，导致不能完全发挥出校企合作教学的优势，因此，在构建人才培养质量评价体系时，要本着科学、全面、系统、动态的原则，明确人才

培养目标，建立协同机制。

四、高校校企合作创新创业人才培养方法

高等院校在开展教育工作时，校企合作的有效落实是培养创新创业人才的重要保障，相关人员需要对其进行深入分析，确保能够高度适应现代"互联网＋"环境发展需求，强化学生创新创业能力，确保学生能够更为高效地参与创新创业，提升学生整体素质，为了进一步明确高等院校如何更为有效地培养创新创业人才，特进行本次研究工作。

（一）科学改进课程体系

在现代互联网＋环境下，高等院校需要对其教育教学观念进行科学转变，对其传统人才培养模式进行有效突破，遵循人才成长规律和教育教学规律，进行创新创业课程的合理构建，确保能够使其教育教学工作培养更多的创新创业人才。首先，需要针对创新创业教育设立专项教育课程，确保能够对相关行业发展，对其课程教学造成的影响得到有效突破，在课堂教学中合理融入国际学术前沿和学科发展脉络，确保能够对学生进行创新性思维的科学培养，进而对其创新创业灵感进行有效激发，并将其合理纳入学分管理。其次，需要针对创新创业教学，设立学科课程，为了更为高效地培养创新创业人才，高等院校需要对其多学科进行有效综合，确保能够合理构建跨学科课程，使其学科课程体系具有丰富的内容。在学生完成课程学习之后，授予对应的学科证书。与此同时，高等院校还需要针对创新创业设立大讲堂，可以聘请行业尖端人士来校开设讲堂，大讲堂的科学开展，可以使学生和业界人士近距离接触，进而使其进一步明确创业的艰苦历程，对学生进行创新创业精神的科学培养。最后，需要对其教学考核方式进行合理创新，进行在线学习平台的合理建设，确保学生能够与教师以及学生之间进行更为有效的交流合作，科学应用翻转课堂，进行服务式、参与式、讨论式和启发式教学，确保能够对学生学习兴趣进行有效激发。同时还需要对其考核方式进行科学改革，引导学生进行自评和互评，确保学生能够合理应用课堂所学知识，对其知识应用能力进行重点考查。除此之外，还需要引进海外优质课程，确保能够对其教育资源和教育经验进行合理丰富，进而对学生创新创业能力进行更为有效的培养，或者使其能够高度适应各种文化环境。

（二）强化师资队伍建设

高等院校在进行创新创业教育时，教师专业素质对其整体教学效果具有很大的

影响，地方高校如果想要更为高效地实施创新创业教育，需要合理配备专业教师，确保学生在参与创新创业时，能够迅速抓住市场方向，从而实现成功指数的有效提升，确保学生在创新创业方面具有更大的动力。首先，需要对教师创新创业搭建实践平台，确保专业教师能够深入行业企业进行挂职锻炼，鼓励教师对学生创新创业进行有效指导，同时还需要基于产学研结合进行科技成果处置的合理完善，优化收益分配机制，确保创新创业教师可以对专业知识进行更为高效的应用，科学转化科研成果，进而对其实践经验进行有效的拓展。其次，还需要针对创新创业教育，建立考核激励机制，在教师绩效考核、岗位聘用和职位评聘等方面合理融入创新创业教育，同时还需要针对教师创新创业教学设立专项奖，并为创新创业教育筹集大量的基金，有效激励在创新创业教育方面做出突出贡献的教师，确保能够对教师利益进行有效的保护。最后，需要对创新创业教师加强能力培训，高等院校需要组织专职教师进行骨干研修、课程轮休和岗前培训，同时还需要引导相关教师积极参与行业企业生产，确保能够实现教师专业技能和职业体验的有效提升。除此之外，高等院校还需要在校园内科学引进优秀项目资源和企业工程师，设置第二课堂，确保能够对其项目实战案例和教师队伍进行合理丰富，进而对教师创新实践能力进行更为有效的培养。

（三）打造校企合作平台

在现代互联网＋环境下，强化校企合作，能够保障高等院校和相关企业共同发展、互利共赢，进而对学生进行创新创业能力的科学培养，强化学生实践能力。高等院校在具体推广校企合作中，首先需要在课堂中科学引进资质认证和企业认证，再培养学生实践能力，学校需要严格考察相关企业，以承认学分和选修课等方式在课堂中引进相关资质认证和企业认证。因此同时需要校企合作，针对创新创业教育建设相关实践基地，高等院校需要向社会企业拉取赞助，共同构建创新实践基地。与此同时，相关企业还需要为学生设立创新实践基地，确保学生在实践活动中能够有效结合相关教育理论，高等院校可以研讨学生参与实践基地，确保学生可以对相关企业进行实地考察，使学生更为深刻地了解创新创业。最后，学校还需要和相关企业进行合作办校，合理创新办学体制，确保能够吸纳丰富的企业资金和企业资本，使其教育工作实现校企合一，进而确保高等院校能够更为高效地实施创新创业教育。高等院校在具体进行校企合作时，需要在创新创业教育中合理融入营销单元和研发单元等模块，确保能够对学生进行更为有效的专项化培养，强化学生创新创业技能。

总之，高等院校在开展教育工作时，通过科学改进课程体系，强化师资队伍建设，打造校企合作平台，能够确保有效落实校企合作，进而培养更多创新创业人才，使其教育工作高度适应现代互联网＋环境，推进现代教育教学活动的进一步发展，实现整体教学质量和教学水平的全面提升，强化学生整体素质。

第八章 高校校企合作人才培养的创新模式

第一节 中外农业高校校企合作人才培养模式

校企合作人才培养模式作为一种培养学生综合职业能力、提高学生就业竞争力的有效教育形式，自 20 世纪 90 年代中期引入中国以来就被高校广泛采用。目前，它已成为高校，尤其是高等职业院校培养高级技术应用型人才的基本途径。然而，与国外相比，中国高校，尤其是农业高校的校企合作仍停留在浅层次、单方面的合作，缺乏长期有效的合作机制。因此，通过中外比较，借鉴国外农业高校校企合作的经验，对于提高中国农科毕业生的就业能力，增强高校服务社会的功能，提升企业科研能力和技术水平具有重要的现实意义。

一、国外农业高校典型的校企合作人才培养模式

发达国家经过近百年的发展，其农业高等教育已达到了较高的发展水平。学校与企业在教学和实习等层面深度合作，提高了学生的职业能力，培养了适应企业和农业发展需要的高级应用型、复合型人才，真正实现学校与企业的双赢，形成了几种典型的校企合作人才培养模式。

（一）美国、加拿大的"合作教育"模式

以美国、加拿大为代表的合作教育模式以市场的实际需求为出发点，强调职业或岗位所需能力的确定、学习和运用。合作教育模式以学校为主，企业主要提供实习岗位，辅导学生适应劳动岗位，培训学生进行安全操作，协助学校教师确定学生应掌握的岗位技能，并全程参与学生劳动效果的评价，包括对学生成绩、劳动态度、劳动数量和质量等评价。学生的实习成绩与毕业挂钩，即学生必须到农场、农业公

司等农业单位参加生产实践，并帮助完成某一生产课题，解决生产实践问题才能毕业。

（二）德国农业高等教育的"双元制"模式

"双元制"中的一元是各类农业学校，传授农业科学基础理论和专业知识；另一元是农业企业，注重各种农业工作的职业技能培养。"双元制"是一种学校与企业分工协作、理论知识与实践技能紧密结合，以培养高水平的专业技术人员为目标的职业教育制度。与美国的"合作教育"模式相比，"双元制"模式以企业培训为主，在企业接受职业技能培训的时间是学校理论学习时间的 3 ~ 4 倍，因此实现了学生同生产的紧密结合，以及与就业的"零摩擦"。"双元制"模式还构建了职业学校与普通学校之间的连接机制，在符合一定条件的前提下，职业学校和普通高等院校之间的学生可以相互转入转出，注重学生选择的多元化和人才培养的灵活性。

（三）英国、韩国农业高等教育的"三明治"模式

"三明治"模式即第一年（或前两年）在校内学习农业基础知识，第二年去农业企业或农场实习，第三年返校进行以创业计划为主的教育，参加考试并获得证书。"三明治"模式把学校和企业放在同等重要的位置，按照"理论—实践—理论与实践结合"的逻辑思路培养学生。这一模式有利于学生有针对性地学习并理解所学理论知识，从整体上把握每项工作前后衔接的生产程序和关系。此外，学生通过在企业参加较长时间的实习工作，可以获取更高的职业资格，在择业和就业中处于优势地位。

二、中外农业高校校企合作人才培养模式比较研究

中国的农业高等教育经过多年的理论和实践探索，越来越注重与企业之间的合作，初步形成了自具特色的办学、育人和就业模式，如"订单式""学工交替式"和产学研一体化人才培养模式等，在培养实用型、技术型人才方面起到了积极作用，但与国外校企合作人才培养水平相比，仍存在很大差距。

合作保障的比较。为保障校企合作的规范化运行，国外非常重视教育立法。如德国的《职业教育法》、美国的《帕金斯法》、日本的《学校教育法》和《社会教育法》，适应了社会经济发展的趋势和要求，是国外校企合作发展壮大的重要保障。除此之外，政府通过财税等政策支持校企合作的开展。日本实施"产学官"制度，通过财政补贴促进企业、高等学校和政府研究机构之间的合作交流，其职业培训经费由国

家、企业和学校各承担 1/3；德国在法律上规定了政府和企业的最低投资比例；韩国规定农业职业学校的学生毕业后有义务在农村从事农业活动 6 年，或自己进行农场创业。

合作理念的比较。国外农业高等院校非常重视与企业的合作，强调高校的社会责任和服务价值，普遍注重对学生实践技能的培养。学生除了课堂学习以外，还掌握了实际的生产技术或工作本领，在市场上有较高的竞争力。中国农业高等院校办学模式相对封闭，高校对于与企业合作的重要性和必要性认识不够，教育主管部门与行业协会各自为政，一定程度上阻碍了学校与企业之间的沟通协作。

合作内容与层次的比较。校企合作模式是若干要素之间协调作用的系统，而不是单一要素的变化，这要求校企合作的内容具有系统性。国外校企合作内容丰富，且具有系统性，合作层次较深。企业在学校投资与管理、专业设置、师资来源与培养、培养计划与课程改革、教学科研的硬件设施等方面全程参与。新加坡的"教学工厂"模式把学校和工厂紧密结合起来，统一领导和组织，并按统一的教学计划把技能教育摆在突出的位置。在英国，企业在教育关键机构中任职，制定学生岗位职业资格评价标准，建立校企合作的评估机制，甚至直接成为学校领导班子成员。中国农业高校校企合作多停留在解决实验和实训基地等浅层合作层面，合作内容缺乏系统性，缺乏对学生培养方案的改革、专业建设的规划和课程的调整，一般就个别领域和项目进行临时性合作，随意性较大，未建立长期稳定的运行机制。

合作方式的比较。在国外校企合作中，学校和企业积极发挥双方主动性，建立企业与高等院校紧密合作的动力机制、调控机制和评价机制，实现高校与企业资源共享、利益互惠的良性互动合作方式。企业利用高校的智力和教育资源，在高校设定科研项目，并使科研成果迅速产业化；或选派员工到高校深造，提高员工的理论水平和管理能力。高校利用企业雄厚的资金优势和实践基地，吸引企业主动向学校投资，促进教学科研设备的改进，提高学生的职业能力和就业竞争力。中国目前的校企合作多以一方主动为主，主要是学校为了建立教学实验基地或提高毕业生就业率，主动与企业合作，然而高校受目前学科设置或教育体制的限制，并不能向企业提供更多的可利用资源。

三、国外农业高校校企合作人才培养模式对中国的启示

制定和完善法律、法规，营造良好的校企合作的政策环境。通过立法，从制度层面激励学校和企业是校企合作发展的根本保障。一是对于参与校企合作的企业，按一定比例减免职业教育与培训税，或通过税收返还建立企业专款，用于校企

合作中的学生职业教育；对参与校企合作的农业高等学校，在招生、专业设置、课题申请和学生就业等方面给予政策倾斜。二是积极建立校企合作的评价机制和调控机制，健全职业能力考核和评价体系，完善高职院校与行业主管部门职业资格认定体系的衔接机制，建立校企合作评估机制，支持和引导校企合作向深层次、多元化发展。

转变合作主体理念，完善校企合作利益机制企业和高等院校对校企合作重要性的认知是合作的基础，而在学校、企业间建立共赢的利益驱动机制是校企合作长期持续发展的动力所在。从高校角度看，高校要改变以往象牙塔式的教学模式，着眼于市场的人才需求，关注社会经济热点，主动寻求与企业的合作机遇，进一步增强高等院校的社会功能和价值，增强高校竞争力。从企业角度看，企业要从市场经济发展规律出发，认识到企业的长远发展离不开高等院校提供的优秀人才和科学技术。合作双方本着平等、共赢的原则，在成果分享、利益分配等方面要充分考虑各方的资金投入、风险因素，明确各方的责、权、利，建立利益共享、风险共担机制。

整合社会资源，实现就业指导社会化。目前高校大多数从事职业指导的教师，由学生和就业工作部门的行政人员或政治课老师担任。他们既没有参加系统的职业指导培训，也没有实践经验，上课往往是照本宣科、纸上谈兵，缺乏深入的人力资源开发和职业生涯规划。农业高校应加强与社会的联系，吸引职业化、专业化水平较高的农牧企业、人才中介咨询公司等参与高校的就业指导，聘请农业人事部门、劳动与社会保障部门、企业人力资源管理部门、成功校友、企业人士以及法律专家等专业人士，作为职业指导教师的重要力量，加强双师队伍建设。

注重全过程管理，深化校企合作的内容。校企合作应有机地将合作内容渗透到大学生培养的各个环节中，建立全程化的校企合作人才培养体系，拓展和深化校企合作的内容。全过程的校企合作应包括共同制定课程体系；从学校和企业两方面建立双师队伍；针对企业需求开展科学研究项目合作；从组织管理、风险共担和利益分配等方面构建运行机制；建立健全评价和反馈系统，不断完善校企合作体系等。

注重实践探索，创新校企合作人才培养模式。通过实践积极探索和创新校企合作模式是农业高等学校人才培养的关键。以河北农业大学动物科技学院为例，学校充分利用企业资源，以培养应用型、复合型畜牧兽医高技能人才为目标，探索出三种农业高校校企合作模式。

（1）高校主导型"分段式"人才培养模式。"分段式"培养又叫"交替式"培养，是指高校起主导作用，将学生的学习过程分为在校学习和企业工作两个交替进行的过程，是理论知识学习与实际工作技能并重的一种培养方式，共分为"职业规划、学以致用、个性培养、能力拓展"四个阶段。高校主导的"分段式"校企合作人才培养模式，缩短了学生综合技能运用与企业实际岗位需求的适应期，得到了学生和用人单位的充分肯定。同时，教师在教学中深刻认识到"产学结合，工学交替"在培养畜牧兽医专业技能人才中的重要性，督促教师不断深化教学改革，使教学内容更加切合现代企业的实际需求。

（2）校企联动型"企业班"人才培养模式。"企业班"人才培养模式是高校与企业合作成立企业冠名的"特色班"，双方共同制订"特色班"的培养目标、教学计划、生产实习及毕业设计等，利用节假日开展教学和实习活动。"企业班"由学校和冠名企业联合成立领导小组，负责"企业班"教学管理工作，由企业选派精英来校授课，利用寒暑假集中安排学生到企业轮岗实习，实行业务导师负责制。办学经费由企业和学院共同出资，学生不交任何费用，但冠名企业优先获得毕业生的挑选权。从 2010 年开始，河北农业大学动物科技学院相继成立"华裕班""正大班""嘉吉班""生泰尔班""伟加班"，取得了一定成效。

（3）企业主导型"产学研合作"人才培养模式。这种模式以企业为主，利用高校智力和教育资源，在高校设定科研项目，并使科研成果迅速产业化，以提高企业经济效益。高校利用企业雄厚的资金优势，吸引企业主动向学校投资，促进教学和科研设备的改进，以实现产学研的立体合作，从而达到高校与企业资源共享、利益互惠。如河北农业大学动物科技学院与农标普瑞纳（廊坊）饲料有限公司合作共建的"普瑞纳猪病检测中心"，与北京保吉安集团共建的"肉鸡疾病研究中心"，就是这种模式的典型例证。教师将理论课放到科研基地现场教学，学生在教师指导下进行理论学习和实践训练，做到"教、学、做"合一。

国外完善的校企合作人才培养模式说明职业教育必须与企业紧密合作，才能培养出适应市场需求的高技能人才。结合中国的基本国情，要保障校企合作的长期、稳定、健康发展，需要营造良好的政策环境，加强校企合作机制的建设，并在实践中不断创新人才培养模式，从而提升校企合作的水平和层次。

第二节　导师制在高校校企合作人才培养模式

随着高等教育体制的不断深化，高等院校实行学分制、选课制等重大教育改革措施，使得我国高等教育教学体制越来越科学与完善。虽然我国高等教育改革取得显著成绩，但仍处在不断探索与变革阶段，教育教学中存在的问题日渐暴露出来，高校承担着前所未有的压力。首先，高校数量增多，生源竞争激烈；其次，教学资源建设跟不上人才培养目标；最后，高校毕业人数增多，许多大学生面临着"毕业即失业的困境"。在面对来自教育部门、社会、学生等的多向压力，高校不断寻求教育教学创新突破，改革高校人才培养模式，提升大学生的综合素质与创新能力，以便培养出满足国家、社会、企业需要的人才。为了探索高校人才培养新模式，滨州学院积极探索创新人才培养的新方法、新途径。该校建设了"产学研引领下的生物技术应用型人才培养模式创新实验区"项目，该项目中导师发挥着重要的作用，导师与实验平台、学校、企业建立互相联动合作机制，有效推动了该项目顺利实施。

导师制是高等学校实行的一种由教师对本科生的思想、学习和生活等多方面进行个别指导的教育制度。本科生导师制的实施，体现了学校教育教学组织形式由班级授课制走向个别指导的转变，它是指在目前以班级授课制为主的态势下，辅之以个别指导的教学方式，属于一种个性化的教育教学制度。

导师制最早源于 14 世纪英国的牛津大学，是牛津大学津津乐道和引以为豪的标志之一。几百年来，通过实行导师制牛津大学先后培养出 46 位诺贝尔奖获得者，英国历史上的 41 位首相中，七成多毕业于牛津大学。随后该制度被美国大学纷纷仿效，并且，该制度也在世界各高校中被广泛推广。在我国，长期以来导师制是针对研究生教育的，本科生主要实行班主任制或辅导员制。近年来，随着高等学校招生规模的持续扩大，本科生、研究生质量普遍有所下滑，加之学分制、选课制在高校中的普及，实施本科生导师制已迫在眉睫。进入 21 世纪，以北京大学、浙江大学、武汉大学等为代表的一大批高校开始在部分院系尝试实行本科生导师制，目前已取得初步成效，特别是在本科毕业生的就业指导方面，导师制发挥着积极有效的作用。

一、导师制的特点与内涵

导师制作为与学分制联系在一起的一种教育制度，其最大特点是师生关系密切。导师不仅要指导学生的学习，还要指导学生的生活。近年来，国内各大高校都在积极探索在研究生教育以外的高等教育中也能建立一种新型的教育教学制度——本科生导师制，以更好地贯彻全员育人、全过程育人、全方位育人的现代全面教育理念，更好地适应时代对新教育的要求和人才培养目标的转变。这种制度要求在教师和学生之间建立一种亲密的"导学"关系，针对学生个性差异因材施教，指导学生的思想、学习与生活。导师制从制度上规定教师不仅仅是"教书"，更具有"育人"的责任，教师在从事教学科研以外，还要对学生进行思想、心理、学习、科研、生活、就业等方面的教育和指导。导师制要求全体教师关注学生从入学至毕业整个教育过程和学习、工作、生活等各个教育环节，对学生的教育要保持整体性和一贯性，自始至终在任何环节都不放松对学生的教育和指导。

导师制的内涵包括两方面：一是发挥教师在教育教学过程中的主导作用，二是发挥学生在教育教学过程中的主体作用。教师的主导作用主要表现在对学生成长成才方向的引导以及对学生学习方法和途径的指导。学生的主体作用主要表现为做学习活动的主人，用"主人"的姿态对待所有的学习活动，在教师的指导下，积极、主动、创造性地学习，达到个性与身心全面发展的目的，在大学中做到"学会做人、学会学习、学会生活"。

本科生导师应由具有较高思想道德素质和业务素质的教师担任。导师的工作内容主要集中在思想辅导、学习辅导、生活辅导、职业指导等方面。思想辅导主要是对学生进行思想品德方面的教育，帮助学生树立正确的世界观、人生观和价值观，学会为人处世。学习辅导主要是对学生进行专业思想教育，帮助学生端正学习态度、激发学习兴趣；帮助学生了解自己的学习潜能和特点，教给学生学习方法，培养学生的学习能力和终身学习的意识。生活辅导主要是帮助学生适应大学生活，明确生活目标；端正生活态度，学会生活，养成良好的生活习惯，提高生活质量。职业指导主要是帮助学生了解自己的职业能力倾向和职业兴趣，学会正确地选择职业，提高学生的就业适应能力，做好就业准备。

二、导师制在高校人才培养中应用的必要性

（一）克服现阶段本科教学的弊端

导师制的应用，从教师方面来讲，可以促进教师差别化授课，不仅能从文化教育方面感染学生，也可以对学生生活、思想、行为等方面进行指导，还可以让学生参与到教师的科研中，有利于培养学生的创新学习能力。从学生方面来讲，可以提升学生的实践能力，让学生在导师带领下亲自动手实践，从实践中发现问题，通过实践解决问题，培养学生的创新思维。

（二）符合国家创新型人才培养目标

我国高校仍然以应试考核为主，而学校为本科生提供的实践机会较少，教师科研实验学生又参与不进去。针对这种情况，在人才培养的过程中应用导师制，可以为学生提供良好的实验研究机会与平台，使学生既能够参与导师的科研项目，培养

自身科学研究的能力，也可以让学生为导师的科学研究分忧。许多科学研究项目需要创新思维，而本科生正处在创新思维活跃的时期，让学生参与导师的科研项目，能为科研项目方案提供更多的解决方案，为科研项目注入更多新鲜血液，让导师的研究思路打开。"三人行，必有我师焉"，学生身上也有很多值得教师学习的地方，导师制可以促进导师与学生共同学习进步。

（三）实施以人为本教学理念的必然要求

由于智力发育、成长背景、性格等因素的影响，学生与学生之间存在一定的差异，对于不同特征的学生，教师应采用个性化的教学方式，突出以人为本的教学理念。导师制的应用，让教师可以关照到每一位学生，在教师与学生长期接触的过程中，可以了解学生的差异，方便教师能够因材施教，显示出教学中学生的主体地位。

三、"1+1+1+n"导师制模式的提出

高职教育的校企合作是一种双方自愿行为，不带有任何强制的色彩，在合作的过程中，校方和企业都是为了实现各自的目的和愿望。企业作为营利性组织，追求自身利益的最大化是其最终目标，因此，在校企合作过程中，他们必然把校企合作能否为其带来最大化的利润作为是否合作的关键指标；学校作为合作的另一方，它的办学目标就是培养符合社会需要的高素质的人才，它所制订的培养方案、培养目标、培养计划等无疑都是围绕着这一目的而展开的，校企合作是实现学校这一目标的重要途径，因此学校必然追求自身在校企合作过程中要达到的这一目标。导师制（tutorial system）是一种教育制度，它和学分制、班建制一起，统称为高等院校的三大教育模式。导师制最早起源于 14 世纪的英国牛津大学，它的具体含义为：学生从入学起至毕业，学校为其配备专业导师，通过教师对学生的言传身教和个别指导，加强对学生学习、科研、生活、品德以及心理等方面的教育和培养，形成教学互动的良性机制，确保学校教书育人的人才培养目标得到有效实施。导师制最大的特点是要在教师和学生之间建立一种"导学"关系，针对学生的个性差异，因材施教让学生在思想品德、专业素质、业务技能以及社会适应能力等方面得到全面、协调发展。本文提出"1+1+1+n"导师制有其特殊意义，是特指在校企合作培养模式中实施导师制，以保证校企合作的质量，能够有针对性因材施教，在夯实学生专业知识的基础上提高学生的实践操作能力，同时还包括对学生思想政治状况的引导，促进学生的全面成长。"1+1+1+n"即 1 名行业师傅 +1 名专业教师 +1 名辅导员 +n 名高职学生的导师建团队、学生分小组的人才培养新模式，充分发挥校方和企方双

方人才优势和资源优势，充分带动学生参与，全程捆绑，实现教学过程、职业辅导、考证实习、毕业设计、就业指导一条龙，专业教学与学生管理一体化，努力提高学生专业技能水平和育人效率。

四、辅导员在校企合作"1+1+1+n"导师制人才培养模式中的作用

在校企合作过程中，学生在思想层面上出现了一系列问题，而这些问题的解决都有赖于辅导员对学生思想政治教育工作的开展。学生在思想认识方面出现的问题主要表现在以下几个方面。

（一）学生的认知意识薄弱

学生对学校改革以课堂教学为中心的传统人才培养模式，加强教学与生产实际相结合的人才培养模式，表面较欢迎，但具体落实时，主动寻找就业单位紧迫感不够强烈，顶岗工作过程中缺乏爱岗敬业精神，缺乏吃苦耐劳的思想准备，遇到困难容易退缩，没有真正树立将顶岗工作当作一种学习机遇的理念，甚至有学生过于看重眼前物质利益，而忽视顶岗实习对提高自身综合素质的重要性。

（二）工作岗位选择盲目，心理跨度过大，角色定位不准，难以适应新环境

校企合作实施前，多数学生对自身分析、设计、规划不够，职业生涯定位比较模糊，所以工作岗位选择时随意、盲目，因此失败概率也就较大。因此在校企合作的过程中往往表现出气馁的现象，由于对顶岗工作的角色定位不准、不熟悉工作环境，书本理论知识和实际工作能力间存在逐步转化的过程，再加上顶岗工作中又需要面对复杂的人际关系，学生容易产生紧张、恐惧心理。

以上这些问题的出现如果不能及时加以疏导，不仅会影响到校企合作人才培养模式的有效实施，同时也会影响到学生健康心理的养成，严重的甚至会导致学生心理忧郁症的出现。问题的解决都要靠辅导员做学生的思想工作，帮助学生适应这一人才培养模式，改变过去那种校企合作人才培养模式与辅导员无关的思想，而是把辅导员的作用充分地发挥出来。辅导员作用的发挥按阶段可以加以归纳：在准备阶段，帮助学生制订计划，统一思想。明确工学结合的目的和意义，帮助学生进行职业生涯规划。辅导员应该在学生进入学校初期，就对学生进行系统的教育。最后一年在企业完成教学计划规定的第三年的课程学习、顶岗实习、专业综合实践、毕业

设计和就业实践等教学环节，让学生结合自身所学专业选择自己的职业，这也将有利于克服在工学结合的过程中学生出现盲目选择工作岗位的现象，避免学生出现心理落差。在实施阶段，师生密切联系，提高工学结合的效果。在工学结合的过程中，辅导员对学生不能是放养式的管理或者是彻底撒手不管，而是应该与学生保持密切的联系，时刻关注学生的思想动态，了解学生在校企合作过程中出现的问题，及时与学生的行业师傅和专业教师联系，帮助学生解决问题。在总结阶段，指导学生完成毕业设计，顺利走上工作岗位。通过第三年的工学结合，学生在毕业设计方面应该更有心得体会，辅导员应该指导学生把这些心得体会加以提炼，形成自己论文的核心观点。同时，在学生回归学校后，辅导员还应该深入学生了解他们工学结合的成果，帮助学生分析和总结，平时让学生再重新审视自己、评估自己，争取顺利就业。

第三节　地方高校校企合作人才培养模式

高校人才培养模式主要基于构建学生的知识、能力、素质结构。不同类型的高校因培养目标、办学定位差别，决定其人才培养、科学研究和社会服务的侧重点不同。地方高校从本地社会经济发展的实际出发，侧重于提高人才培养质量和学生应用型创新能力培养，主要为区域经济发展培养掌握一定专业知识、具备较强应用能力的高素质人才。

一、我国高校人才培养校企合作模式的演进及作用

人才培养模式的改革是随着社会经济的不断发展变化而变化的，高等院校对人才培养模式的选择亦有所不同。高校人才培养模式的选择取决于社会生产力发展的程度、科技发展水平以及社会政治制度的转变，因此，在不同时期，随着人们的教育观念的改变，国家经济社会建设对人才需求的不同会影响高校人才培养模式的变化。

校企合作模式的主体是学校和企业，学校有着丰富的教学资源和师资力量，企业则提供实际操作岗位，双方各自以自身的优势参加到人才培养的全过程，培养的学生具有较高的应用能力和综合素质，提高了毕业生的就业竞争力。此种方式是高校应用型人才培养的重要途径之一，对高校人才培养和企业经营管理具有重要的现实意义。

我国的校企合作经历了一个由点到面、由低到高、由浅入深的发展过程，其合作规模、内容、形式和水平随着社会经济发展相应发生改变。改革开放之前的校企合作发展较为缓慢，主要由军工研制实验发起，校企合作主要借助高校的人才和各种资源，发展我国的军工科技事业。真正意义上的校企合作是从 20 世纪 90 年代开始，随着 1991 年中国产学研合作教育协会成立，1992 年在全国范围内组织实施了"产学研联合开发工程"，这一时期的校企合作模式为市场拉动与科技驱动联合型，主要以提升企业的科技水平为主要目标，其形式以高校借助于企业的资金，加快向国有企业转移高校的科技成果，最终提高企业的市场竞争能力。进入 21 世纪后，随着知识经济的兴起和国家促进高新技术战略的实施，校企合作进入一个更高层次的合作。校企合作和过去追求表面形式的合作不同，而是以风险共担、利益共享为原则，以政府为中介展开广泛而深入的合作。其特征是以市场为基础、以产业同盟为形式，集研发和生产于一体。

校企合作人才培养模式的实质是通过企业和高校的资源互换，把传统的高校知识资源与企业的市场化运营和人才技能需求相结合，满足市场和社会的需求。校企合作一方面使得高校通过与企业的合作，可以了解本行业的最新市场需求和行业发展方向，及时调整专业、革新教学内容、优化教学手段。同时，高校也可以通过校企合作获得一定经费，从而加强对高校科研和教学工作的支持。另一方面，校企合作可以保证企业获得所需的人力资源和学校的科技支持。同时，校企合作扩大了企业知名度，培养了企业的市场竞争力。校企合作双赢的效果使得校企合作成为地方高校人才培养的重要模式。

二、当前国内地方高校人才培养校企合作的主要模式

（一）"订单式"模式

这是当前校企合作的主要模式。该模式以企业为主体，学校根据企业对人才的技能需求，按照企业岗位设置的要求来调整学校人才培养方案，目的是为了确保学生的就业。该方式的特点在于以行政为驱动力，学校主动而企业被动。虽然在解决企业人才需求和学生就业方面有一定作用，但是由于其合作内容大多受到企业所需要的专业方向限制，而学校本身却缺乏双师型师资，学生的工作能力和实践能力并不能完全适合企业需要。

（二）"嵌入式"模式

该模式追求学校和企业的主体平等，在合作过程中把各自的需要都嵌入对方，最终满足企业和学校的不同需求。其特点在于校企双方地位平等，学校和企业在发挥自身优势的同时借助对方优势，在相互嵌入和帮助下满足各自的需求，学校和企业之间是一种共同参与、相互合作的关系。该方式对学校和企业的要求较高，学校的专业设置和企业的岗位要求必须有密切联系。

（三）"前校后厂"模式

该模式以高校与社会需求的"无缝"对接为目标，其特点是要求有实体经济存在，以厂校合一为特征。大多是学校主动寻求企业，企业较被动，企业对于学校专业设置和课程开发参与积极性不高，因此，要求政府与行业协会有较大的支持力度，以调动企业的积极性。

（四）"工学结合"模式

"工学结合"校企合作模式是一种将学生校内学习与企业工作经历相结合的教学模式，使学生既能在学校学习理论知识，又能在企业得到真实岗位锻炼，是一种"学习—工作—再学习"学校企业双向结合人才培养模式。通过学校与企业的双向介入，使学生理论与实际结合，增强学生的实际技能，从而实现学校的人才培养目标。"工学结合"模式能够实现学生从学校到企业的自然过渡。但在实际操作过程中，"工"与"学"缺乏有效的协调机制，学生学习与工作相交替方式缺乏持续性和稳定性。另外很多学校又往往将"工"简单地理解为"实习"，而非"职业人"，忽视学生职业素养和综合素质的培养。

（五）"双定生"模式

"双定生"即"定向委培生"，是指学校和企业共同招生、共同培养，学生毕业后到协议单位定向就业的一种模式。"双定生"最初是为了解决偏远地区以及艰苦行业缺乏高技能人才的窘境而设立的人才培养方式，现广泛应用于职业院校人才培养。由学校与企业签订协议，由企业出资或捐助学校实训器材，招收的学生入校即具有双重身份，既是企业准员工，又是学校的在读学生，在学校学习专业理论知识，在企业顶岗实习，获得与企业员工同一标准待遇，毕业后即可马上进入企业上岗工作，就业无忧。同时学生可以通过顶岗实习赚取部分学杂费，为家庭贫困学生创造学习机会。但该模式下，由于学生的就业类似铁饭碗，进入企业的学生在素质上良莠不齐。

（六）校企共建 R&D 中心

该模式的特点是将企业的资本优势和高校的人力资源优势相结合，通常由高校提供场地建立共同研发机构。通过校企以技术创新、专利开发等方式联合攻关，研发成功后双方共享知识产权，在为企业的发展提供强有力的科技支持之余也能不断提升大学生的科研创新能力和实践技能水平。

（七）共建大学科技园

大学科技园通常在大学附近区域建立，利用大学的人才、技术等优势，通过包括风险投资在内的多元化投资渠道，主要从事技术创新和企业孵化活动。该模式是高校服务地方经济的重要平台，对促进区域经济发展及中小型企业技术进步意义重大。通过大学科技园这个平台，一方面提高了高校的科技资源利用，加快科研成果转化；另一方面也促进了中小型创新技术企业的孵化，有利于创新人才的培养，也在一定程度上缓解了高校毕业生的就业压力。

三、校企合作与工学结合存在的问题分析

当前我国高校教育虽然在校企合作、工学结合方面取得了初步成绩，但从整体上看还存在着一些制约因素。

（一）校企合作简单片面，没有形成体系

目前的校企合作几乎都是学生在实训方面与企业简单的合作，没有考虑针对企业实际工作去组织教学；大多情况是利用企业设备完成教学环节和辅助课本知识讲解，没有真正以就业为导向；同时企业也没有完全明确自己在校企合作中所扮演的角色，往往只是单纯地为学校提供教学环境，没有参与到学校的教学改革当中去，也没有把企业对人才的实际需求向学校反映。企业和学校成了两个形式上合作但相互独立无交流的部门，对于向职业化转变的高校教学改革显得无能为力。对于校企合作缺乏整体推进，没有从系统的观点通盘考虑，统筹运作，使企业运行与办学诸要素之间无法有机结合并相互作用，构成一个具有特定功能的整体，无法最优化地实现办学目标。

（二）企业的观念中，眼前利益高于长远利益

跟学校教书育人，追求社会效益的做法不同，企业所追求的是经济效益，其着眼点永远是如何使企业利润达到最大化。由于高校专业设置与社会需求脱节，课程开发与职业岗位要求不相适应，学生的职业技能和职业道德水平不高等原因，导致企业不愿意接收地方院校的学生实习、实训。同时企业作为市场主体，往往只追求短期的经济利益，它们对毫无工作经验的学生不感兴趣，不愿意付出代价去培养人才，只对能立即带来利益的成熟技术和熟练工人感兴趣，没有把高校教育的育人功能融入企业价值链中，不能主动承担为社会培养高技能应用型人才的任务。不少企业存在短期行为，把校企合作作为解决用工困难的手段，缺乏长期参与的动力，因此，很多企业难以与学校充分合作，对于校企合作没有长期的规划。

（三）学校的文化氛围与企业的工作氛围脱节

高校学生在学校的氛围中成长，更多接受的是以学术和理论研究为主体的教育模式，学生对社会的适应性不强，即使通过去企业观摩学习的方式进行了简单的训练，熟悉了自己工作岗位上的操作流程，也很难适应实际工作，无法正确地分析判断，无法处理工作中出现的突发事件，公关意识不强，面对危机没有解决的办法，对行业当中的规则礼仪也十分不了解，很难在短时间内融入一个企业并成为企业当中的一分子。

（四）学校的教育没有真正服务于地方

高校在专业开设方面往往盲目的立足于国内的大市场，以国内的整体需求来衡量专业开设的必要性，没有以地方经济为基础，也没有统筹好教育质量、规模、结构和效益的关系，导致各级各类教育无法健康协调发展，地方的人才缺口大，人力资源的需求得不到满足，需要的专业没有相关的毕业生，而一些不需要的专业毕业生饱和，无法顺利就业。

（五）教师对学生岗位不了解，不能与企业良好沟通

在校企合作和工学结合的培养模式下，一些教师没能及时转换自己的角色，没能理解校企合作和工学结合的具体执行方式，没有深入企业去了解企业的生产经营过程。同时，有些教师虽然关注学生专业学习与学生岗位职责之间的关系，注重对学生从事工作时应掌握的技能的培养，但是却忽略了对学生职业素养及职业道德、

礼仪的教育，认为自己只是在专业课方面培养学生即可，这就造成了很多学生考试分数高、专业知识过硬，但却无法满足企业的需求。

四、校企合作与工学结合的改革方向研究

（一）变校企简单联合为实体合作

校企实体合作即让企业从多个方面向高校注入股份，参与高校的管理，对学校全方位的整体参与、深层参与，并在管理上实行一体化管理，承担高校的决策、计划、组织、协调等管理职能，以主人的身份直接参与办学过程和学校人才培养，分享办学效益。目前，我国仅有极少数院校采用这种合作模式。在这种模式下，企业为自己培养人才，同时可取得一定收益，既顾及了眼前利益，又考虑了长远利益，增强了企业参与高校教学改革和学生社会实践的积极性，可以做到以企业的强大实力为学校教学改革提供支持，以学校的教育体制为企业输送和培养人才。地方性综合大学在这方面具有一定的优势，可以把地方企业请进校园，让企业以校园为孵化基地，进行新项目的开发和研究；学校参与企业的研发工作，同时企业参与学校教学计划的设置，以自己企业的需求为导向跟高校探讨课程开设的问题，按照企业要求开设的课程培训完毕，毕业生可进入企业工作，对于地方性企业更有针对性，这样，高校既可服务于地方，又可解决学生的就业问题。

（二）学校与企业共同开展校园文化建设，培养学生的职业道德和价值观

校园是人才成长的摇篮，是人类文化传承、发展与创新的重要基地。它既是一个教养环境，也是一个文化环境。它将社会对人才的要求、社会观念、政治原则与价值规范体现在自己的传统结构中，通过课堂传授以及机制的规范，校风、教风、学风的熏陶和潜移默化作用，形成了教育性、规范性、多样性、超前性、辐射性等特点，从而对整个社会文化起到引领和导航的作用。高校是高等科学文化的殿堂。校园文化是校园中所有成员共同形成的物质和精神财富的总和，通过营造物质环境和精神氛围，使每个成员潜移默化地在价值取向和行为准则上产生认同，形成凝聚力。而校园文化与企业文化良好的结合是形成学生价值观的重要保障。根据地方性综合大学的特色，学校在设计校园文化时可以模仿地方企业的设计方式，让学生在特定的氛围中学习，也可以让企业出面赞助学校完成校园文化建设，并把校园中由企业赞助获得的建筑冠以企业的名称，让学生记住相关企业，更多地了解地方企业。

（三）教师深入企业，注重学生的职业化教育

想真正做到工学结合，高校不仅仅需要将学生培养放在重点，更要注重教师的培养，可以发挥地方性高校的地缘优势，定期派遣教师深入地方企业参与相关专业的实际工作，这样可以保证教师了解企业工作的流程，了解企业的核心价值体系，更好地配合企业需求制订教学计划，更好地培养学生。通过在企业的学习，教师不但可以更新知识，根据企业需求培养人才，同时也可以了解企业文化、企业道德标准，在德育方面更好地培养学生，进行针对地方企业的职业化教育，让学生在专业技能和价值观方面都能够适应企业的需求。

通过以上改革，地方性高校的校企合作和工学结合的培养模式将更加完善深入，高校在加深对校企合作的认识的同时，还要不断地探索校企合作办学的新模式，不拘一格地进行校企合作，建立适应学校自身的合作新模式。

第四节　比较视野下高校校企合作人才培养模式

人才培养是高校发展的生命线，校企合作是高校人才培养和组织大学生参加社会实践的重要载体，也是高等教育与时俱进的内在需求。《国家中长期人才发展规划纲要（2010—2020年）》指出，要建立政府指导下以企业为主体、市场为导向、多种形式的产学研战略联盟，企业与高校通过共建科技创新平台、开展合作教育、共同实施重大项目等方式，培养高层次人才和创新团队。《珠江三角洲地区改革发展规划纲要（2008—2020年）》强调，要以新的思维和机制推动高等教育发展上水平，鼓励校企合作开展全方位、宽领域、多形式的智力引进和人才培养合作，优化人才培养结构。

校企合作培养人才具有成熟的国内外经验和模式，也有充足的社会资源和人力资源。而我国目前正处于改革开放与经济转型的新阶段，校企合作能够结合各地得天独厚的产业、人文与技术优势，对推动经济增长与培养创新型综合人才具有重大作用。

一、国内外校企合作培养人才的模式

（一）美国、加拿大：以就业为培养目标

美国、加拿大高等教育模式的主要特点是：首先由学校聘请行业中一批具有代表性的专家组成专业委员会，按照岗位群的需要，层层分解，确定从事这一职业所应具备的能力，明确培养目标。然后，再由学校组织相关教学人员，依照教学规律，将相同、相近的各项能力进行汇总、归纳，构成教学模块，制定教学大纲，依此施教。企业一方提供劳动岗位、一定的劳动报酬，并派管理人员辅导学生适应劳动岗位、安全操作，协助学校教师评定学生应掌握的技能，确定学生的成绩；学校一方派教师到企业去，指导、监督学生生产学习，沟通学校与企业合作双方的要求，及时掌握学生学习动态。美国高等教育强调以培养岗位群所需的职业能力为核心，保证了职业能力培养目标的顺利实施。

（二）欧洲：企业培训主导教学实践

在欧洲国家的"双元制"教育中，企业培训起着主导的作用，职业学校只起到配合与服务的作用。企业培训，又分为企业内培训和跨企业培训。企业内培训可分为五大类：①工业教学车间培训，其主要特征是培训与生产过程分离；②非系统的工业培训，其主要特征是培训与生产过程联系密切，大都在生产车间中进行；③传统的手工艺培训，其主要特征是培训与生产过程联系最密切，教学完全在生产现场进行；④办公室和服务业的系统培训，其主要特征是把职业学校的理论教学与企业或行政机关的实践培训联系起来，增加与实践相关的理论知识的教学比重；⑤办公室和服务业的非系统培训，主要在中小型企业和办公室进行，其主要特征是通过实地操作来学习。

（三）日本、韩国、新加坡：外包式培养

日本学校多采用外包式培训，即时将大学教学中的一部分课程外包到相关企业，学生直接到企业培训基地学习和实践，以此作为选修学分的一部分。韩国大学的课程开设遵循以下原则：开发对产学系列有用的教育课程，开发现实应用性的教育课程，加强有效率的实验实习及现场实习教育，加强与"国家技术资格证"获得相联系的高水平的专门教育等。新加坡实行"教学工厂"人才培养模式，高校课程与教学安排注重学以致用切合实际，学校可以直接参与到企业的生产经营中去，为

企业主动研发新项目、新产品。国家二级三级技工的课程70%的时间用于技能训练，30%的时间用于理论学习，而且在考核中侧重能力考核。

（四）国内：订单式教学与企业委培制度

国内校企合作多实行订单式教育和企业委培制度。所谓"订单式教育"，就是学校和企业之间所商定的培养合同，优先录用合作院校的毕业生。学校依据企业特定需求作为教学目的，企业则在学习目标、人才规格、知识技能的定位上提出相应培养标准，学校按"合同"为企业生产特殊的商品"人才"。企业委培制度则是企业将所需的人才信息传递给学校，学校根据企业的需求设置相关专业，调整教材，为企业培养符合其要求的技术型人才，同时，利用寒暑假，学生深入企业开展实践活动，强化自己的劳动技能，企业也派技术人员到学校担任兼职教师，对学生的学习技能进行理论上的指导。学生深造一定年限后回到企业工作，并帮助企业解决技术问题。

二、我国地方高校校企合作存在的不足

缺少法律方面的支持。国家虽然已经制定了一些政策支持校企合作的发展，但是仍旧缺少法律的约束，这直接导致了权责模糊，很多地方经常会出现这样的情况：学校非常积极地推荐学生去实践，但是很多合作的地方企业不甚重视，仅仅给那些学生提供和专业无关的岗位。此外，没有法律支持，合作双方缺少必要的制约和监管，再加上地方企业重视的是短期内的利益，学校开设课程立足的也往往是国家大市场，这不利于培养计划的建立，双方很难进行长时间的合作。

校企合作中人才评估并不完善。现在校企合作的过程中人才评估机制并不健全，无法全面地对学生进行监督和评价，并且在评估的时候很少了解到学生学习和纪律方面的情况，学生出现问题时也很难及时地跟老师反馈，老师也很难根据学生在地方企业的实习情况客观真实地对学生做出合理的评价。

在校企合作的过程中反馈机制不健全。现在很多地方企业和学校的合作仅仅停留在比较浅的层次，没有进行整体的规划，并且校企合作的时候存在内容和教学的脱节，大多数地方企业仅仅是提供实习岗位，和学生的专业也不对口，经常会出现为了实习而进行实习的情况，老师和企业的合作交流比较少，没有达成一致的目标，很难进行信息的反馈，这直接导致了学科建设和学科调整存在脱节的情况，专业设置也无法达到企业的需要。

三、几点启示

校企合作培养人才是在产学研合作的基础上，着重其育人功能而提出来的教育思想，它突破了以往产学研注重生产和科研的合作而忽略教学和育人的情况。国内外校企合作的成功经验和模式给教育工作者带来了启示。

（一）人才培养是校企合作教育的根本目的

高校人才培养质量直接影响高等教育的深入发展，较大程度地影响了社会进步及人才的质量。当前社会的变革、人才需求的快速变化，对校企合作人才的培养提出了新的要求，归根到底在于人才的培养，以其为根本目的。任何以人才培养为借口、以学校创收为目的的校企合作方式，都必将损害学生利益和学校声誉。校企合作人才培养模式的诸要素之间的组合方式及其动作流程的范式，是可供教师和教学管理人员在教学活动中借以进行操作的既简约又完整的实施方案，是现代教育教学实践的一种尝试和变革，最终目的在于培养能够面向经济建设与社会进步的新型人才，并且能够经得起市场、经济和社会的检验。

（二）健全法规是校企合作教育的法律保障

为确保职业教育快速健康持续的发展，政府应以有利于校企双方共同发展为原则，积极建立产学研相结合、校企合作的动力机制和评价机制，在实际法律法规的落实上鼓励和支持校企合作。社会方面，国家应在政策上给予倾斜，资金上给予支持，对积极参与校企合作的企业给予相关的补偿政策，鼓励更多的企业主动投身到校企合作的全过程，同时出台响应的法律法规，规范校企合作教育，保障校企双方合法权益，避免出现不必要的纠纷。或者在政府的有效运作下，让更多的企业与学校建立人才培养合作关系，企业主动对学生进行实践操作培训，主动帮助学校配置所需要的技术设备，使行业与学校之间的关系更加稳固，让校企合作教育更加有法律保障。学校方面可建立联合办学协议、联合办学规划、校企联合共建实践基地计划，"双师型"教师培养计划等方面的机制，对学校与企业进行责权分工。建立企业技术骨干教师聘任考核办法、校企联合科研开发管理办法、学生生产实习教育管理办法等管理制度，对校企合作教育进行一定程度的规范管理，保护师生利益。

（三）评估反馈是校企合作教育的内在要求

校企合作是一种以市场和社会就业需求为导向的教育机制，是学校和企业资源共享、优势互补，双方共同参与人才培养的教育体制。由于校企合作的实施开展，必须与社会经济发展的现状尤其是与区域经济的特点相适应，同时也要与用人单位对技能人才的需求相匹配。这就要求校企之间必须要建立有效的评估反馈机制，有利于双方制订符合区域行业发展、学校学生成长的培养方案。一方面，要对学生在企业学习的技能实行有效评估，学生学习期间必须严格按照企业教学大纲和教学进度，按照企业员工管理和生产流程，扎实开展进行生产实践各个环节的学习；另一方面，要坚持教学质量评估和考核，对教师教学活动的环节进行评价，根据综合评价结果由校企双方给予相应奖励或处罚。同时通过有效的反馈机制及时解决校企合作出现的问题，调整学科教育跟学科建设，评估反馈是校企合作教育的内在要求，有利于校企合作共赢局面的形成。

人才培养直接影响高等教育的纵深发展，较大程度地影响了社会的进步及人才的质量。当社会的变革、人才的需求发生变化时，也对高校人才培养提出新的要求。校企合作教育是适应我国高等教育发展的必然产物，也是我国建立人力资源强国的内在要求。校企合作培养人才的根本意义在于将高校培育人才工程推向市场、推向经济建设和社会进步的主战场，并接受市场、经济和社会的检验。

第五节　疫情下"互联网+"高校校企合作人才培养模式

从当前社会各行各业复工情况来看，在家弹性在线办公的方式仍然是主要的复工途径，在疫情应对推动背景下，使得当下社会远程办公逐渐向一种工作模式快速发展，并且从一些领域来看，极有可能呈现一种常态化的发展趋势，而对于高校校企合作人才培养来说，为避免自身人才培养受到疫情影响，也应该在"互联网+"方面加大探索力度，进而构建出更好适应社会形势的人才培养模式。

一、"互联网+"校企联合招生

一般来说，高校人才培养过程中的起点和基础就是招生工作，基于优质生源的招录，才能更好地支撑高校发展。基于"互联网+"校企联合招生模式的应用，主要是借助互联网来促进招生需求预测以及计划制订和信息发布等实现，借此保障顺利完成高校校企合作人才培养模式的首要环节招生工作。

从招生需求预测的角度来说，主要是基于互联网技术的高效运用，促进校企和行业与教育部门之间数据共享的良好实现，之后再借助云计算以及大数据等技术的合理运用，对历年考生报名报到、学生专业课程改革、行业人才规模和需求等多个方面的数据信息进行分析、挖掘，并与高校往年招生人才培养和就业情况等相结合、开展关联性分析工作，确保将各类考生和专业成绩间关系理清晰，促使高校优质生源录取概率有效提升，对各专业未来就业前景进行合理预测，保障高校后期招生的规模与结构得以有效明确。

立足于制订招生计划这一角度进行分析，主要是以招生需求为依据，对结果进行预测，之后由校企双方运用多种途径探讨具备合理性的招生计划并科学制订。而对于招生信息的发布和报名来说，主要是对计算机网络和各新媒体工具等加以利用，广泛推广和宣传高校的招生计划，之后借助网络与学生手中的移动终端设备进行报名操作，促进学校特色办学等有效实现的同时，保障招生数量的不断增加。

二、"互联网＋"校企共建专业

校企合作育人的重要环节之一就是校企共建专业，在"互联网＋"校企共建专业环节具体开展过程中，主要是以互联网技术应用为主要方式，借此促进行业企业在高校专业课程建设中积极参与，之后基于校企双方对大数据以及云计算等先进技术的应用，保障企业用人专业需求的准确预测得以有效实现，并以此为依据来动态化地调整专业设置和人才培养方案，促进学校专业设置和企业产业需求的良好衔接得以有效实现。

预测企业用人专业需求环节开展过程中，主要是借助"互联网＋"的有效应用，基于招生需求预测来推动校企双方深入合作交流的有效实现，借助此种方式来保障高校人才培养中企业用人专业需求预测协作参与机制的有效形成，为企业在专业设置具体需求方面的明确提供有利条件。校企双方基于"互联网＋"背景下、针对产业发展需求的有效运用，以动态化方式调整专业设置（就是专业设置动态调整模式）。与此同时，在校企双方对大数据技术加以高效利用的基础上，针对一些发展前景较好的专业进行分析和挖掘，能确保新专业得以有效构建。在校企双方利用企业用人专业需求预测和动态调整专业设置这两种方式的过程中，还应在人才培养方案共同修订方面加大力度，确保动态化的人才需求更新模式得以有效实现，这一理论就是培养方案动态调整。在这一过程中，校企还需要在课程体系以及教学内容等方面进行针对性调整，确保为高校人才培养与岗位间适应性的不断提升创造有利条件。

三、"互联网 +" 校企公培师资

为保障校企深度合作有效实现，应该在校企共建师资队伍方面加大力度，"互联网 +" 背景下校企共建师资环节开展过程中，可以针对当前社会中的一些微信、QQ 等软件来保障校企双方工作人员双向的挂职锻炼与合作交流等得以有效实现，进而借助企业的实践操作和锻炼等提高学校教师专业技能，保障高校教师能够突破时间和空间限制，借助互联网来促进自身专业技能的不断提升。这一过程中，企业的工作人员也可与学校教师之间开展互相交流、经验分享和不断学习，并对学校具体教学任务进行一定承担，达到双向挂职和合作交流这一目的。

"互联网 +" 下多样化虚拟交流途径在校企双方的有效开展，能够使得双方工作人员与自身情况相结合，探讨双方都感兴趣的话题，并对双方工作人员参与行为及时调整。与以往传统挂职锻炼方式相比，通过互联网下的双向合作交流以及挂职锻炼这一模式的应用，能促进双方工作人员参与积极性的不断提升，同时针对双方沟通面的广阔发展也能够提供有利条件，保障校企双方工作人员的学习效率和学习质量不断提升，实现"互联网 +" 下校企共培师资的有效性。

第九章 校企协同创新创业人才培养研究

第一节 校企协同创新创业人才培养体系的构建

一、校企协同人才培养的目标定位

（一）校企协同人才培养的宗旨

校企协同教育的宗旨是按照以为区域或行业经济发展服务为宗旨，以培养应用型专门人才为目标，适应高等教育改革与发展的要求，突出"以学生为中心，以能力为本位"的理念，在人才培养、科学研究、技术开发和社会服务等领域开展的各种合作活动，通过资源互补、优势共享等方式发挥高校和企业的各自优势和潜能，促进双方共同发展。

（二）校企协同人才培养功能定位

作为适应现代社会发展的高等院校应积极投入到经济建设的主战场，根据自身特点和优势，面向区域经济和社会发展，开展全方位、多层次的校企协同创新创业教育。尤其是根据企业对人才培养的实际需要，提高创新创业型人才培养的针对性和质量，提供形式多样的社会服务和技术服务，增强对区域经济增长的辐射力和贡献率，从而为自身资源扩展、基地建设、学生就业赢得更大的可持续发展的空间。

（三）校企共同制定人才培养目标

校企协同创新创业人才培养目标的确定应由高校和企业来共同制定完成。企业应将未来发展对员工的需要反映到人才培养中，以制定准确的人才培养目标。面对经济全球化的挑战，国家和社会所需要的人才类型发生了质的改变，具有创新意识和创新能力，是新时代人才质量的核心。作为研究型大学，理应为国家培养高级的创新型人才。因此，研究型大学应与企业共同制定以培养创新精神和创新能力为核心的培养目标。

教学型大学以本科生的培养为主，在知识的深度与广度上，与研究型大学相比较弱，主要向社会提供应用型人才。因此，教学型大学应与企业共同制定培养适应社会、适应企业需求、具有较强的实践能力的人才培养目标。

教学研究型大学处于研究型大学和教学型大学两者中间，以培养本科层次的人才为主。教学研究型大学与教学型大学和应用型大学培养某一方面的专门人才不同，注重的是综合人才的培养。因此，教学研究型大学的培养目标是培养具有较强的实践能力、理论应用能力、运用知识能力和创新能力的复合型人才。

二、校企共建教学体系

课程体系的建设是培养目标能够得以实现的基础。在传统的教学中，教学内容陈旧、教学方法单一严重地阻碍了学生实践能力和创新能力的培养。传统的课程结构只把目标放在培养学生的知识框架上，针对性不强，培养的学生不能达到企业的需求。因此，课程体系的建设应该由高校和企业共同参与。

（一）理论课程体系建设

1. 专业课程设置

目前，我国高校的专业课程分为专业基础课程和专业课程。专业基础课是指为学生深入学习本专业课程所设置的本专业的入门课程，是学生深入学习所需要的基本理论和基础知识，用于培养学生能力和基本素质的一系列课程。主要包括理论教学和与本专业相适应的实验、实习、实训教学环节。符合本专业培养需求的工程基础类课程、专业基础类课程和专业类课程不应少于学生总学分的三分之一。在课程设置中，专业基础类课程和工程基础类课程应能够体现自然学科和数理类学科对本专业应用能力培养的重要性。专业类课程应能够体现系统设计和实践能力培养的重要作用。

2. 增加跨校、跨领域、跨专业的选修课程

目前，任意一门学科的发展都不只限于一个领域内部的发展，而越来越多地借助其他与其相关的学科。国家的发展也更需要跨专业、跨学科的复合型人才。因此，要增加跨专业的选修课程，高校根据专业的发展需要，在保证基础课程达到要求的

前提下，鼓励学生选择适合自身发展的跨领域、跨专业课程。注重文科类课程和理科类课程的交叉渗透，自然学科和社会学科的交融。不同学科相互撞击不仅可以丰富学生的知识面，还可以培养学生的创新能力。例如，工科类专业的学生可以多选择一些文学类的课程增加其文学修养，也可以选择一些经济类和管理类的课程，以辅助学生今后的职业发展。文科专业的学生可以选修一些理科类课程和自然学科的课程，以培养文科生的逻辑思维和科学研究能力。高校也应该鼓励学生跨校选修课程，一是可以拓宽学生的交际面；二是可以体验其他高校的人文信息，还可以节约教学资源。

3. 根据企业需求增设专业课程

课程的设置要以行业的发展需求为依托，要及时根据行业的发展情况做出相应的调整，同时也要符合社会对人才的需求。目前，我国很多高校与企业合作仅限于领导和部分人员之间的沟通，不能使用人单位和高校的教师、学生之间有一个清晰的了解。这样将会造成高校在课程设置上发生偏颇，添加过多高校的主观色彩，与企业的实际需求不相符。让用人单位参与到该专业的课程设置中去，使高校的课程设置与用人单位的需求相结合便可以有效地避免这一点。另外，高校要对本专业的发展方向有比较敏感的触觉。在该专业还没有发生质的改变，还没有明显缺少某一方向的人才时，就已经开始做出相应的调整，培养该方面的人才，使高校的人才培养真正走在企业发展之前并引领企业未来的发展方向。

（二）实践课程体系建设

高校应该在企业的协助下开设一些具有一定综合性、创新性和设计性的实验和实训课程来打破理论与实践之间的障碍，促使理论与实践紧密结合。企业应该拿出一些能够使学生直接参与研究、分析和设计的项目，学生可以在校内或企业内的导师的共同指导下开展该项目的研究，在真实的实践过程中提升自己的专业能力。高校可以将学生在企业参与的实际研究作为一门实践性课程，计算学分。另外，还应开设一些与专业设置相关的社会服务类课程，使学生将在学校学习的知识和技能应用到社会实践中，从而使自己的理论水平与实践能力得到提高。

（三）开设第三学期

前文中齐齐哈尔工程学院采取开展第三学期的方式组织学生实习，使学生将本学期所学的知识很好地应用到实践中。这种第三学期的教学模式是在国内"3+1""2+1"教学模式基础上的一个创新。目前，我国已有部分高校开设第三学期，但多数限于民办高校。

第三学期主要是将每学年的第一学期和第二学期抽出几周构成一个较短的学期，但前提是原有的两个学期的教学周数基本不变。第三学期主要安排学生进行实习、课程设计、综合实验等实践活动。第三学期的实践活动内容在设置上要起到承上启下的作用，要对本学期所学习的理论知识进行应用和巩固并引出下一学期所要学习的主要问题。使学校的理论学习和实习实践像齿轮一样无缝地衔接在一起，交错进行。第三学期的安排要根据行业的特点进行灵活的调整，不能只固定在某个时间段。这又涉及原有的两个教学周期的设置和调整。

第三学期的有效运行离不开合理的规划和资金的保障。合理的规划主要包括对实践内容、实践地点、管理和评价等具体细节的规划。第三学期的实施相对减少了教师的假期时间，增加了教师的工作量，因此要投入一定的资金在教师的管理上。第三学期增加了学校硬件设施的利用率，教学设备的维护与保养成了教育投入的一大部分。要保证第三学期的顺利进行，还需考虑到学生宿舍、图书馆、实验室、食堂等开放与管理。另外，对学生实践过程中的安全和考勤的管理都需要详细地布置与规划。除此之外，要保证学生真正有效利用第三学期，还需要有一个完整的、适合的评价方法。这需要在第三学期的长期运行和积累中取得经验并且因人而异、因专业而异、因校而异。

（四）实施双师型教学

拥有和企业共建研究所的高校，可以派出有一定能力的教师参与到研究所的研究工作中。研究所聘任的专家也应到企业和学校进行一段时间的详细了解。这样在工作和科研过程中，企业派出的员工、高校派出的教师和聘任的专家在取己之长的过程中必定会擦出"火花"。这些教师可以了解到相关专业的最新动态以及发展方向，可以把实际工作中的项目带入教学，让课堂教学不再是照本宣科，而是围绕一个真实的案例来进行，使教学内容更加贴近实践和工作。以真实的案例为基础进行教学，可以提高学生的分析能力和创新能力，也可以为毕业设计提供真实的素材。在前文中提出的大连理工大学就是采用校企共建研究所的形式开展校企协同人才培养。研究所聘任的专家均完成一个半月的企业实地考察与锻炼，学校以派出骨干教师开展研究工作的形式开展"双师型"教学。这样既可以为企业带来效益，又可以推动学校的科研进程，使高校能触及企业技术的最前沿。

此外，高校可以通过聘请符合本专业要求和高校教师标准的企业专家到校任教和派出优秀教师到企业工作的形式开展"双师型"教学。

三、校企共同实施培养过程

（一）订单式培养

订单式培养指的是高校与企业签订用人合同，校企双方共同制订人才培养计划，有效利用高校和企业的优势资源，共同参与到人才培养过程中，实现人才培养目标，最终企业按照协议安排学生就业的协同办学模式。高校、企业和学生在订单式人才培养模式中均处于主体地位。三主体在订单式培养的过程中应体现其主体地位，各尽其责。企业应以当前行业的发展现状为背景，结合企业的实际需求提出培养数量和规格，并委托学校进行管理。在订单式培养过程中，校企双方应共同制订有针对性的联合培养方案，共同确定培养目标。应把当前行业发展的情况和高校的内在情况相结合，并以此为基础进行课程设置和教学计划。高校则根据共同制定的培养目标、课程体系和教学计划进行有针对性的人才培养。在学生毕业时一般由委培单位安排就业。

订单式培养莫过于"一班多单"和"一班一单"两种形式。"一班多单"是指一个企业的毕业生需求量比较少，但有多个企业需要该类型的毕业生，这种情况下采取多个企业共同下订单的形式，高校按照职业岗位相近原则，以职业岗位能力培养为主，采取一个专业对应多个企业订单的形式组建班级。如果一个企业的订单数量足以组建一个班级，企业的岗位要求都指向一个专业，这就形成了"一班一单"的形式。订单式人才培养的模式要求相关专业学生采取自愿报名和考核面试，选拔合格的学生组成班级，参加企业实训基地的实训教育，经过严格的培养和训练，使得这些学生在毕业时具备了企业正式员工的水平和能力。学生在毕业后能很快进入企业工作。

订单式人才培养模式要求学校和企业密切沟通，需要就招生与企业用人、专业设置与企业岗位要求、教学与生产经营实际需求等几个方面进行磋商与确定。订单式人才培养模式还需要企业对未来几年的发展方向、发展需求有一个明确的定位和准确的概括。否则，订单式培养的学生不但不能促进企业发展，还会增加企业负担。

（二）校企教育资源共享

积极探索和推动校企协同培养模式，了解企业和市场需求，搭建校企协同对接和沟通的平台，校企协同，共同培养专业、职业型人才，实行资源共享。加强校企协同人才培养，有利于提升企业的技术研发实力，也有利于应用型高校创建对高新技术产业的研究以及大学生创业教育经验的机制。企业为应用型高校搭建实习平台，应用型高校成为企业的技术研发合作与人才培养基地，双方共同打造"合作、互动、共赢"的校企协同综合平台。同时，这种校企协同教育可以通过集合双方各自优势来共同培养企业、社会所需人才，对企业与高校育才机制以及对社会公益贡献有着重大的意义。资源共享也使企业的科技创新以及企业求人、育人机制方面发展到了一个新的高度。

资源共享还包括校企共建实验室的形式。企业投入先进的设备和技术，高校则利用其得天独厚的实验教学条件和师资力量，实现资源共享。校企共建实验室使学生的培养和职工的培训相结合，优势互补，节约资源。校企可以根据实验内容和面对的群体不同建设不同层次的实验室。首先，面向低年级学生需求的基础实验平台，主要开设课程实验及承担部分课堂教学任务，通过常规基础实验的训练，使学生掌握基本的实验理论、基本的实验方法和基本的实验技能。其次，为大学二年级以上学生设置的综合应用实验室。主要通过大量的开放型、创新型实验项目和各种课程设计，培养学生对所学知识的综合应用能力。最后，适应基础较好、动手能力较强、学习能力较强的学生进行创新设计和科学研究的创新研究实验室。主要向学生们提供较完备的实验设备和开放的实验环境，结合培养项目培养学生的创新思维，激发学生们发明创造的潜能。

对于具有雄厚师资力量的高校来说，拥有良好的实验、实训条件对学生的培养会有很大帮助。然而在大量实训设备的更新、维护与保养过程中仅依靠高校自身的力量已经远远赶不上教学的发展速度，无法满足企业对人才需求的高度。目前，许多高校，特别是应用型高校还难以建立起完整的实验、实训平台。如果高校一直依赖相对落后的实验设备或仿真实训，容易导致学生实践能力与企业的实际需求脱轨。因此，聚集社会各界的力量，以技术服务和有偿培训服务换取实训设备资源，实现资源共享是一种双赢模式。对于企业来说，技术是企业的重要命脉，优质的员工培训对提高产品质量和生产效率，对设备的有效利用和维护都存在一定的好处。因此，与高校达成以实训设备换取技术服务和培训的资源共享模式，合理地解决了企业对设备处置、员工岗前培训等一系列问题。

（三）学校冠名企业

高等院校若想使学生更好地利用实习实践的时间，真正做到将自己所学的知识运用到实践中并从中提高自己的动手能力，就要有自己的企业，高校可以选择与自己的部分专业需求相匹配，并有一定技术基础的企业为其提供技术和部分资金的支持，使该企业成为学校冠名企业，成为学校的一部分。要想使高校冠名企业成立教学工厂的校企协同形式发挥出最大功效，首先要合理化协同企业的地位，其次要强化合作机构的组成。有关行会、相关企业、教育局、劳动局、高校等相关负责部门的代表组成培训委员会。最后还要完善教学管理。教学工厂应设立教学经理一名，实行经理负责制，根据学生、设备的数量配备理论教师和培训教师。在学生数量较多的情况下可以为教学经理配备助手。理论教师和培训教师共同办公，培养"双师型"教师队伍。构建与现代企业要求相适应的教学大纲和与国际标准统一的考核标准体系。高校冠名企业，成立教学工厂是一种新型的教学理念、教学模式，也是一个新的组合型的概念。其主要特征是将实际的企业环境引入教学环境中，并将二者很好地融合到一起。该教学工厂是一个综合的教育平台，同时也是一个载体。教学工厂以职业发展为标准设计教学过程，在工作环境中开展教学过程，把专业课程的学习搬进工厂。教学工厂为学生提供了一个工厂的学习环境，学生通过在企业环境中学习实际知识技能，成长为符合社会需求的高水平职业人。工厂在"双师型"教师队伍的带领下，在学生的辅助下完成了生产任务并节约了成本。高校在教学工厂协助下完成了教育任务，为社会培养出适应社会发展的人才。

四、建立校企双方有效协同的机制

（一）建立校企协同的引导机制

校企双方应共建校企协同的有效机制。首先，共建校企协同工作委员会。该委员会由行业、企业、高校三方高层管理者参加。主要审议高校的培养目标、培养模式、师资队伍建设、招生、就业等问题，并且根据企业、行业未来的发展方向提前制订好发展规划、确定人才培养方案并以此组织进行课程改革。其次，成立技术合作开发与培训委员会，由高校科研能力较强的教师和企业技术骨干组成。该委员会主要针对企业需求进行新产品的研发、对高校的科研成果进行转化以及对新技术的应用。此外，在人力资源部门的协助下，该委员会对校企双方员工进行技术培训、新科研方向的传递等。

（二）建立校企协同的管理与反馈机制

根据协同理论，建立校企协同、统筹规划、分工负责、互相协调、自主发展的管理机制，使企业和高校实现机制上的依存、资源上的互补、利益上的双赢，确保人才规格与发展需求、办学规模与资源配置最大限度的适应性。同时依据科学的方法对校企协同建立反馈机制，及时掌握协同办学过程中发现的问题，及时引导校企双方的协同方向，保证校企协同平稳健康地运行。

五、改变校企双方传统的观念与文化

（一）转变校企双方的传统观念

目前，我国高校现行的校企协同多数呈现高校积极但企业比较"冷"的态势。究其根本原因，就是观念上的差异造成的。毋庸置疑，企业永远是以生存、追求利益最大化为第一目标的。多数的企业对校企协同的重要性认识不足，或者说存在误区。企业传统的观念认为人才培养是高校的责任，与企业关系不大，并且参与校企协同会增加企业的负担，阻碍企业追求利润。这一传统观念严重地影响了企业参与校企协同的动力。而高校是以人才培养为最根本目标。部分高校的传统观念认为人才培养是通过课堂教学来完成的。由于传统观念的不同，造成校企双方的协同失去动力。尽管有些企业已与一些高校进行校企协同，但也不难看出企业表现出来的被动和勉强的姿态。

通过对校企双方的功能和作用进行比较和分析得出：高校培养的人才最终是走向社会，为企业所用的。而企业创造的利润最终也会流向社会，在社会中进行体现，由此找到了校企双方观念上的交集——服务于社会，共同为社会培养优秀的人才。企业应该认识到人才培养是企业应该承担的责任和义务，不能单靠学校来完成。企业有责任把产业部门对人才的要求直接反映到人才培养的过程中去，从而获得企业满意的人才。另外，企业参与校企协同更多的是可以获得科技服务等利益。高校也应该意识到培养符合社会需要的人才需要企业的协助。高校作为人才培养的主体，应当协助企业完成技术攻关、新产品的研发等工作。高等学校具有研发的基本条件，无论是研发设施还是研发人员均较企业优越，而且高等学校向来有进行科研的职能，也有相当数量科研成果的积累和储备。高校可以通过企业转化自身的科研成果而获得收益。高校还可以通过与企业的协同节约各种仪器设备的费用，从而降低人才的培养成本，而且还可以给学生提供一个完全真实的技能实践和训练的环境和场所，这一点是任何模拟训练都难以代替的。

因此，企业和高等院校双方应转变其传统的观念，认识到人才培养是双方共同的责任。

（二）融合校企文化

从大学的发展历史来看，任何一所优秀的大学取得成功、培养出优秀的人才的关键就是一所大学的凝聚力、教育力、创造力和影响力的基础性支撑和实力的集中体现，也体现着大学的核心竞争力。每一所大学在其办学的过程中都重视其大学文化的建设，形成深厚的文化积淀。大学文化是指大学在其长期的发展过程中积淀形成的并被全体成员普遍认同、内化、奉行的精神要义，以及其通过制度性构架在大学主体人的行为和其他有形的实体物和无形物的载体上予以体现展示出来的意识形态之一，具有一定的实践性和认同性，属于社会文化范畴。

企业文化与大学文化一样同属于社会文化的范畴之内，但是与大学文化相比较，又有着自己的独特内涵。作为企业，更多地强调企业的利益和发展，企业文化也是围绕企业的这一目标进行规划和建设的。企业领导者把文化改变人的功能应用于企业，以解决现代企业管理中的问题，就有了企业文化。企业文化是指企业在社会主义市场经济的实践中，逐步形成的为全体员工所认同、遵守、带有本企业特色的价值观念，是经营准则、经营作风、企业精神、道德规范、发展目标的总和。企业文化是一种意识形态，是企业发展过程中形成的文化观念、历史传统、共同价值观念、道德规范、行为准则等。企业管理理论和企业文化管理理论都追求效益。但前者为追求效益而把人当作客体，后者为追求效益把文化概念自觉应用于企业，把具有丰富创造性的人作为管理理论的中心。

企业文化的很多内容都可以从校园文化所拥有的文化成分中表现出来，它们具有很多的相似点。校园文化也在不同程度上受企业、行业发展的影响，这一点在应用性较强的专业和学科中表现得尤为突出。在现代社会里，今天的企业员工是昨天在校园里学习的莘莘学子，而现代社会又是一个重视终身教育的时代，即使在企业工作的员工也需要不断地学习和进步。在此情况下，大学文化与企业文化的有效融合和衔接可以使学生在真实的企业实践情境中感悟优秀的企业文化，切身体会到企业文化的要求和大学文化要求的合理性、科学性，提高大学文化要求的可接受性以及内化的程度，加快大学主体尤其是学生的社会角色转化，促进大学生社会心理成熟，及早了解和把握企业和社会在文化层面上的要求，培养作为未来职业人的综合职业素养和能力。

第二节　校企协同创新创业人才培养体系的运行

一、完善校企协同创新创业人才培养的体制机制保障

（一）校企协同的政策保障

国家应出台有利于促进校企协同方面的支持与扶持制度。对于在校企协同中表现优秀的企业给予奖励和政策支持，例如，税收、资金、财务、人员等方面的优惠，切实保护企业的利益。对于未履行校企协同义务的企业给予一定的惩罚。例如，政府应尽快制定出企业参与校企合作的税收减免政策的具体实施办法等，并在对教育捐赠实施免税的基础上更进一步允许把企业教育捐赠款的一部分用于抵扣企业所得税，以提高企业向高校捐赠的积极性。政府和行业可以共同制定企业参与校企协同的实施细则，明确企业应承担的具体义务和责任，确定相关的奖励措施，并加强政策的执行力度，还可以在行业内部制定相关政策和措施支持企业参与校企协同，如评价审核参与校企协同的企业资质，并规定获得资质的企业在实训基地建设、企业教育培训资金、参与教育有关活动等方面可得到优先支持。对于开展校企协同教育效果显著的高校，给予相应的表彰和大力支持。

以上政策的执行都必须配合监督管理，采取有效的措施和方法对校企协同政策执行程度进行检查，确保校企合作政策的实施能够达到预期的效果。同时，对加强和改善校企协同的宏观调控，促进校企协同的健康发展具有十分重要的意义。校企协同过程中涉及的政策范围较广，既有宏观政策，也有具体政策；既有针对学校的政策，也有针对政府和企业的政策；既有行政政策，也有经济政策；等等。国家应统筹考虑，依据校企合作的特点完善有关政策，采取必要的措施对校企合作的开展进行支持和规范，将校企合作所涉及的各个方面、各项内容有机地协调起来，形成一个协调一致、高效互动、互利共赢的政策保障体系。

（二）校企协同的法律保障

我国政府应制定专门的校企协同教育法规，对校企协同各方的权利和义务进行明确规定，进一步明确校企协同中学校、企业双方的权利、义务和相互关系，以维

护校企协同各方的合法权益。在这一法律框架下，各级政府应该根据当地实际情况健全校企合作的管理机构、制度体系和运行机制，加强对校企协同的指导和协调。

校企协同相关法律的确定应充分考虑到高等院校的基础作用，实现高等院校人才培养与企业需求的无缝衔接。对于高校参与校企协同的项目给予一定的经济补助和优惠政策，建立鼓励教师参与企业实践制度，并对在企业实践中有突出贡献的教师进行嘉奖。高校应根据社会的发展方向和市场需求，主动与企业在学生实习、专业设置与课程开发、就业和职工培训等方面开展合作。高校应建立"双师型"教师培养机制，定期委派专业教师到企业实践并制订学生和教师到企业实习、实践的可行性计划。对于在实习时间中产生的合理费用学校给予全部承担。因校企协同需要所赊买的图书、设备等应纳入学校财产并由学校统一管理。高校有责任对参与校企协同的企业职工进行能力范围内的职业技能培训和继续教育。高校组织安排学生实习应严格遵守国家有关法律法规，为学生实习提供必要的实习条件和安全健康的实习劳动环境，学校应当加强对实习学生和实践教师的职业道德教育和安全教育，为实习学生统一办理意外伤害保险。在企业实践的教师应全程给予监督指导。

我国政府应明确规定企业参与校企协同，接纳高校学生实习、教师实践的责任和义务。尽快对现行的相关法律、法规进行完善，为校企协同的运行营造外部条件。规范企业行为，并努力促使企业参与校企协同的行为逐步成为企业的自觉行为。应充分发挥企业在校企协同中的作用，从企业需求出发，在保障企业应有权益基础上对企业与高校开展校企协同的内容和形式进行规定。对积极配合校企协同的企业给予税收优惠和经济补偿。企业有获得协同院校各方详细信息的权利。学生实习、教师实践不得干扰企业正常的生产秩序，并要求学生及教师尽量避免不必要的资源浪费，为企业节约成本。另外，保障学生实习期的安全是企业和学校共同的责任。对于学生在企业实习期间为企业营造的利润，企业应给予一定比例的报酬。企业不得以任何理由对前来实习实践的师生不管不顾。

（三）校企协同的经费保障

随着经济和社会的逐步发展，政府、企业及高校设立校企协同教育专项资金凸显出促进校企协同的重要作用。我国各级政府可以逐步从财政支出中设立校企合作的专项资金，为校企合作的顺利达成和正常运行提供基本保障。此外，政府还可以通过捐赠、资助、奖励、基金等形式广泛吸纳社会资本，降低校企协同各方的成本，以鼓励企业与高校开展协同教育。各级政府还应对校企协同专项资金的使用进行严格的监督和管理。在政府财政投入有限的情况下，高校也应通过设立校企协同专项资金，支持校企协同活动的开展。高校可与地方政府开展合作项目，设立校企协同教育基金，对高校参与校企协同的教师和学生提供费用上的支持。高校还可以通过吸收社会力量，争取各类私人和团体捐助，如成立各地校友基金会、企业家基金会等。可以转换田家炳、邵逸夫等社会力量的捐助方式，将其捐助投入到校企协同教育中。企业提供经费是校企合作发展的重要保障。我国政府应鼓励企业设立校企合作专项资金，以支持校企合作的开展。企业可以为协同办学的高校提供教育奖学金、助学金，为实习的学生和实践的教师提供适当的劳动报酬等。

（四）校企协同的体制保障

通过借鉴国外校企协同成功的经验，我国要全面深入开展校企协同教育，首先从政府层面建立校企协同教育决策委员会，主要由省、市的教育、财政、科技、劳动、高校、企业和第三方服务管理机构的相关领导组成。该委员会主要责任是研究形式，确定规划和目标，协调各方资源和利益，制定和落实政策、舆论导向，检查和推进协同教育工程的进展，属于决策性机构。

在高校和企业层面建立校企协同委员会是十分必要的，该委员会主要由各院系分管领导和企业校企协同的专门负责人组成。主要负责高校与社会、高校与企业的沟通与联系，促进校企协同的深入开展。有利于节约人、财、物、信息和时间等成本，有利于及时了解掌握校企双方的需求，有利于社会资源的有效利用，从而实现校企协同各方面利益的最大化。该委员会属于执行性机构，依法要求校企双方承担社会责任，积极组织学生实习和教师实践培训，为实习学生和教师培训提供实训场地、设备设施，安排指导人员、安全培训等。校企协同委员会充分将高校的人才、信息以及科研优势和企业的设备等资源协调整合，使双方共同进行技术攻关、新产品开发、人才培养等工作。

二、明确校企协同中各参与者的作用

（一）政府的主导地位

校企协同教育的根本是为国家培养高素质的人才，是为了推进社会进步的公益性事业。所以，要想使校企协同人才培养健康、顺利进行，使校企协同人才培养得到稳固，政府就应该扮演好相应的角色，确立其绝对的主导地位。由于政府有着其绝对的组织优势、资源调控优势、公共管理优势，所以，建立政府主导的校企协同管理体系，统筹高校与企业的资源，政府责无旁贷。政府通过统筹规划各地校企协同培养模式，保证其制定培养目标、确定培养方向、协调校企利益等准确无误及有序地开展，从而保障校企协同工作的顺利进行，确保了学生的培养质量。政府应成为高等学校和企业之间协同办学的管理者、规范者和评价者，主要对校企协同的过程进行管理并规范其流程、评价。鼓励企业参与到人才培养中并建立有效的校企协同评价体系。政府的督导不仅可以使校企之间的协同工作顺利进行、完成其协同工作的内容并实现双方的预期目标，还可以督促那些不积极参与校企协同的高校和企业承担相应的责任、履行相应的义务。除此之外，政府应建立一套相对完整的校企协同评估、激励办法，制定科学有效的评价指标和符合标准的评价程序，实现对校企双方全方位的监督、管理以及评估工作。

（二）行业的指导功能

行业组织有权利要求所有企业必须在本区域内的行业组织登记，参加相应的行业组织。行业组织是本行业职业资格标准的制定者和认证者。行业组织还应该协助政府收集最新的相关岗位的就业信息，调查劳动力的现实状态、适任地区，从而对高校的专业设置和学生的职业选择提供一个明确的方向。基于其构成特性，行业组织应该密切关注产业结构和岗位需求的变化，并根据相应的变化及时调整教育政策，促进政府、企业和高校之间的协同关系，减少资源浪费，提高教育质量。行业组织既可以协调政府实施各项政策法规，又可以将高校、企业方面的信息反馈给政府；既可以向高校提供指导服务，协调高校和企业在教学安排上的矛盾，又可以对它们进行监督评估。

行业组织作为各个企业的指导者，有动员所属企业参与校企协同教育的功能。对于那些没有足够能力承担人才培养任务的中小型企业，行业组织也可以有针对性地给予一定的帮助和指导，通过彼此之间的联合以及依靠大型企业的帮助，参与到校企协同中来，保证了行业的良好发展。行业组织有责任运用自身的地位优势，发挥其指导作用，协助政府办好校企协同教育。

行业组织在本行业中有着举足轻重的作用，受行业内所有从业人员的认可，代表了该行业的共同利益，由此自然而然就对本行业的归属企业产生了一种约束力。因此，行业组织可以规范本行业的相关企业统一按照相关的章程开展校企协同。行业组织在本行业内起到了政府行政层面上起不到的作用，是政府行政支持的强有力的补充。行业组织负责指导企业内部校企协同教育的许可、咨询、考试及监督，包括审查及确认培训企业的资格；缩短与延长培训时间；制定结业考试条例，组织与实施期中考试、结业考试。

我国国家级各专业的教学指导委员会均由行业组织参与，行业组织可以作为高等教育各专业的行业代表，在专业布局、课程体系、评价标准、教材建设、实习实训、师资队伍等人才培养的多个方面，发挥重要的指导作用。行业组织通过指导加强专业建设、规范专业设置管理、更新课程内容、调整课程结构、探索教材创新，遵循教育规律和人才成长规律，推进高等学校的教育教学改革工作，构建适应经济发展方式转变和产业结构调整要求、体现现代化教育理念、校企协调发展的高等教育课程体系，促进学生全面发展，培养符合社会经济发展所需的合格人才。

（三）企业的参与地位

在校企协同教育过程中，企业的利益主要体现在两个方面。首先，企业通过参与人才培养过程把产业部门对人才的要求直接反映到教学培养计划中，从而获得企业急需的人才。人才是校企协同教育的动力和核心，企业参与是以获得企业满意的人才为出发点。其次，企业参与到校企协同中，希望在新产品开发、技术改造、员工培训以及科技咨询等方面得到高校的支持。

高等教育的人才培养，不仅仅是通过课堂教学就能完成的，也不是单单依靠实验室就能造就出来的。尽管各级政府为改善学生实习、实训环境，解决大学生实习、实训困难的问题，加大了投入的力度，高等院校均建立了各类校内实习、实训基地，这些基地在人才培养过程中发挥了重要的作用。但是，很多校内基地面临着后续设备更新与改造的困难，所需经费学校难以承担。而纯消耗性实习、实训存在的问题很多，除了经费之外，学生仍缺乏实战环境的锻炼。从实验设备而言，如果通过企业参与校企协同的教育模式，可以大大节约各种仪器设备的费用，从而降低人才培养的成本。更重要的是企业参与会给人才培养提供完全真实的技能实践和训练的环境场所。

现代化、规范化的企业不仅要能创造利润，对股东承担法律责任，而且要对员工、消费者和环境负起相应的责任，这种责任要求企业必须超越把利润作为唯一目标的传统理念。企业的文化也要与时俱进，要符合现代经济的发展规律，紧握现代社会发展脉搏，强调在生产过程中以人为本的原则，以及每个员工对社会发展的奉献精神。参与校企协同恰恰是企业履行社会责任，体现社会价值的重要途径。

（四）高校的主体地位

培养社会需要的合格的高校毕业生是高等学校服务于社会的重要职责。在人才培养过程中，高等学校处于主体地位，是校企协同教育的积极倡导者和实践者。应设立以高校为主体的董事会制度和校企协同委员会制度。董事会可以吸收企业第一线的资深专家、社会知名人士、商业界代表等以董事的身份参与到校企协同中来，以加强高校、企业、社会三方的沟通与交流。董事会可以通过定期召开董事会议和不定期召开常务会议，以听取参与校企协同相关单位和部门的工作报告，并提出建设性的意见。对于高校而言，为了适应现代社会知识经济的飞速发展，为实现高校的人才培养目标，开展校企协同教育是培养适应社会发展人才的必经之路。

　　高校在校企协同过程中应发挥积极主动的作用。但是，由于人才培养规格不同、在创新型国家战略体系中所处的位置不同、实现职能的侧重点也不同。因此，研究型大学、应用型高校与高等职业院校在开展校企协同时也应采用不同的方式。研究型大学为了将科研成果服务于社会，多开展以科研为主要目的的校企协同人才培养；应用型高校应以培养应用型人才为主要目的，多开展以培养学生实践能力为主要目的的校企协同人才培养；高等职业院校应以深厚的职业教育为背景，多开展技能培训，培养学生的动手能力以及创业能力。

第十章 校企合作机制下高技能人才的培养

第一节 校企合作机制下高技能人才培养的理论基础

一、高技能人才的职业特征

每一种职业都有一定的特征，个体能力特征和群体职业特征就是高技能人才的两个方面，个体能力特征体现出群体职业特征，群体职业特征又包含个体能力特征。高技能人才的群体职业特征的主要表现方面有以下几点。

第一，类型的多样性和发展的动态性。类型的多样性是指高技能人才类型既包括技术技能型人才，也包括知识技能型人才和复合型技能人才。技术技能型人才是指各行各业对掌握基本操作的技能型人才，这类人才在工业革命之后就出现并蓬勃发展，他们不仅拥有丰富的技能操作经验，而且掌握科学的技术方法，是某项技能的专门技术人才。知识技能型人才是指掌握专业理论知识和高新技术知识的技能型人才，这类人才不仅具有较强的技术操作能力，而且掌握了现代科技的理论、方法，是以智力技能为基础的从事实践操作的高技能人群。复合型技能人才是指掌握交叉知识和多种不同技能的复合技能型人才，这类人才是掌握了交叉知识和懂得两种以上技术的技能型人才。此外，随着科学技术的不断进步、产业结构的不断升级，对高技能人才也提出了不同的要求。在不同的时代对高技能人才的技能要求也不同，因此，高技能人才的职业特征随着时代的发展呈现动态性特征。

第二，较强的适应性及高超的技艺性。高技能人才必须拥有较强的职业能力和岗位迁移能力，才能适应市场竞争。他们在生产活动中，能够快速地掌控他们要练的内容，可以迅速地完成常规性的工作，也可以胜任比较复杂的工作，能够把丰富的生产实践经验快速地运用到先进的技术中，使之在工作中及时发现问题，准确排除问题。此外，高技能人才的职业特征也表现在技艺的超群上。从事某一技术工种的人凭借富有技巧性的工艺，以精益求精为目标，通过理论知识学习和操作技能训练，在岗位上练就一副好本领、好技艺。传统意义上的手艺人与现在我们所说的高技能人才也存在一定差异，现在通过职业教育所培养出来的高技能人才不仅表现在能操作好某项技术，更重要的是掌握一定的科学知识，而且能创新性地解决一些技术难题。

第三，成长的渐进性和岗位的针对性。高技能人才的成长是一个漫长的过程，其中需要知识的储备、技能的熟练、经验的丰富和创造力的提升，这些技能提升和优势积累的渐进性，决定了高技能人才是在职业院校和企业共同培养的过程中渐进成长起来的。岗位成才是对成长渐进性的最好诠释。高技能人才的成长是在某技能岗位上，通过日积月累的实践操作处理问题，技能不断提升，优势不断积累，所以，高技能人才成长的渐进性表现在经历从新手→熟手→巧手→能手→高手的提升过程。由此，高技能人才的培养必须注重在岗位上锻炼人才与实践相结合。同时，岗位成才也是对岗位的针对性最好的诠释。职业院校或企业组织培养高技能人才的技能是针对某一职业和岗位的具体要求而展开的。职业院校会根据行业标准设定专业和课程，技能人才过程就是朝着某个岗位的要求和目标而培养的。因此，职业院校的学生具有较强的专业性和从业性，这也是职业院校学生区别于普通高校学生的主要特征。高技能人才要在重复训练中运用和检验理论知识，要在现场操作中提高和精湛技艺，要在岗位实践中揣摩和摸索，逐渐积累经验提升水平。

第四，素质的全面性和突出的创造性。现代高技能是由动作能力、智力能力和素质能力有序组合的综合能力，不仅要适应市场经济发展对岗位要求的变化，而且要符合科技进步、产业升级对职业标准的创新性要求。高技能人才是"手脑并用"的知识技能型人才。在政府的引导下，职业院校、企业合力培养的高技能人才是具备科学技术理论知识和较高的工作操作能力的人才，通过学校教育和企业培训，能把知识运用于实践，并且通过熟练操作解决工作中的任务和难题。高技能人才不仅具备以上知识技能和动作技能，还具备相应的职业道德操守、文化涵养和审美情趣等素质能力。因此，高技能人才具有全面的素质，此外，高技能人才还具备突出的创造性。高技能人才突出的创造性主要表现在相关技能领域的技术创新能力，主要表现为技术的改良、改进，技艺的精湛、发展和专利的发明、创造。高技能人才从事复杂的技术和劳动的实践活动，高技能的"高"体现在知识含量高和技术含量高，是手脑并用的人才，这是高技能人才区别于其他人才的特征。高技能人才能依据现有的知识储备、操作技能的熟练、已有经验的积累和技术创造能力的发挥，有效地解决安全生产的技术问题，研究、处理和解决异常事故或故障。因此，在技术创新、设备改造、技术引进和技术改造方面表现出更高层次的创造力和创新性。

二、高技能人才培养的理论基础

（一）人才学基础

人才学是以人和人才为对象，研究人才成长的过程，揭示人才成长的规律，为人才的开发、培养与使用提供理论基础。其中，马克思主义人才观提出的人才本质、人才开发和人才成长等三个方面理论为人才学奠定了坚实的基础。人才学研究的重要内容之一，就是马克思人才成长理论即人才发展规律理论，包括人才成长的原理、人才成长过程的影响因素、人才个体成长的基本规律与社会人才成长的基本规律等方面。其中，在人才成长过程的基本规律中，提出了综合效应理论，为人才成长和人才发展提供了科学的思维方法和理论基础。人才学中综合效应理论是指人才的成长以实践为中介的以内外部因素相互影响为条件的渐进性过程。综合效应理论中影响人才成长的因素主要包括：第一，内在因素，这是人才成长的根本和依据。内在因素主要包括生理因素和心理因素，具体包括先天的遗传因素和后天的身体素质、思想道德、智力发展和品质构成等方面。人才学研究人才成长的内在因素不仅包含个体的成长，而且还包含整个社会人才队伍的成长，包括人才队伍的水平、结构和特点等。第二，外在因素，这是人才成长的条件和环境。人才成长的内在因素的发生和发展受到外在因素的影响和制约，外在因素通过影响内在因素从而影响人才的成长。因此，内在因素与外在因素是相辅相成的关系。第三，实践活动，这是人才成长的中介。人类都是通过实践活动这一中介在内外部因素的相互影响和作用下成长和发展的。实践活动是认识的动力和源泉，是认识的目的和手段，也是检验认识是否正确的唯一标准。只有通过"实践—认识—实践"，无限循环上升的过程才是人才的发展和成长过程。

人才学的理论为我国高技能人才的培养奠定了一定的理论基础，随着我国职业教育事业的蓬勃发展、企业培训制度的不断完善，出现了技能人才辈出的欣欣向荣景象。时代召唤大量的高技能人才，但是，随着社会经济的发展，科学技术的进步，产业结构的不断优化升级，对我国高技能人才提出了更多的质量要求。而高技能人才的培养存在许多问题，比如，职业教育地位不受重视、培养机制不够完善和鉴定标准不符合市场要求等，这就要求高技能人才培养以人才学理论为基础，在实践中不断发展和完善。其中，我国著名人才学家王通讯从人才学的角度总结了人才成长的八大规律，即师承效应规律、扬长避短规律、最佳年龄规律、马太效应规律、期望效应规律、共生效应规律、累积效应规律、综合效应规律，为高校培养拔尖创新人才、制订用人方略提供了理论根据。

（二）教育学基础

教育教学、技能培养和服务社会是职业院校的主要职能。随着知识经济的发展、科学技术的进步，职业院校将成为技能人才的生产基地。培养具有知识理论和操作能力的技术类技能人才成为职业院校的基本功能和重要目标。

知识经济的到来和职业院校的基本功能都要求培养知识技能具备的高技能人才。职业院校的功能是学校作为组织对社会的作用，通过学校开展教育教学活动表现出来，然而，对职业院校的功能还存在普遍误解。首先，学校管理者通常把学校的健康发展作为学校功能的关键因素，特别是刚刚转型的职业院校，还没走出普通院校的管理观念和观念模式，偏重于知识体系的培养而忽略了技能的培养，这就造成学生的动手能力较差，亲自实践的机会减少，因而不符合职业院校培养技能人才的基本功能和目标。其次，社会大众对职业院校的功能也存在偏差，通常社会大众认为进入职业院校的学生文化水平低、素质水平差，他们认为只有不能进入普通学校的学生才会进入职业学校，这种对职业院校的误解就会影响职业学校的形象和发展。因此，职业院校的教育定位是一个非常重要的问题，培养技能人才是职业院校的基本职能，只有定位准确才有利于职业院校的发展和职业学生的成长。

教育基础学中，职业院校的职能为技能人才的培养提供了方向定位和功能保障。在高等职业院校中，学生在原有的知识或操作的基础上经过技术创新从而实现技能的高层次掌握。培养和训练学生的技能素质，同时结合创新精神和实践活动，直接为社会输送技术技能人才是本阶段教育的目标。培养学生掌握更多知识、开展自动化操作和实践创新是高职院校现阶段培养的重点，在长期研究和探索下使学生能从事具有更高难度和更具社会价值的创造性实践活动。

（三）心理学基础

高技能人才培养的一个重要理论是遵循人才的心理发展规律，培养学生的技能素质。心理学告诉我们，人人都有创造性，如何找到发展学生创新能力、最大限度开发所有学生潜能的有效的培养模式，是当前培养高技能人才创新能力面临的一个难题。

心理学研究表明，人的创造性发挥最佳时期是在 30 岁左右。当然，这只是一般情况，有时也要因人而异。在注意最佳创造年龄的同时，要注重学生的心理发展规律，建立有效的培养模式体系，使学生的共性与个性协调发展，避免单一的培养模式，认可和鼓励各种创新行为，同时，也可通过分层次、分水平对学生进行培养，以使大学生进入最佳年龄区，最终创造成功。美国学者赫曼建立了"全脑四分构造模型"。他认为人的大脑是由四个既相互联系又相互依存的象限组成，这四部分构成一个有机的整体。由左半脑和左半边缘系统控制语言思维方面，由右半脑、右半边缘系统控制非语言的意识能力。这四部分构造提供了脑生理基础，分别为知、情、意、行四部分，同时也是德、智、体、美全面发展的依据。作为一项新的研究成果，"全脑模型"在今后对高技能人才的培养将起到巨大的帮助作用。大脑是人类一切创新和创造活动的源泉。在高技能人才培养的过程中，只有综合开发人才的大脑，才能不断地使高技能人才产生创新性行为和成果。

（四）经济学基础

发展经济学家舒尔茨是人力资本理论的主要代表人物，他在《人力资本的投资》演讲上，从宏观角度明确提出了人力资本的概念，并且指出了人力资本的投资范围和内容，初步建立了人力资本理论的体系框架。舒尔茨的人力资本理论强调对人的投资，指出人力资源的提高对经济发展的巨大作用，远比物质资本带来的经济效益要高得多，因而，我们要重视对人力资本的投资、教育和培训。经济学家的人力资本理论为培养高技能人才适应市场经济的发展和科学技术的进步提供了理论借鉴和启示。

经济学人力资本论提出，在影响经济发展的诸多因素中，人的因素是最关键的，经济的发展主要取决于人的素质的提高。资本和劳动力生产要素可以在一定时期内改善，投资对经济增长有一种渗透性的影响。与此同时，他通过发展国民经济和社会发展问题的实证观察和实证研究，认为发展中国家实现经济快速发展的工业化，这是一个关键因素而不是实物资本应职业教育发展的趋势，在人力资本理论的指导下构建培养高技能人才的培养模式，让学生在知识学习和操作实践的积累下，成为具有较强专业知识和较强操作能力的人力资本，不断提高人力资本的素质和水平，从而促进经济的发展和综合国力的提高。

第二节　校企合作机制下高技能人才培养的开发方法

传统学校教育培养的学生在专业知识上占有很大优势，但在市场化的社会条件下，能在较短时间内适应生产工作，是每一个企业最迫切需要的，所以，一种新的培养技能型人才的方式便应运而生—校企合作培养。

校企合作培养高技能人才，一般要成立协调指导委员会，这是由政府及其有关部门负责人、企业和院校为代表的，且有专家参加。成立协调指导委员会的主要目的是研究制定本地区学校和企业合作培养高技能人才发展的规划，指导、协调学校与企业发挥各方优势，合作培养经济发展需要的高技能人才，推进校企合作培养高技能人才工作。

国务院《关于大力发展职业教育的决定》指出："职业教育要改革传统人才培养模式，大力推行工学结合、校企合作的培养模式。"教育部也明确提出："职业教育要大力推行工学结合、校企合作的人才培养模式，积极鼓励校企合一、形成产教结合、校企共进、互惠双赢的良性循环职业教育模式。"

如何贯彻这些政策，在现实实施中主要有以下三种模式：订单式、集中培训以及定向培养高技能人才。

一、订单式

订单式培养高技能人才，是近几年才出现的，并且得到了快速发展的一种校企合作培养高技能人才的模式。企业需要大量技能型人才，期望可以得到符合自身需求的人才，与学校合作。人力资本投资是经济增长的主要来源，在经济发展的过程中，人力资本投资回报率高于物质资本，人力资本可以促进收入的快速增长，改善国际经济关系，人力资本积累的社会化的内容，包括依赖私人教育投资、市场力量，以及个人或团体在他们的专业实践和学习的所有活动的人力资本的积累和提升。人力资本的形成，除了正式的学校教育系统的质量和专业生产，更重要的是需要在社会实践中动员和依靠社会资本和市场的力量。

高技能人力资本的形成，需要的是通过正规学校的职业教育体系进行系统化有效的培养，同时也需要企业的培养和政府的引导，三者协调共同培养。在社会实践当中，广泛动员和依托社会资本和市场力量。当前，我国的高技能人才培养的教育体系主要以正规职业学校教育为基本形式，以企业培训为主体形式，以政府为引导形式。适应市场经济发展的趋势，使所培养的学生满足企业要求，于是就产生了"订单教育"。

具体说来，订单式培养高技能人才主要包含以下几项内容。

（一）学校与企业签订订单协议书

在实行订单培养之前，需要学生、学校、企业三方签订一份校企合作订单培养三方协议书，以确保订单培养的实施，即企业确保学生在学校期间学习了符合自己企业需求的知识，学校也确保了学生毕业后的就业，学生则是选择了一种学习方式，在选择这种学习方式后要按照学校的课程安排学习，最终实习和就业得到了保障。

一般的协议书主要包含订单培养期限、工作时间、工作制度、劳动补贴，学生、学校、企业三方的权利与义务以及一些其他条款。

（二）制订培养计划

培养计划是学校和企业共同商讨制订的，主要包括确定培养目标、培养模式、主干课程、培养规格。

其中在订单式培养计划中，最为重要也是最为核心的是主干课程，也就是要确定培养学生的服务面向，大多是以企业需求为主，具体包括主干课程及内容、课程设置（课程进度计划表）、课程编制说明，而每一门课程除了培养学生的知识之外，还要培养学生的素质和能力。

在课程设置中，订单式培养方式的课程细化了大的学科，更加注重学生具体的操作能力，比如，有的学校设置了数控车床操作、数控加工程序编制、加工中心操作、机械工程图绘制等。这直接决定了学生在校期间需要学习的知识和实践的内容，也使学生进入到工作岗位时能够更好地适应工作环境，这也是高技能人才的必备素质之一。

总而言之，订单培养就是要制订有针对性的课程训练计划，以此来保证提高学生的专业技能，符合企业需要，确保学生高质量地就业。

（三）培养标准

一般订单式的培养目标都是为了培养适应生产、建设、管理、服务，德、智、体、美、劳全面发展的一线人才。此外，还会结合企业的需要，面向企业所从事产业的类型，培养能在生产第一线从事相关工作并具有职业生涯发展基础的应用型技能人才。

（四）实施教学

订单式培养的学制通常为三年，开设的课程在第一学年主要是公共基础课和专业基础课，主要包括思想道德与法治、体育、英语、经济数学、计算机等基础课程以及相关的专业理论基础课程。第二学年为专业课，第三学年则是实习和实训的课程。

课程考核分为考试课与考查课，用学分计算，与普通的高等教育教学模式基本一致，只是在教学中会更有针对性，对于每一个专业针对的一些资格考试也会做出相应的辅导，帮助学生学习，并取得职业资格证书。

（五）企业

在这种模式下，企业主要是为订单教育提供相应的实习设备、专业师资、技术资料及必要的资金支持，企业安排接受订单教育的学生就业。

二、集中培训式

有些企业会与学校共同建立由知名专家参加的专业指导委员会，就学校的办学方向、人才培养进行指导，共同研究培养目标，制订培训计划，分期分步共同组建技能培训领导小组，组织实施培训。企业派遣挑选出来的职工到合作学校插班学习，分期分批地在合作学校里接受系统的正规教育与培训，对企业职工进行针对性较强的短期集中培训，利用这种方式使职工更新了知识、提高了技能。

三、定向培养

企业要有前瞻性的战略眼光，才会发展壮大，这就需要企业必须有目的有计划地储备各种人才。这种战略除了通过招聘来实现外，还可以通过向合作学校定向培养生来实现，即产生了校企合作培养高技能人才模式中最为深层次的定向培养。定向培养是指学校针对企业的发展需要进行科研攻关、开发课程，经企业认同后开始教学工作，也可以采用企业提供的培训课题或计划，学校实施，旨在全面提升大学生的综合素质，知识与能力并重，学历与就业兼收，把大学生作为人才按"工程师"级别进行培养，以期达到毕业后能在短时间内在自己的专业岗位上独当一面。

这种方式是在校企一体化的理念下提出并实施的，以企业为主体、学生为主导的高技能人才定向培养模式。具体实施需要注意以下几点。

人才选拔。通常是由企业的人力资源总监和技术专家以及学校专业教师共同组成选拔小组，按照企业的用人标准，严格遵守公开、公平、公正的原则，从一些基础专业或者相关专业的二年级学生中，将企业需要的有潜力的学生选拔出来，进行专门化培养，培养时间为一年左右。

培养计划。这种培养范式是有别于其他校企合作方式的，定向培养更加注重学校和企业共同建立的培养平台，更能够有效地沟通和整合资源。学校在确定了符合企业特色的人才培养方案和课程安排后，由企业和学校共同审核通过，方可实行。在教师方面，学校的专业教师教授一些理论课和基础专业课，熟知企业的兼职教师承担实践操作课，而学生在企业的实际操作岗位上完成实习。

评价。对于定向培养的评价除了学校学业的评价外还有对学生进行职业能力测试、职业兴趣测试和职业性格分析等，并且由企业人力资源管理人员根据测评结果对学生进行个性化的职业指导。

管理方式。对学生实行学生员工一体化的管理模式，实习与岗前培训一体化，实习期间按照正式员工的要求对学生考核，实现工作和实习一体化管理，让学生提前了解工作岗位的性质，有助于毕业后职业生涯的规划和发展。

总而言之，校企合作是经过多年探索出来的培养高技能人才的新路，通过这种方式，不仅可以增加人才培养数量，更重要的是提高了高技能人才的实践技能水平，更容易快速地融入工作岗位当中。为了完成高技能人才培养目标任务，在未来相当长的一段时期内，都要完善政府主导、企业主体、院校基础、校企合作、社会参与的高技能人才培养体系，建立校企长效合作机制，实现学校教育与企业岗位技能对接、毕业生就业与岗位用工对接，使大批技能劳动者通过这一通道迅速成才，从而更有效地培养高技能人才，使其能够满足经济转型市场的迫切需求。

第三节　校企合作机制下高技能人才培养的探索实践

实践证明，高技能人才队伍对一个国家的经济发展、国际市场的占有以及政治大国地位的确立等方面都有着不可忽视的作用。世界各国都意识到了高技能人才的重要战略价值，为此纷纷在增加本国高技能人才总量方面大下苦功，并且卓有成效。未来我国要在借鉴发达国家高技能人才队伍建设经验的基础上，着力推进我国高技能人才发展战略，增强我国高技能人才在推动产业创新和技术进步方面的重要作用。

一、营造良好发展环境，打造高技能人才平台

首先，要健全法律法规，多管齐下，为高技能人才发展打造良好的环境。要深入解读并有力贯彻《国务院关于大力发展职业教育的决定》（2005 年）、《关于进一步加强高技能人才工作的意见》（2006 年）、《高技能人才队伍建设中长期规划（2010—2020 年）》（2011 年）等相关文件的精神，逐步完善相关的政策法规。

其次，要在全社会树立"工匠"光荣的社会理念，努力提高高技能人才的待遇，特别是提高一线的生产服务领域高技能人才的薪资待遇，并且对优异的高技能人才给予格外奖励。根据中央文件的精神，要对高技能人才激励机制给予方向性的指导，并且有区别地划分出不同技能人才的薪酬等级，着力提高奋斗在一线的高技能人才的经济水平，以增强其工作的积极性。

最后，要为高技能人才的发展提供完善的保障措施。要加强高技能人才知识产权的保护、增加其科研成果的转化率，加大对其优秀成果的奖励、设立专项基金、提供高技能人才出国继续深造学习的机会等。此外，要为高技能人才创设交流机会。要充分发挥和利用我国迁移到他国高技能人才的功用，对出国的高技能人才进行跟踪、联系，在中外合作中发挥他们交流媒介与平台的作用。通过邀请这类高技能人才回国讲学、在各大高校举行技术交流会等方式，将国外先进领域的发展情况或者发达国家先进的技术和设备等介绍到中国来，使其能够推动我国相关行业的发展并实现相关领域的技术性突破。

二、完善培养培训体系，增加高技能人才总量

在高技能人才培养方面，要勇于创新机制、不断突破，搭建校企深度合作的平台。要加强高技能人才实践能力的培养和训练，尽力打造真实的实践操作环境，加快以高技能人才培养为目标的生产性实训基地的建设。要充分发挥企业的天然优势，大力引导企业举办职业教育，或参与职业院校办学，深入校企合作的深度和广度。要完善高技能人才培养培训过程的标准化模式，无论是国家、企业还是职业院校对高技能人才的培养培训标准的制定和执行都要严格并且严谨，以培养出达标的高技能人才。职业院校要做好招生和培养工作，在严格执行国家技能人才培养计划的前提下，因地制宜地制定符合自身特色的高技能人才培养标准，加强高技能人才

的相关考核，严格实施"双证书"制度。要加强高技能人才的培训工作，企业要以人才强国为己任，凭借企业自身的高技能人才队伍组建内部训练团队，以此为基地，向外拓展，不断培养新的高技能人才，为人才强国、振兴国家的目标做出贡献。总之，无论是企业还是职业院校，在培养培训高技能人才方面都不能放松，要将其作为一项长期工程加以对待，不可毕其功于一役。

三、优化人才队伍结构，提升高技能人才质量

要继续优化高技能人才队伍的内部结构，使其性别结构、年龄结构、知识与技能结构、产业配置结构和地区分布结构等达到均衡。在优化性别结构方面，解决男女比例问题最直接的方式是扩大对女性的招生比例，出台与之配套的相关优惠政策，对女性高技能人才给予一定的政策倾斜。在年龄结构方面，面对青年高技能人才缺乏、现有高技能人才队伍老龄化等问题，最重要的是要发挥企业高技能人才的带动作用，实施师傅带徒弟的高技能人才培养模式，既有利于弥补职业院校高技能人才培养中实践操作训练不足的弊病，又发挥了企业高技能人才培养成长周期短的优势，从而能够有效地改善高技能人才的年龄结构，使我国的高技能人才队伍向中青年发展。此外，在高技能人才产业和地区配置优化方面，首先要在招生方面准确地进行市场调研，从而判定培养专业结构的设置，进而形成有针对性的产业高技能人才培养体系。在高技能人才地区分布方面，要着力改变中部地区相较东部、西部地区高技能人才缺乏的现状，应出台更多面向高技能人才相对薄弱地区的扶持政策，努力形成相对均衡的高技能人才地区分布结构。在高技能人才知识和能力结构方面，需要有严格的培养和培训体系做支撑，要将学历教育和技能培训有机组合，形成合力，唯有如此，高技能人才的职业资格认证才能真正落地。

四、健全评价激励机制，激发高技能人才动力

首先，要健全高技能人才评估体系。既要强调职业能力和工作业绩的重要性，同时也要突出职业道德和职业素质在高技能人才评价方面的重要作用。要突破以往的评价、选拔机制，使高技能人才的评价体系朝着多元治理、多样化方向迈进。要突破和创新现有评价机制，进一步放松在年龄、职称方面的要求，打破传统论资排辈的评价体系，充分发挥三位责任主体在高技能人才评价方面的作用。在评价过程中要充分发挥企业特别是大中企业的作用，评价指标上应更加注重对高技能人才创新能力的考察。

其次，要完善高技能人才的竞赛和评奖体系。要初步建立三层体系，一级为世界级竞赛，二级为国家级高技能人才竞赛，三级赛事举办主体由地方或者企业来充当。在竞赛内容、评价规则上要与国际接轨，这样不仅在高技能人才质量上有所保证，而且更有利于与中外高技能人才的交流和创新。

企业要注重对高技能人才的晋升和激励，按技能等级给予高技能人才不同的工资和福利待遇。除企业外，国家也可设立较高规格的高技能人才特殊基金，用以奖励和激励高技能人才的创新。而且为了培养合格的高技能人才，加强中高职院校的衔接、打通职业学校和普通院校的培养层次是必不可少的。也可以院校为单位开展技能人才的竞赛，丰富高技能人才的竞赛形式和规模，充分调动高技能人才的活跃性。

最后，要优化高技能人才表彰激励机制。政府层面的表彰奖励可作为一种整体的导向，企业和社会团体的奖励表彰应该起到中流砥柱的作用。以此从各个方面切实提高高技能人才的经济条件，从而激发其积极性和创新性。

关于高技能人才的鉴定评价工作也不容小觑，在现有的国家职业标准、企业发挥自主性的标准以及职业院校"双证书制度"的基础上，不断更新和开发职业培训和认证标准，同时对职业院校的培养体系和模式不断优化，提高职业院校培养和输出人才的质量。并且还可以针对某些具有专门技能的高技能人才设立专项奖励基金，为其技术登记认证。另外，需规范市场上的职业培训机构，裁撤不合规定的机构，同时也挖掘新兴职业，设立新的职业资格证书，丰富行业内容，使我国的培训合理化、规范化。

要构筑职业考核法律体系。法律法规不可或缺，部门规章、地方政策可以作为辅助，以使职业认证有法可循。同时完善高技能人才教育上层设计，完善职业院校教师的职称评定细则，使得教师安心于教学，为培养高技能人才尽心尽力。同时，对于企业内的高技能人才担任教师职务的，可以给予双重的工资，也可以接受学校职称的评定，以此解决我国"双师型"教师缺乏的问题。

五、深入渗透工匠精神，培养产业高技能人才

首先，工匠精神是使社会理念得以转变的最具感染力的词汇，中央发起的对技能劳动者的重视，影响着全国人民，接下来就是要把工匠精神固定于我们的社会体制之中，并且在法律中也应有所体现，以此来不断地鼓励创新进取。

其次，要想从思想上扭转我国目前轻技能重学历的大众想法，必须加大媒体对"大国工匠"的宣传力度，宣传职业平等的知识，为我国高技能人才的培养打下基础。

最后，在工匠精神的不断激励下，付诸实践，选取重点示范院校，大力培养高技能人才，最理想的效果是在院校中培养一批成熟的高级技工和技师，让工匠精神在职业院校中扎根。

产业的优化升级对高技能人才的新要求不仅体现在数量上，在质量上把关也更加严格，高技能人才发展规划把高技能人才队伍建设的发展目标同国家产业发展目标结合在一起，以构建一支各方面达标的高技能人才队伍，并通过技能辐射带动整个技能劳动者队伍的提升。产业的优化升级在质量方面对高技能人才的新要求体现在两方面，一是加强对高技能人才的培训，提升高技能人才的操作技能和理论水平；二是完善对高技能人才的鉴定评价，严把高技能人才的质量关。规划中同时提出了对高技能人才的质量要求的保证措施，在时间和周期上给予了明确的规定，技能人才单次研究不少于15天，周期以两年为限，同时对高技能人才的创新性提出要求。而到了2020年，高技能人才自我提升的研修时间增加到30天，仍以两年为一个周期，对企业用人队伍中高技能人才的比例及创新要求更加严格。另外就是对高技能人才的培训基地有了明确的数字规划，到2020年底前，高技能人才培训基地在数量上要实现大幅增长。在高技能人才形成路径上探索新模式，加强高技能人才的学习以及普及师傅带徒弟的制度，帮助高技能人才提升自我。

六、完善人才引进机制，吸引海外高技能人才

高技能人才的引进不仅需要企业的努力，更多的还需要政府予以政策上的支持，大到人才迁移政策、经济刺激政策，小到具体的专利保护、公民权益的完善等，还包括与其他国家达成高技能人才的双边或对边协定，确保高技能人才的认可度。具体包括达成协定，与其他国家达成双边的协定，互相承认学历和资格证书，设立交流计划，政府设立专项基金、奖学金、助学金、贷款的形式支持交流计划。这方面的代表国家是匈牙利。以实质的经济优惠政策鼓励一些高科技企业"走出去"，高新企业迈出国门，积极主动地与海外高技能人才联络，到国外知名的高校去收罗自己所需的人才，政府也可以对这些"走出去"的高科技企业给予一些物质和政策上的鼓励和支持。

另外，除了高校，一些公司在职的高技能人才也是可以争取的对象，最直接的方式就是设立猎头机构专门负责高技能人才的发现和聘用。放宽准入制度，适当地放松制度的限制，对吸引高技能人才十分有利，西方国家针对高技能人才迁移政策或者签证都在朝着简单化、用时短、限制少的方向发展，我国的入境政策也应逐步简化、灵活化。

要设立引进国外高技能人才的绿色通道，简化该类人才来华工作的相关流程。要加强引进高技能人才的评估工作，围绕技能等级、学历、专长、工作经历等维度构建起科学的评估体系，积极探索有效的积分制人才引进评价体系，并根据行业、地域等实际情况分类制定富有个性特点的高技能人才引进政策。

要参照国外高技能人才的衡量标准，提升我国高技能人才在各方面的地位。通过完善评价机制、激励机制、保障机制和成长机制，形成有利于高技能人才脱颖而出的良好局面。

另外，也应对留人人员在技能等级、学历、专长等方面进行合理化的评估、等级划分，然后在留人程序上分别对待。这样既避免了无效劳动力的留人，也实现了高技能人才留人程序简化、省时的目标。

七、改进留学人才政策，"引、留、用"多举措并举

留学生政策涉及两个主体，一是我国在海外的优秀留学生，二是在华的外国优秀学生。针对不同的主体，相应的吸引其留人的方法也侧重不同。关于在华的外国的优秀学生，要留住和吸引其来中国工作，吸引其来我国的方法除了入境程序简化之外，在薪资、住房、子女教育、科研团队、国际交流合作机会，以及国籍方面都要有政策性的保证。在薪资、住房等硬件设施方面已在逐步改善，我国欠缺的就是良好的科研团队和国际交流合作的机会，在这方面最重要的是科研经费的充足。另外，承认高技能人才的双重国籍对海外优秀学生的留人有积极作用。而针对我国在海外的优秀留学生，除了以上说到的硬件和软件保证之外，爱国主义教育、增加民族认同感也是必不可少的。签订专项合同，以政府为主体和我国在外的高技能人才签订回国交流的合同，设置最低年限，通过专项拨款、奖助学金等形式推动这一举措的实施。

虽然我们取得了一定的成绩，但随着美国新移民法的公布以及其他国家吸引高技能人才的政策影响，我国在高技能人才的引进政策方面还需进一步改善。首先，从定位来说，应从政策法规上肯定高技能人才的引进工作，将高技能人才的引进上升为一项技术移民事业。其次，要在建立系统的人才移民体系和加强各体系之间的衔接性上下功夫，这一体系用以规范与高技能人才相关的各个细节，使高技能人才的引入呈体系化。做到在政策上极大地增强高技能人才的归属感。再次，就是在现有政策法规的基础上进一步完善，制定地方引进、举荐高技能人才相关法律法规；对技术移民给予足够的重视，对技术移民和技术移民家属合理处置。除此之外，再制定与我国需求相统一的移民计分制度，制定一套完整的可以供高技能人才以个人

名义申请入境的程序体制，区别于一般人员的申请程序。最后，在国内应配套制定高技能人才专属的就业体制，包括薪资、升迁、调动、研究支持、继续学习等一系列在内的保障举措，使得高技能人才在入境、入籍、工作、生活层面都有较完善的制度保证。

参考文献

[1] 杨朝祥 . 技术职业教育辞典 [M]. 台北：三民书局股份有限公司，1984.

[2] 翟海魂 . 发达国家职业技术教育历史演进 [M]. 上海：上海教育出版社，2008.

[3] 徐国庆 . 职业教育课程论 [M]. 上海：华东师范大学出版社，2008.

[4] 张启富 . 高职院校试行现代学徒制：困境与实践策略 [J]. 教育发展研究，2015（03）.

[5] 赵鹏飞 . 现代学徒制人才培养的实践与认识 [J]. 中国职业技术教育，2014（21）.

[6] 叶东，吴晓 . 中国式现代学徒制 [N]. 中国产经新闻报，2013（02）.

[7] 刘冉昕 . 国外现代学徒制职业教育模式的比较研究 [J]. 辽宁经济，2012（12）.

[8] 关晶，石伟平 . 现代学徒制之"现代性"辨析 [J]. 教育研究，2014（10）.

[9] 陈少金 . 中美校企合作教育浅析—基于比较公共行政视角 [J]. 科教导刊，2012（13）.

[10] 董美玲 ."斯坦福—硅谷"高校企业协同发展模式研究 [J]. 科技管理研究，2011（18）.

[11] 李松等 . 高等院校校企"共赢"合作模式分析—基于中国和美国比较 [J]. 科教导刊，2014（01）.

[12] 刘兴等 . 中美职业教育校企合作比较分析与我国推进建议 [J]. 当代职业教育，2014（1）.

[13] 罗玲玲等 . 麻省理工学院媒体实验室创新机制研究 [J]. 武汉理工大学学报（社会科学版），2015（06）.

[14] 牛司凤 . 高校与区域协同创新的路径选择—以美国北卡罗来纳州"研究三角园"为例 [J]. 高教探索，2014（06）.

[15] 宋玲玲 . 中美两国高等职业教育校企合作的比较研究 [D]. 河北：河北大学，2015.

[16] 毛道伟，孙侠 . 模式改革初显成效　人才培养渐成特色 [J]. 广东科技，

2010(19).

[17] 林健 . 校企联合培养卓越工程师 [J]. 高等工程教育研究，2010(04).

[18] 孙福全，陈宝明，王伟光等 . 产学研合作创新:模式、机制与政策研究 [M].北京：中国农业科学技术出版社，2008.

[19] 孔凡成 . 国外校企合作办学中的职业教育资源探析 [J]. 天津职业大学学报，2007(04).

[20] 朱超云 . 高等工程教育产学研合作人才培养体制与机制研究 [D]. 哈尔滨：哈尔滨理工大学硕士学位论文，2012.

[21] 石伟平 . 比较职业技术教育 [M]. 上海：华东师范大学出版社，2001.

[22] 刘兰明 . 高等职业技术教育办学特色研究 [M]. 武汉:华中科技大学出版社，2004.